本书系司法部2016年度国家法治与法学理论研究项目立项课题"当代中国法院功能的实证研究"（16SFB2006）结项成果

当代中国法院的
功能研究

理论与实践

郑智航 著

图书在版编目(CIP)数据

当代中国法院的功能研究:理论与实践/郑智航著.—北京:北京大学出版社,2020.11

ISBN 978-7-301-31873-7

Ⅰ.①当… Ⅱ.①郑… Ⅲ.①法院—司法—功能—研究—中国 Ⅳ.①D926.2

中国版本图书馆CIP数据核字(2020)第230609号

书　　　名	当代中国法院的功能研究:理论与实践 DANGDAI ZHONGGUO FAYUAN DE GONGNENG YANJIU: LILUN YU SHIJIAN
著作责任者	郑智航　著
责 任 编 辑	孙维玲
标 准 书 号	ISBN 978-7-301-31873-7
出 版 发 行	北京大学出版社
地　　　址	北京市海淀区成府路205号　100871
网　　　址	http://www.pup.cn　新浪微博:@北京大学出版社
电 子 信 箱	sdyy_2005@126.com
电　　　话	邮购部 010-62752015　发行部 010-62750672　编辑部 021-62071998
印 刷 者	北京圣夫亚美印刷有限公司
经 销 者	新华书店
	730毫米×980毫米　16开本　17印张　252千字
	2020年11月第1版　2020年11月第1次印刷
定　　　价	68.00元

未经许可,不得以任何方式复制或抄袭本书之部分或全部内容。
版权所有,侵权必究
举报电话:010-62752024　电子信箱:fd@pup.pku.edu.cn
图书如有印装质量问题,请与出版部联系,电话:010-62756370

目录 Contents

引　言 ... 1

第一章　国家建构视野下的中国司法 ... 5
　一、理论基础与解释框架 ... 6
　二、国家与社会的治理性相互依赖框架下的
　　　中国司法 ... 12
　三、国家机构之间协调和沟通框架下的中国司法 ... 20

第二章　法院国家权力的下沉功能 ... 27
　一、中华人民共和国成立前政府权力的下沉 ... 27
　二、中华人民共和国成立前司法遭遇的思想障碍 ... 32
　三、国家权力下沉的基本方式 ... 40
　四、国家权力下沉与司法路线的选择 ... 46
　五、乡村司法与国家权力下沉 ... 57

第三章　法院政治话语的进化功能 ... 82
　一、话语分析方法的引入 ... 82
　二、《最高人民法院工作报告》的总体性描述 ... 84
　三、政治话语描述策略的变迁 ... 86
　四、政治话语陈述模式的变迁 ... 91
　五、政治话语修辞策略的变迁 ... 94

六、迈向双向进化的中国司法　　98

第四章　法院社会管理创新的参与功能　　100
　　一、问题与材料　　100
　　二、法院参与社会管理创新的动力来源　　102
　　三、法院参与社会管理创新的基本策略　　106
　　四、法院参与社会管理创新的客观效果　　130
　　五、回归司法逻辑的参与社会管理创新　　134
　　六、司法建议制度设计认知偏差的校正　　137

第五章　法院公共政策的执行功能　　145
　　一、最高人民法院司法文件中的公共政策因素　　151
　　二、功能分化不充分社会中法院对公共政策的执行　　157
　　三、功能分化社会中法院对公共政策的执行　　163
　　四、法治国家中法院对公共政策的执行　　167

第六章　法院裁判规则的形成功能　　174
　　一、法院司法解释的形成功能　　174
　　二、法院指导性案例的生成功能　　197

第七章　法院司法文化的塑造功能　　215
　　一、司法文化塑造的基本方式　　216
　　二、司法文化塑造的基本逻辑　　219
　　三、司法文化塑造的基本立场　　224

余论一　党管政法的组织基础与实施机制　　230
　　一、党管政法组织机构的历史展开　　231
　　二、党管政法的组织社会学基础　　235
　　三、党管政法实施的组织机制　　241
　　四、结语　　247

余论二　调解兴衰与当代中国法院政治功能的变迁　248
　　一、《最高人民法院工作报告》中调解话语的
　　　　整体性描述　249
　　二、着重调解阶段法院的政治功能　256
　　三、自愿调解阶段法院的政治功能　259
　　四、调解优先阶段法院的政治功能　262

后　记　267

引　言

　　1999年10月,最高人民法院印发第一个《人民法院五年改革纲要》,提出了改变审判工作的行政管理模式的基本目标。2015年2月,最高人民法院发布《最高人民法院关于全面深化人民法院改革的意见——人民法院第四个五年改革纲要(2014—2018)》,将建立中国特色的审判权力运行体系作为司法改革的一项主要任务。2019年2月,最高人民法院发布《最高人民法院关于深化人民法院司法体制综合配套改革的意见——人民法院第五个五年改革纲要(2019—2023)》,进一步强调健全适应国家发展战略需要的人民法院组织体系的重要性。因此,优化司法职权配置是这轮司法改革的一项重要目标,而厘清法院功能是优化司法职权配置的前提。最高人民法院作为中国"一府两院"政治权力架构中的重要组成部分,在整个司法体系中具有重要地位。因此,准确定位法院功能,深入研究法院功能的发挥程度,对于实现司法改革的目标具有重要意义。

　　从国际学术界来看,法律实用主义的兴起直接推动了对法院功能的研究。早在20世纪二三十年代,美国大法官卡多佐就认为,法院的功能并不是机械地适用法律,而是根据具体情势确定符合时代要求的政策规则。美国学者马丁·夏皮罗认为,无论司法独立的具体内容是什么,它绝对不会意指真正的政治独立,法院应当具有一定的政治功能。具体来讲,国外有以下几种研究法院功能的进路:(1)历史的进路。这种进路主要是站在历史的角度,通过对法院外部政治环境的制约与社会条件的变迁的分析,总结不同时期法院的政治功能。(2)政治学的进路。这种进路通过对法院法官的组成与政治格局的关系的分析,证明法官能否与行政机关和国家元首形成统一"战线"。(3)宪法解释的进路。这种进路从解释宪法的角度对法院如何发挥公共政策的制定功能这一问题进行分析。这些有关法院功能的研究的总体特点是:从司法审查和法官造法角度出发,在普遍承认司法专业性的基础上认为,法院的政治功能既有积极的一面,也有消极的一面。积极的一面主要体现为,实现权力制约和权利保障,防范立法和行政权力对宪法价值的蔑视和践踏。消极的一面主要体现为,法院的政治倾向和政治影响力可能对司法权的独立性和公正性产生干扰和破坏。

从国外研究来看,对中国法院功能的讨论文献并不全面和深入,主要是从法院与政党的关系、社会转型、压力型体制等角度研究法院的政治功能。例如,有学者认为,法院的司法活动不可能以当事人的个人权利为本位的主要原因在于,它必须贯彻中国共产党的意志。有的学者还将中国法院功能复杂的原因归结于中国在四十多年前开启的社会转型。例如,有学者认为,压力型体制要求法院依赖于当权政府,并主动承担一些审判功能以外的非司法性功能。这些研究忽视了中国社会系统和司法系统的复杂性,缺乏对法院的政治话语进化功能、公共政策执行功能、裁判规则形成功能等的详细分析。

从国内研究来看,近些年来,学者们对法院的功能展开了一定的研究,并涌现了一些具有真知灼见的论文和专著。总结起来,这些研究可以划分为以下几种进路:(1)从宏观层面分析法院的功能类型。例如,有学者主张,法院具有政治功能、法制统一功能和"一种符号化"功能这样三种功能。有学者将法院的功能概括为"宏观指导"和"个案监督"两种类型,并认为中国法院应当实现从兼顾型向宏观指导型的转变。有学者把法院的功能分为政治性功能和司法性功能,前者主要包括权力制约功能和公共政策形成功能,后者主要包括纠纷解决功能和法制统一功能。还有学者认为,法院除了具有纯司法功能外,还具有监护国家体制、维护宪政制度、制约国家权力、形成公共政策和执行对外政策五大功能。(2)运用成本—收益方法,对法院的政策与社会经济发展之间的关系进行分析,从而揭示法院在发挥其功能过程中存在的问题与不足。例如,侯猛博士所著的《中国最高人民法院研究——

以司法的影响力切入》就通过一系列个案,认为最高人民法院已经日益增强其规制经济的功能,但它形成的政策所可能导致的后果越来越难以预期。因此,最高人民法院建立一个自我约束的运作机制非常有必要。(3)运用话语分析的方法,对法院实际承担的政治功能进行分析。例如,有学者通过对历年《最高人民法院工作报告》进行话语分析,指出为国家的中心工作服务、实现全国法官的组织化、促进国家与社会的组织化是最高人民法院承担政治功能的主要方式。还有学者通过这种进路认为,最高人民法院的功能进化与中国政治发现呈现一种单向进化的关系。(4)比较法的研究进路。这种研究进路主要是对中国与其他国家最高法院的功能进行比较,揭示中国与其他国家法院之间存在的诸多差异,并对其成因进行分析,进而对中国法院在法治社会的功能上提出建议。这些研究尽管是富有价值且充满启发性的,但主要存在以下问题:一是主要局限于法院的政治功能和裁判规则形成功能,而对法院的经济规制功能、司法文化塑造功能等缺乏研究。二是主要停留在应然层面,重点论证了法院履行一定政治功能的正当性,而对法院如何履行这些功能、上级法院如何确保下级法院履行这些功能以及社会现实条件对法院履行这些功能造成了何种障碍等实然问题缺乏研究。三是主要以英美法系发达国家特别是美国的法院作为参照或理想蓝本,分析中国法院的功能,忽视了中国社会系统和司法系统的复杂性。

因此,本研究试图将法院放在国家建构这一整体背景下,运用实证研究方法,对法院国家权力的下沉功能、政治话语的进化功能、社会管理创新的参与功能、公共政策的执行功能、裁判规则的形成功能以及司法文化的塑造功能进行系统研究。本研究具有以下几个学术价值和应用价值:

第一,本研究拓展了法院功能的范围。既有研究认为法院主要具有政治功能、公共政策执行功能和裁判规则形成功能。本研究认为,法院除了这三项功能外,还具有政治话语的进化功能、社会管理创新的参与功能和司法文化的塑造功能等。就裁判规则形成功能而言,既往研究主要是从司法解释角度进行分析,本研究则强调案例指导的重要性。

第二,本研究有助于展现法院与其他国家机关之间的复杂关系。从国家治理现代化这一整体背景出发研究法院功能,既能描述法院在国家治理现代化过程中的动态发展过程,又能展现法院与其他国家机关之间的双向协调与互动这种复杂关系。这有助于纠正既有研究存在的错误倾向,即认为法院与其他国家机关之间是一种单向度关系,强调法院被动地履行某项功能,忽视了法院对整个国家治理现代化所具有的推动功能。

第三,本研究有助于推动司法制度研究方法的更新。长期以来,中国学者对司法制度的研究要么采取"应当怎样做"的价值分析方法,要么采取简单的数据统计的实证分析方法,这直接影响到司法制度研究的学术品位。本研究将采取话语分析方法、文献阅读方法和实证调查方法等,客观描述法院正在承担的功能类型、法院如何履行这些功能等问题。因此,本研究有助于对传统司法学研究过分强调应然层面而忽视实然层面的研究方式进行一种突破。

第四,本研究有助于当下中国司法改革寻找正确的方向。回顾这些年的司法改革,我们发现司法改革在一定程度上显现出左右摇摆、迂回反复的问题。在制度设计过程中,司法改革对法院功能认识混乱是造成此问题的重要原因之一。因此,准确定位法院功能对于司法改革具有至关重要的作用。同时,在具体研究的基础上,本研究提出了一些具有操作性的方案,这些可以直接为司法改革所采用。

第一章

国家建构视野下的中国司法

国家建构(state making 或 state building),简要地说,就是指现代化过程中以民族国家为中心的制度与文化整合措施、活动及过程,其基本目标是建立一个合理的、能对社会与全体民众进行有效动员与监督管理的政府或政权体系。一直以来,中国司法都是实现国家建构的一种重要方式,承担着国家权力下沉以及重塑国家权威的政治功能。因此,中国司法具有强烈的"嵌入性司法"的色彩。[①] 近些年来,学者们开始从国家建构的角度研究中国司法权的运作。特别是从中共十八届三中全会提出"推进国家治理体系和治理能力现代化"以来,学者们从提升国家能力的角度思考法院的职能和司法权的具体运用,并在具体的研究过程中引用一些西方国家建构研究方面的经典文献。但是,这些研究主要存在以下几个方面的问题:第一,忽视西方相关国家建构理论提出的具体背景与所要解决的具体理论问题和现实问题。这些研究往往认为国家建构的本质在于实现国家治理现代化,而国家治理现代化在某种意义上就是国家法治化。这种国家法治化的过程是一个从传统到现代的转型过程。其实,西方之所以提出国家建构理论,一个重要原因是过分强大的市民社民侵蚀了国家能力。这一理论不仅强调实现从传统到现代的转型,而且强调现代社会自身的转型。这在客观上要求对建立在市民社会—政治国家二分基础上的法治进行反思和提升。第二,具有强

---

① 参见汪庆华:《中国行政诉讼:多中心主义的司法》,载《中外法学》2007 年第 5 期。

烈的建构性色彩,缺乏从国家建构理论出发,对中国当下的司法进行反思性研究。这些研究往往从国家建构的理想模型出发,对当下的司法改革提出"应当如何"的具体要求,却忽视了研究作为国家建构对象而存在的国家权力结构对中国司法的具体影响。第三,这些研究大都还停留在"国家建构""国家能力现代化"这类语词的表面,对国家建构理论的主要内涵缺乏深入研究,没有完全展现国家建构与中国司法之间的内在勾连。

一、理论基础与解释框架

第二次世界大战(以下简称"二战")以后,在欧美发达国家,以"社会中心论"为核心的自由民主国家模式成为一种主导型意识形态。然而,"社会俘获国家""失败国家"和"弱国家"的现象大量存在,直接重创了这种主导型意识形态。与此同时,后发国家借鉴欧美国家模式的做法在实践中屡屡受挫也在客观上昭示了"社会中心论"作为一种发展策略选择的虚弱。[1] 在这种背景下,提升国家能力,建构一个"强国家"的呼声愈来愈高。这种客观现实直接推动了国际学术界对于国家能力的研究,从而为国家建构提供理论准备。经过几代学者的努力,人们愈来愈认为,以提升国家能力为核心的国家建构过程就是重新调整国家与社会之间的关系,并在此基础上大力加强基础性国家权力建设的过程。

(一) 国家建构与国家能力

从世界范围来看,国家能力下降或不足愈来愈成为一个具有普遍性的问题。特别是自 20 世纪 70 年代"市民社会"概念复兴以来,西方主流意识形态认为,市民社会是国家和市场之外推动经济增长和社会进步的一种不可或缺的力量,并将一个强大的市民社会作为政治民主化的前提。在这种意识中,国家与市民社会之间是一种零和博弈的关系,即国家力量的强大会压

---

[1] 参见李剑:《转变中的"强"国家——国家能力的理论逻辑及其演进》,载《国外理论动态》2014 年第 6 期。

制市民社会的发展,而市民社会要想发展就必须削弱国家力量。① 20 世纪 80 年代,绝大多数西方发达国家试图进一步加强国家力量,但是这种努力招致"撒切尔主义"和"里根主义"的强烈反对,以哈耶克为代表人物的新自由主义在绝大多数发达国家受到了重视。缩减国家机构规模、减少国家职能成为 20 世纪 80 年代和 90 年代初期的主导政策。② 随着国家机构规模和国家职能的限缩,国家能力也在一定程度上下降。一方面,市民社会对政治国家的行为进行有力制约,致使国家征税能力、组织和动员能力急剧下降。欧美国家甚至出现了市民社会"俘获"国家、经济财团干预或控制政府的情形。广大发展中国家则热衷于借鉴欧美自由民主国家模式,坚信国家力量的衰减有助于市民社会的健康发展。这种国家理念不但致使市民社会朝着非理性的方向发展,而且使国家走向失控的边缘。弗朗西斯·福山对这种现象进行了描述,他认为:"冷战的结束在巴尔干半岛、高加索地区、中东、中亚和南亚等地区留下了一群失败的、软弱无能的国家。20 世纪 90 年代,在索马里、海地、柬埔寨、波斯尼亚、科索沃和东帝汶,国家的崩溃或弱化,引发了骇人听闻的人道主义和人权灾难。"③另一方面,全球市民社会的力量渗透打破了人类生活的空间范围,分解甚至销蚀了国家主权,降低了公民对国家的认同感和忠诚度,④从而最终侵蚀了国家以下三个方面的能力:一是确保社会免于暴力的防务方面的能力;二是维持货币的存在并使之成为可靠的交换手段、结算单位和保值工具的金融方面的能力;三是确保大量财富的某些收益能转到老弱病穷者手中的福利方面的能力。⑤

在此背景下,各种"找回国家""重建国家""提升国家能力"的呼声不断,世界各国采取了一系列提升国家能力、重建国家的措施。例如,尽管保守主义思想在美国有一定影响,但近二十年来,美国政府一直在加强对社会生活

---

① 参见郁建兴、吕明再:《治理:国家与市民社会关系理论的再出发》,载《求是学刊》2003 年第 4 期。
② 参见〔美〕弗朗西斯·福山:《国家构建》,黄胜强、许铭原译,中国社会科学出版社 2007 年版,第 4 页。
③ 同上书,第 2 页。
④ 参见陈创生:《全球市民社会对国家职能的影响及其限度》,载《岭南学刊》2009 年第 6 期。
⑤ 参见〔英〕苏珊·斯特兰奇:《全球化与国家的销蚀》,王列译,载《马克思主义与现实》1998 年第 3 期。

的干预,强调政府在推进国家治理体系和治理能力现代化过程中始终要发挥"掌舵者"的核心作用。政府首先要敏锐把握形势发展和民众需求变化,找准方向,主动引导国家治理体系的调整与完善,然后做好顶层设计,推动相关立法,制定政策并贯彻落实。① 特别是"9·11"事件发生以后,美国更是加大了以提升国家能力为核心的国家建构的力度和步伐。例如,它加强了对信息网络的监管力度,并提出以"在国家基础信息设施保护方面提升网络恐怖活动的可抗性""在信息战方面进一步提高制信息权"和"从军事战场演化到全社会的信息战"为核心的国家信息安全战略。②

(二) 国家能力的理论发展

各国提升国家能力、建构国家的努力推动了国家能力基本理论的发展。在比较政治学和国际关系理论看来,国家建构在本质上是一种增强国家自主性的活动。这种自主性强调国家机器和统治精英可以在某种情形下违背统治阶级的长期经济利益而行动,或者是为创立一种新生产方式而行为的可能性。③ 在这个过程中,国家实现其目标和意志的能力得到了增强。然而,国家并不是凭借其作为国家这一身份而是凭借其具有的力量来实现其目标和意志的。④ 因此,国家建构主要围绕国家能力的提升展开。对国家能力的理论认知直接影响着国家建构的水平和层次。

就国家能力的学术研究而言,我们可以追溯到亚里士多德。⑤ 但是,长期以来,学者们并没有对国家能力展开系统和深入的研究。直到西方经济学界探讨国家是否应对经济生活进行干预时,学者们才对国家能力进行较

---

① 参见张晓明:《美国国家治理体系和治理能力现代化的过程、做法及启示》,载《当代世界与社会主义》2015 年第 2 期。
② 参见蔡翠红:《试析"9·11"后美国国家信息安全战略》,载倪世雄、刘永涛主编:《美国问题研究》(第五辑),时事出版社 2006 年版,第 294 页。
③ See Theda Skocpol, A Critical Review of Barrington Moore's Social Origins of Dictatorship and Democracy, *Politics & Society*, 1973, 4(1).
④ 参见黄清吉:《国家能力基本理论研究》,载《政治学研究》2007 年第 4 期。
⑤ 亚里士多德在《政治学》中论述道:"国势强弱与其以人数来衡量毋宁以他们的能力为凭。""凡显然具有最高能力足以完成其作用的城邦才可算是最伟大的城邦。"〔古希腊〕亚里士多德:《政治学》,吴寿彭译,商务印书馆 1965 年版,第 335、352 页。

为深入的研究。① 20世纪60年代,比较政治学和国际关系理论将国家能力作为一个重要范畴进行研究。亨廷顿认为,国家与国家的最大区别不在于政府组织形式的差异,即是民主还是专制,而在于国家统治能力的差异,即是否具有强大的适应性、内聚力、复杂性和自主性的政治体制,是否具有有效的政府机构和组织完备的政党。② 阿尔蒙德和鲍威尔认为,国家能力是指一套政治体系在其存在环境中所具有的总体绩效,并用政治输出来衡量这套政治体系的所作所为。汲取、分配、规制、象征和响应是反映国家能力的五类行为。③ 尽管亨廷顿、阿尔蒙德和鲍威尔等人对国家能力的研究存在一定问题,如他们并没有回答为何一些国家比另一些国家具有更强的国家能力,但是他们的研究对后来的学者具有重要的启示意义。

20世纪七八十年代,现代化理念在美国式微,国家回归主义兴起。在国家回归主义看来,提升国家能力的核心在于提升国家摆脱市民社会对其进行限制和约束的能力,从而提升国家的自主性。国家回归主义论者认为,"作为国家能力的国家自主性主要体现为国家独立制定、实施公共政策的能力","国家的自主性越强,国家能力也就越强,反之亦然"。④ 斯考克波、米格代尔、福山等人是国家回归主义的第一代代表人物。斯考克波认为,既有的西方马克思主义以社会为中心的分析往往将国家看作阶级统治的工具或基本的社会经济利益冲突的战场,忽视了国家的自主性,从而无法有效解释政策失败、政治经济社会改革或者成功的革命。⑤ 因此,斯考克波提出"找回国家"的口号。在他看来,国家自主性是指能够确保国家不受社会集团、阶级或社团需求或利益影响,按自己意志去实现其目标的能力。国家只有具备

---

① 参见黄宝玖:《国家能力研究述评》,载《三明学院学报》2006年第1期。
② 参见〔美〕塞缪尔·P.亨廷顿:《变化社会中的政治秩序》,王冠华等译,上海人民出版社2008年版,第1页。
③ See Gabriel A. Almond & G. Bingham Powell, Jr., *Comparative Politics: A Developmental Approach*, Little, Brown and Company, 1966, pp.145-147.
④ 参见欧阳景根:《国家能力理论视野下的政府危机管理能力》,载《中国行政管理》2010年第1期。
⑤ 参见杨雪冬:《国家的自主性与国家能力——组织现实主义国家理论述评》,载《马克思主义与现实》1996年第1期。

这种独立实现其目标的能力时，才能够成为一个重要的行为主体。① 他认为，国家能力主要包括执行政策目标的能力、应对国内外矛盾和危机的能力等。米格代尔早年师从亨廷顿，他认为斯考克波的分析具有强烈的国家中心主义倾向，这种国家中心主义简单地处理了国家与社会的关系。其实，国家是"社会中的国家"，具有两面性，即作为统治者的国家和作为乞求者的国家。"一方面，它运用权威去驯服截然不同的信念；另一方面，它却同时从'公意'中提取人们的忠诚。权威涉及获得民众的服从，而忠诚意味着取得民众的支持——通常是指自愿的支持。"②因此，人们应当分析社会结构对国家能力的影响。就国家能力而言，它主要包括渗入社会、调节社会关系、提取资源和以特定方式配置或运用资源这四大能力。③ 福山在综合斯考克波和米格代尔相关研究的基础上提出，国家建构就是要在强化现有国家制度的同时新建一批国家和政府制度，从而增强国家权力的强度。国家权力的强度越大，国家能力就越强。福山认为，尽管美国的国家制度是特意按照削弱或限制国家权力的思想去设置的，但美国绝对是一个非常强的国家，因为美国的国家权力的强度很大。

尽管斯考克波等第一代主张国家回归主义论者看到了国家自主对国家能力的基础性作用，并较为系统地分析了国家能力的组成单元，但是在林达·维斯、霍布森等第二代国家回归主义论者看来，这些研究并未深入研究政治机构在经济绩效中的角色定位、政府对于市场经济发展的作用、国家在不同时代发生的变化等问题。④ 因此，他们主张从国家与经济、社会发展的互动关系角度出发，研究国家能力这一问题。在他们看来，国家力量的内涵并非静态的，而是会随时间而改变，因此"强国家"是一个动态的概念。一个力量强大的国家应当是一个能够在社会与国家之间建立一种"治理性相互

---

① 参见〔美〕彼得·埃文斯、迪特里希·鲁施迈耶、西达·斯考克波编著：《找回国家》，方力维等译，生活·读书·新知三联书店2009年版，第10页。
② 〔美〕乔尔·S. 米格代尔：《强社会与弱国家：第三世界的国家社会关系及国家能力》，张长东等译，江苏人民出版社2009年版，"中译版序言"第3页。
③ 同上书，第5页。
④ 参见曹海军：《"国家学派"评析：基于国家自主与国家能力维度的分析》，载《政治学研究》2013年第1期。

依赖"(governed interdependence)的制度性链接。① 通过这种制度性链接，国家与社会经济权力行为者之间进行有效的协调。因此，他们认为协调能力也是国家的一项重要能力。

(三) 国家能力理论的两个框架

通过上文的学术梳理，我们可以发现，国家能力理论包括国家与社会的治理性相互依赖框架、国家机构之间协调和沟通框架。我们可以从这两个框架来反思当下中国司法权的具体运作。②

第一，国家与社会的治理性相互依赖框架。国家能力理论在一定程度上摒弃了传统的"国家—社会"二元框架。在"国家—社会"二元框架之下，社会是"那些不能与国家混淆或不能被国家淹没的社会生活领域"，和国家一样拥有自己的权力中心和运作法则。国家与社会之间是一种具有空间式的、力量对应的、横向关系结构的关系。③ 现代法治就是建立在"国家—社会"二元框架之上的一套制度治理体系，其主要功能在于维护个体自由，防止国家随意侵入市民社会以及以市民社会为基础的公共领域。但是，国家能力理论认为，"国家—社会"二元框架以及以此为基础的法治，将国家与社会简单对立起来，过分强调以自主性为核心的"专断性权力"，忽视了国家与社会互动的"渗透性权力"对于国家能力提升的重要意义。因此，国家的自主性是一种嵌入社会但又保持自主能力的"嵌入自主性"。相应地，国家建构的过程并不仅仅是一个"单纯的自上而下、国家中心的建制进程，而且是通过国家与社会关系具有正和博弈性质的若干制度建构，在二者的良性互动中得以强化"④的过程。一个具有较强国家能力的国家既能够有力回应社

---

① See Linda Weiss, The Myth of Powerless State, *Journal of Sociology*, 1999, 35(3).
② 本书关于这两个框架的总结和提炼深受陈柏峰相关研究的影响。他提出了"国家与社会的关系模型"和"国家及其机构的结构模型"，并以此为基础分析了中国城镇规划区违建执法存在的问题。参见陈柏峰：《城镇规划区违建执法困境及其解释——国家能力的视角》，载《法学研究》2015年第1期。
③ 参见丁惠平：《中国社会组织研究中的国家——社会分析框架及其缺陷》，载《学术研究》2014年第10期。
④ 参见李剑：《转变中的"强"国家——国家能力的理论逻辑及其演进》，载《政治学研究》2014年第6期。

会需求,又能够积极推动社会变革。国家与社会并不是两个完全隔绝的系统,它们之间会不断发生碰撞与交换、压制与反制。①

第二,国家机构之间协调和沟通框架。国家与社会的治理性相互依赖框架解决的是国家与社会之间外部关系的问题,而国家机构之间的协调和沟通框架解决的是国家内部关系的问题,强调的是法律与政令能够在国家科层体系中得到有效传递。王绍光所说的"基础性国家能力"中的"统领能力"就包括国家机构之间这种协调和沟通的能力。② 就中国司法而言,法院的人、财、物都控制在党和政府的手中,并且深深地嵌在整个党政运作机制中。法院和其他部门一样,都需要承担国家政权建设职能,并不断地利用司法的话语来为政府"再生产"其合法性。③ 因此,从国家建构角度看,要想理解中国司法活动,提升司法的能力和水平,就必须将法院放在整个国家机构体系中,从机构之间的关系角度把握。

二、国家与社会的治理性相互依赖框架下的中国司法

(一) 司法"嵌入自主性"的两个面相

国家能力理论中,国家与社会的治理性相互依赖框架强调,应当将司法嵌入社会系统中,推动国家与社会关系的正和博弈。提升国家司法能力,也就意味着需要增强司法在国家与社会的治理性相互依赖中的作用,调整社会权力和社会结构对司法活动影响的范围,从而实现司法的"嵌入自主性"。在这种"嵌入自主性"看来,司法活动不可能完全脱离社会去实现一种司法独立和司法自治,而是与社会保持一种共生关系。这种共生关系在事实上构成的是卢曼所指的"系统与环境"的关系。在卢曼看来,一个复杂的社会

---

① 参见陈柏峰:《城镇规划区违建执法困境及其解释——国家能力的视角》,载《法学研究》2015年第1期。
② 王绍光将"基础性国家能力"细化为强制能力、汲取能力、濡化能力、国家认证能力、规管能力、统领能力、再分配能力、吸取和整合能力。参见王绍光:《国家治理与基础性国家能力》,载《华中科技大学学报》(社会科学版)2014年第3期。
③ 参见汪庆华:《中国行政诉讼:多中心主义的司法》,载《中外法学》2007年第5期。

第一章 国家建构视野下的中国司法

由于功能分化,会分成诸多的次系统。这些系统之间形成的是一种系统与环境的关系。信息在本质上是系统内部建构的产物,并不能穿越系统的边界。系统将外在环境的"噪音"有选择地识别为信息,并为系统运作所利用。法律系统就是以功能分化为主的现代社会所形成的独立的社会功能次系统。因此,法律绝不能离开社会,离开个人,离开我们这个星球上特定的物理和化学条件而存在。但是,这种与环境的联系建立在法律系统内部自我运作的基础上。①

一个强国家的司法能够在国家与社会的治理性相互依赖中保持这种"嵌入自主性",即司法活动是一种嵌入社会结构中的活动,既要受到社会权力系统的影响,又能够保持一定的自主性。因此,从国家建构视角来看,如何提升司法能力水平就转变为以下两个问题:一是司法活动如何对社会变迁作出积极回应,从而确保国家与社会之间形成良性互动关系;二是司法活动如何在既有社会权力和关系格局的影响下保持一种独立自主性。在卢曼看来,法律系统是一个在规范上封闭而在认知上开放的系统。"它在规范上是封闭的。只有法律系统自身才能够授予其元素以法律的规范性,并把它们作为元素建构起来。……与这种封闭相联系的是,法律系统也是一个在认知上保持开放的系统。……通过程式,它使其自身依赖于事实,并且在具体的事实场景中能够改变这一程式。因此,法律的任何一个运作,信息的每一个法律处理都同时采取了规范和认知两种取向。但是,法律系统的规范性取向服务于系统的自创生,并在与环境的区分中进行自我存续。认知性取向则服务于这一过程同系统环境之间进行的调和。"②换言之,社会对司法的影响并不是直接的,而是通过系统/环境的方式进行的。社会对司法的要求只能以激扰的方式产生影响,即司法者面对社会需求时,应考虑如何促使人们反思能否从事某项交易行为或法律行为,而不能决定这项交易行为或法律行为的实际后果。

---

① See Niklas Luhmann, *Law as a Social System*, Oxford University Press, 2004, p.105.
② Niklas Luhmann, The Unity of Legal System, in Gunther Teubner (ed.), *Autopoietic Law—A New Approach to Law and Society*, Walter de Gruyter, 1987, p.20.

(二) 通过司法促进国家与社会的互动

近些年来,中国也试图运用司法的方式促进国家与社会的互动。无论是理论界还是实务界,都倾向于主张司法除了具有解决纠纷的功能以外,还具有推进社会发展、回应时代需求的功能。在具体的司法实践中,法院采用司法解释、司法建议和直接执行公共政策等方式以实现这项功能。

1. 通过司法解释促进国家与社会的互动

社会的急剧转型带来了各种新生事物的出现,并产生了新的矛盾与纠纷,加剧了法律需求与法律供给之间的矛盾。这也在客观上反映了国家组织的秩序在一定程度上滞后于社会自生自发的秩序的发展。[①] 为了促进国家与社会的良性互动,及时反映社会需求,弥补成文法的局限与不足,最高人民法院积极运用司法解释的方式。从1981年到2011年,最高人民法院在民事领域共出台了439个司法解释,涉及民事综合事务、婚姻、继承、抚养、收养、扶养、房地产、名誉权、劳动争议、侵权责任、知识产权、合同、金融、破产改制、公司、证券、期货、担保、涉外经济、海商、海事、诉讼时效等17个领域。[②] 总体来讲,最高人民法院试图从技术(如举证责任倒置)和理念(如强化物权债权化)两个层面促进国家与社会的互动。

第一,形成举证责任倒置规则,促进国家与社会的互动。在社会转型过程中,农民工、医患关系、商品房买卖、贫富差距等问题愈来愈成为严重的社会问题。在这些问题上,如果继续适用"谁主张,谁举证"原则,极有可能助长富者、强者恃强凌弱、以富欺贫情形的出现。为了避免这种情形的出现,最高人民法院出台了一些举证责任倒置的裁判规则。[③] 例如,最高人民法院

[①] 哈耶克根据进化论理性主义和建构论唯理主义框架,将社会秩序分为自生自发的秩序和组织的秩序两种。自生自发的秩序强调秩序的形成是一种社会进化的结果,而组织的秩序强调建构理性的运用。参见〔英〕弗里德利希·冯·哈耶克:《法律、立法与自由》(第一卷),邓正来等译,中国大百科全书出版社2000年版。

[②] 参见《新编中华人民共和国司法解释全书》(2012年版),中国法制出版社2012年版,"二、民事"第1—417页。

[③] 参见郑智航:《论最高人民法院裁判规则的形成功能——以最高院民事司法解释为分析对象》,载《法学》2013年第11期。

2001年12月公布的《最高人民法院关于民事诉讼证据的若干规定》具体列举了八种举证责任倒置的情形:(1)因新产品制造方法发明专利引起的专利侵权诉讼;(2)高度危险作业致人损害的侵权诉讼;(3)因环境污染引起的损害赔偿诉讼;(4)建筑物或者其他设施以及建筑物上的搁置物、悬挂物发生倒塌、脱落、坠落致人损害的侵权诉讼;(5)饲养动物致人损害的侵权诉讼;(6)因缺陷产品致人损害的侵权诉讼;(7)因共同危害行为致人损害的侵权诉讼;(8)因医疗行为引起的侵权诉讼。又如,根据最高人民法院2006年8月公布的《最高人民法院关于审理劳动争议案件适用法律若干问题的解释(二)》,在解决劳动争议时,需要相应加重用人单位的举证责任。

第二,强化物权债权化,促进国家与社会的互动。近些年来,分期付款、融资租赁、租买及让渡担保等现象愈来愈多。从本质上讲,这些现象反映了物权债权化的趋势。但是,中国现行法律规定并不健全或者缺少相关规定,这与市场经济的发展严重不符。按照日本著名学者我妻荣的观点,在现代市场经济社会,所有权色彩愈来愈弱,而债权色彩愈来愈强。因为人类在仅依物权形成财产关系、仅以物权作为财产客体的时代,可以说只能生活在过去和现在。但是,经济价值不是暂时静止地存在于物权,而是从一个债权向另一个债权不停地移动。承认了债权制度,就可以使将来的给付预约变为现在的给付对价价值。因此,债权在现代法律中具有优越地位。① 2000年12月公布的《最高人民法院关于购买人使用分期付款购买的车辆从事运输因交通事故造成他人财产损失,保留车辆所有权的出卖方不应承担民事责任的批复》、《最高人民法院关于适用〈中华人民共和国担保法〉若干问题的解释》等司法解释就是试图创设物权债权化制度以促进国家与社会互动的体现。

第三,强化社会信用,促进国家与社会的互动。把交易风险降到最低是市场经济有效运作的一个重要条件,而社会的诚实信用又能有效降低交易风险。因此,在中国社会转型过程中,提高社会的诚实信用水平具有重要意

---

① 参见〔日〕我妻荣:《债权在近代法中的优越地位》,王书江、张雷译,谢怀栻校,中国大百科全书出版社1999年版,第6—7页。

义。基于此,最高人民法院在不同时期出台了一些强调社会信用的司法解释。例如,在市场经济发展初期,国家往往会作为借款合同的保证人而参与到交易活动中。这种活动违背了国家的性质。因此,1995年公布的《中华人民共和国担保法》(以下简称《担保法》)①第8条规定:"国家机关不得为保证人,但经国务院批准为使用外国政府或者国际经济组织贷款进行转贷的除外。"倘若国家机关的担保行为无效,国家机关并不承担相应的担保责任,国家的信用和银行的利益都难以得到保障。为此,最高人民法院在相关司法解释中规定:保证条款被确认无效后,如借款人无力归还银行贷款,给国家造成经济损失的,作为保证人的国家机关应承担相应的赔偿责任,并在赔偿损失后有权向借款人追偿。② 这一规定试图既维护交易关系人之间的信用,又维护国家法律的权威。

2. 通过司法建议促进国家与社会的互动

随着法治建设的推进,人们愈来愈将司法系统作为国家治理系统的一个重要组成部分,愈来愈希望法院能够积极地扮演促进国家与社会互动的角色。因此,司法机关的职责并非单纯的司法,还在于促进国家与社会的互动,并在此基础上推动社会管理创新。司法建议就是一种重要的方式。③ 2007年3月,最高人民法院在《最高人民法院关于进一步加强司法建议工作为构建社会主义和谐社会提供司法服务的通知》中明确指出:"司法建议作为化解矛盾纠纷、提高社会管理水平的司法服务手段,是人民法院审判职能的延伸……"2012年3月,最高人民法院又在《最高人民法院关于加强司法建议工作的意见》中明确地将司法建议与社会管理创新联系起来,并指出:"要高度重视和充分运用司法建议来扩展审判效果,以司法建议作为化解社会矛盾、创新社会管理的重要切入点和有效方法,充分发挥司法建议在维护社会和谐稳定、推动社会建设中的重要作用,不断提升人民法院化解社会矛

---

① 《中华人民共和国民法典》(以下简称《民法典》)自2021年1月1日起施行。《担保法》同时废止。

② 参见1989年《最高人民法院经济审判庭关于国家机关作为借款合同保证人应否承担经济损失问题的电话答复》。

③ 参见郑智航:《司法建议制度设计的认识偏差及校正——以法院参与社会管理创新为背景》,载《法学》2015年第2期。

盾和参与社会管理创新的能力和水平,努力维护司法权威,提高司法公信力。"

在法院看来,国家特别是政府的职能确实在某些地方已经滞后于社会发展的需要,有时甚至会阻碍社会的发展和进步。法院试图通过这种具有较强针对性和道德劝说性的司法建议,促进国家和政府职能的转变,从而适用社会发展的需要。例如,民间借贷、民间融资等现象较为普遍,在一定程度上反映了中国在发展生产和流通过程中对资金的强烈需要。但是,民间借贷和融资行为极易引起社会矛盾和纠纷,现行法律在这方面缺乏必要的规制。面对这种客观现实,一些法院对相关部门发出司法建议,要求其规范民间借贷和融资行为。又如,2010 年 11 月 10 日,浙江省玉坏县人民法院针对民间借贷存在的突出问题向县政府发送司法建议,要求其降低信贷门槛,提高金融服务水平;改善投资环境,适当放宽资本市场准入条件;正确引导民间借贷,趋利避害;规范民间借贷,遏制非法经营获得。①

3. 通过直接执行公共政策促进国家与社会的互动

在国家与社会的互动中,国家和政府往往会及时发现社会中出现的新问题,提出解决思路,并进行相应的制度调整,从而形成一些公共政策。在党的"高位推动"、层级性治理和多属性治理的作用下,法院会积极主动地直接执行相关的公共政策,促进国家与社会的互动。② 究其原因,法院积极执行公共政策的动力源自以下两个方面:一方面,灵活的公共政策在转型社会中更能够及时反映社会的需求。久而久之,司法机关对政策产生依赖,并认为滞后的法律可以被突破,因而司法裁判追随公共政策就显得颇具合理性。另一方面,在转型社会中,非持续性的公共政策导致行为的政治风险大大提高,法院出于降低行为政治风险的考虑,会追随公共政策。③

以 2008 年以来中国应对国际金融危机的公共政策为例,党中央、国务院

---

① 参见祝晓媚、王先富:《规范民间借贷 给融资热降温》,载《人民法院报》2011 年 11 月 24 日第 5 版。
② 参见贺东航、孔繁斌:《公共政策执行的中国经验》,载《中国社会科学》2011 年第 5 期。
③ 参见宋亚辉:《公共政策如何进入裁判过程——以最高人民法院的司法解释为例》,载《法商研究》2009 年第 6 期。

制定了一系列公共政策,积极应对国际金融危机对中国经济、社会发展的影响。在这种背景下,最高人民法院紧紧围绕党中央、国务院关于积极应对国际金融危机的重大战略决策,及时制定并发布了一系列司法解释、工作指导意见和司法政策性文件,以指导各项审判执行工作,主要涉及保障金融债权、保持经济平稳发展、保障民生、正确合理适用法律等四个方面的内容。在具体的司法过程中,法院试图运用不同的解释方法,将这些公共政策引入裁判过程,从而突破法律规范的原有含义。

(三) 中国司法"嵌入自主性"的不足

司法在国家与社会的治理性相互依赖中"嵌入自主性"不足,直接影响到其促进国家与社会互动功能的发挥。这种"嵌入自主性"不足主要体现在以下几个方面:

第一,司法系统缺乏按照程式对法律之外的社会知识进行有效遴选的能力,致使社会系统直接侵入司法系统。前已叙及,在一个国家能力强大的国家,司法系统与社会系统通过相互激扰的方式相互影响,司法系统有能力对社会系统在法律之外的知识进行遴选,并生成自身的符码(合法/违法)。然而,中国司法往往缺乏这方面的能力。这里以最高人民法院出台的司法解释为例。在社会转型过程中,农民工、医患关系、产品质量、环境污染等问题日益凸显。为了对这些社会问题作出回应,最高人民法院出台了大量的司法解释。通过对这些司法解释进行解读,我们发现,司法系统没有进行有效遴选,就将社会目的等同于法律的直接目的。除了在司法解释开头对相关目的进行强调外,最高人民法院还在行文中进一步强调。然而,在实践中,司法机关并没有能力去实现这些目的。因此,最高人民法院出台的相关司法解释中往往会使用"尽量""慎重""合理""帮助""妥善"等极富道德色彩的词语,并且一再强调"各级法院增强服务大局意识,合理把握涉企业债务案件的审判尺度,注意利益平衡,多适用调解、和解和司法重整等法律调节手段,妥善处理涉企业诉讼案件"①。社会系统直接侵入司法系统的做法不但增加了法院的非司法性负担,而且降低了司法系统的自主性。在公共政策的执行过程中,最高人民法院有时简单地"比附"国务院的相关政策去制定公共政策,即国务院制定了什么样的文件,最高人民法院也制定什么样的文件。例如,国务院下发了《国务院办公厅关于切实做好当前农民工工作的通知》后,最高人民法院就发布了《关于当前形势下进一步做好涉农民事案件审判工作的指导意见》;国务院下发了《国务院办公厅关于进一步明确融资性担保业务监管职责的通知》后,最高人民法院就发布了《关于人民法院为防范化解金融风险和推进金融改革发展提供司法保障的指导意见》等。

第二,司法机关难以对社会发展与变革发挥有效的助推作用。按照国家能力理论,司法系统对社会系统的影响主要是通过程式实现的,即司法系统通过一定的程式,形成一种遴选和过滤机制,将法律之外的社会知识或者违反法律的信息排除出去。然而,"强行政、弱司法"的体制格局致使司法系统无法通过程式对社会需求的合法性和正当性作出必要判断,其结果是司法机关难以对社会发展与变革起到助推作用,从而难以对社会发展与变革的方向进行适时性调整。近些年来,社会诚信、见危不救等问题愈来愈成为社会关注的焦点问题,增强社会诚信、提升互助意识的呼声日渐高涨。通过司法扭转社会风气具有重要意义。然而,南京彭宇案的一审法院并没有采取相应的法律技术以实现助推社会发展与变革的作用。该案中,一审法院认为当事人双方均无过错。②按照公平原则,加害人对受害人的损失应当给予适当补偿。在笔者看来,一审法院的判决结果是有问题的。因为在民事案件中,我们奉行的是平等原则和"谁主张,谁举证"原则。该案中,原告无法举出被告撞人的证据,被告也无法举出自己没撞人的证据。一审法院的这个判决会导致很多想见危施救的人不敢见危施救,因为害怕"做好事落不是"。法院如果判决彭宇无责任,就会在客观上鼓励人们见危施救,即使真的放纵了肇事者,被撞者也有可能及时获得救助。

---

① 刘岚:《最高人民法院出台一系列应对金融危机司法意见回顾》,载《人民法院报》2009 年 8 月 17 日第 4 版。
② 参见南京市鼓楼区人民法院(2007)鼓民一初字第 212 号民事判决书。

第三,司法机关缺乏长期规划和经济分析的能力。依据国家能力理论,社会秩序形成与发展的动力除了源自社会自身的演进外,还源自国家力量的规划、设计和推动。特别是在当下各国的经济领域,人均 GDP 和政府对 GDP 的贡献成正比例关系。换言之,比较富的国家一般都是能通过其政府部门产生较高比率财富的国家。因此,为了促进经济发展,国家应当加强以制度能力为核心的国家能力建构,而这种建构主要涉及以下四个方面的内容:(1) 组织的设计和管理;(2) 政治体系设计;(3) 合法性基础;(4) 文化和结构因素。① 由于缺乏长期规划设计和进行成本分析的能力,无法对经济社会秩序的长远发展作出准确预测和规划,司法机关往往将其对于经济社会系统的激扰变成直接为经济社会发展"保驾护航",并通过加大民事领域的调解力度和刑事领域的处罚力度以解决问题。

三、国家机构之间协调和沟通框架下的中国司法

在国家能力理论框架下,一个国家能力强大的国家必定是法律和政令在国家科层体系内部、上下级机构之间得到迅速和有效传递的国家。② 就中国而言,欲提升国家能力,加强国家建构,就必须既能克服"条条分割"引起的法律和政策传递失真,又能克服多部门之间因"块块分割"而引起的合作困境。这也是中国不采取立法权、行政权和司法权三权分立体制的一个重要原因。在中国政府看来,立法、行政和司法三个机关之间进行权力分立和制约容易产生矛盾和摩擦,出现各部门之间的合作困境问题。因此,从国家机构之间的协调和沟通角度看待中国司法对于提升中国司法能力具有重要意义。

---

① 参见〔美〕弗朗西斯·福山:《国家构建》,黄胜强、许铭原译,中国社会科学出版社 2007 年版,第 20—23 页。
② 参见陈柏峰:《城镇规划区违建执法困境及其解释——国家能力的视角》,载《法学研究》2015 年第 1 期。

（一）"条条"关系中的司法失真

长期以来，有效执行法律、实施管理是行政领域制度设计所追求的一个重要目标。为了实现这一目标，国家特别强调权限的关联性乃至功能的一体化。① 学者们将这种权力纵向格局称为"条条"关系。它指的是不同层级之间纵向贯通的、工作性质一致的职能部门和机构形成的一种体系。在该体系中，中央机构的目标往往具有指导性和整体性，而地方机构则根据自身偏好和行为能力的强弱显现出更为明确和具体的、具有本地化特色的地方目标。② 作为国家权力重要组成部分的上下级法院也被纳入"条条"关系的管理模式中。国家往往将法院系统按照"条条"关系进行设置和管理，即上级和下级法院机构之间遵循严格的科层制逻辑。一方面，法院系统内部会设立上下级相对应的法律机构进行对口管理，并坚持"下级服从上级"的组织原则。另一方面，上级法院不仅在审判业务上，而且在下级法院院长选任上，表现出极强的司法能动。③ 这种"条条"关系对法院的司法活动产生了重要影响，导致"法院内部的权力向庭长、院长等领导者集中，下级法院的权力向上级法院集中，地方法院的权力向最高法院集中，从而形成一种上命下从的金字塔型权力结构体系"④。这种压力型体制极有可能把法律外的因素通过科层制体制引进到司法活动中，甚至在一定程度上偏离法律轨道。下级法院或法官为了降低司法风险和规避司法责任，往往会采取一系列积极的应对策略，从而使司法活动失真。在司法活动中，司法失真的表现主要有尽量调解、主动请示、替换政策等。

在"条条"管理关系中，上级法院可以依据职权，就下级法院对某一案件的判决结果行使维持、变更或撤销的监督权。这种监督权往往会和上级法院对下级法院的行政管理权结合起来。例如，维持率、变更率、撤销率都是上级法院决定下级法院人事任免、财务拨付的重要依据。上级法院对下级

---

① 参见蒋惠岭：《论案件请示之诉讼化改造》，载《法律适用》2007年第8期。
② 参见贺东航、孔繁斌：《公共政策执行的中国经验》，载《中国社会科学》2011年第5期。
③ 参见刘忠：《条条与块块关系下的法院院长产生》，载《环球法律评论》2012年第1期。
④ 万毅：《历史与现实交困中的案件请示制度》，载《法学》2005年第2期。

法院的这种压力又会直接转移到承办法官身上。许多地方的法院都有承办法官所经办的案件被上诉的将罚多少钱、上诉改判的又罚多少钱的规定。下级法院和承办法官面对这种来自科层制管理的压力,往往会采取尽量调解结案的行动策略。一方面,这种尽量调解结案的行动策略能够避免"有些事实根本查不清,越查越容易激化矛盾",防止"条条"关系中纵向监督权与行政管理权混合带来的麻烦。另一方面,也许是更为重要的,作为一种合意型的纠纷解决方式,当事人及法官都可以更为灵活地在"合意—决定"以及"状况—规范"之间滑动,将诉讼过程变成一种争夺权力的场域,让一些非法律因素进入法律的视野。[①] 其实,这些非法律因素有很多来自异化的"条条"关系或"块块"关系。在职业没有充分保障的情况下,下级法院和法官尽量利用调解结案的方式,既能够保证其在异化的"条条"关系或"块块"关系中的生存空间,又能够规避错案追究制度。

主动请示也是下级法院和法官应对压力型司法体制的一项重要策略。在"条条"关系中,上级法院对下级法院的监督关系实质上演变为指导关系。当遇到疑难案件的时候,下级法院(或法官)会主动运用这种"条条"关系,就案件向上级法院(或法院领导)请示或汇报。[②] 一方面,下级法院通过案件汇报和请示,能够事先了解上级法院的倾向性意见,避免案件上诉时上级法院对下级法院判决的改判。另一方面,下级法院通过案件汇报和请示,既向上级法院传达了一种谦虚和谨慎的态度,即已经意识到自己在知识上的不足和对案件高度认真负责的态度,又强化了上级法院的权威性,即上级法院具有知识上的优势,比下级法院对疑难问题的认识更为到位和准确。这种看

---

① 参见杨柳:《模糊的法律产品——对两起基层法院调解案件的考察》,载《北大法律评论》编委会编:《北大法律评论》(第2卷·第1辑),法律出版社1999年版,第215页。

② 最高人民法院曾经分别就刑事案件、民事案件、行政案件的请示问题作过规定,并将请示限定在一定范围内。例如,1985年《最高人民法院关于报送民事请示案件有关问题的通知》规定,"对重大疑难案件,须提交本院审判委员会讨论。讨论后,如认为尚需请示我院,请将讨论情况和你们的处理意见,一并报送我院"。1995年《最高人民法院关于报送刑事请示案件的范围和应注意事项的通知》规定:"报送请示案件的范围应严格限制在1.中央和最高人民法院关注的案件。2.在本省、市乃至全国或国际上有重大影响,易引发群众激愤、新的社会矛盾和外事交涉的案件。3.适用法律不明的案件。4.按有关规定须报我院内审的涉外、涉港澳台和涉侨眷案件。5.案件管辖不明或管辖有争议的案件。"近些年来,最高人民法院更是进一步强调严格限制请示的范围。但是,在实践中,案件请示和汇报仍然普遍存在。

似进一步维护"条条"管理关系的做法实质上是下级法院和法官转嫁司法风险一种策略,其后果是在一定程度上瓦解了审级制度确立的不同层级的法院功能分化以及事实审、法律审、法律统一适用的区隔的基本意图,从而在事实上容易导致司法失真。

替换政策,是指在司法活动中,表面上参照执行上级法院特别是最高人民法院的公共政策,而事实上背离公共政策的精神,执行另一套标准。法律的统一性是国家建构的重要内容,规范和统一法律适用标准也是最高人民法院的一项重要功能。为了较好地履行这项功能,最高人民法院会主动利用这种"条条"关系中的科层制因素对司法业务活动产生影响,即通过行政化的手段制定公共政策,并利用位居法院体系"金字塔"顶端的优势将其推行下去。然而,"高层政策制定者追求的是整体利益,但地方政策执行者代表的是区域局部乃至个人的利益,因而政策制定者与执行者可能在政策上存在利益的差别"[①]。这种层级上利益的不一致往往也会影响最高人民法院公共政策的推行。例如,最高人民法院1991年下发了《最高人民法院关于人民法院审理借贷案件的若干意见》。根据该意见,出借人明知借款人是为了进行非法活动而借款的,其借贷关系不予保护。但是,不少地方法院受"块块"关系影响和地方政府发展经济的需要,将审理借贷案件的目标定位为促进资金流动,推动经济发展,并将"非法活动"换成了"违法犯罪活动"。这在一定程度上背离了最高人民法院的意见精神。[②] 下级法院不敢公然违反,便在用语上冠以"根据有关法律法规和《最高人民法院关于×××》的规定,结合我省实际"的字样。这种"偷梁换柱"既能够规避公然违反上级意愿可能招致的科层责任,又能够回应来自"块块"(即同级党委和地方政府部门)的需求,从而为自身的生存赢得空间。

[①] 贺东航、孔繁斌:《公共政策执行的中国经验》,载《中国社会科学》2011年第5期。
[②] 安徽省高级人民法院2013年制定的《安徽省高级人民法院关于审理民间借贷纠纷案件若干问题的指导意见》第9条规定:"出借人明知借款人借款用于赌博、吸毒等违法犯罪活动仍然进行借贷的,借贷行为不受法律保护。"

(二)"块块"关系中的司法合作困境

按照贺东航、孔繁斌的说法,中国的重大公共政策往往拥有一个以上的目标,即目标群,这些目标分别指向不同的职能部门,需要它们之间的协同和配合,从而形成多元参与者的复杂网络关系。这种政策的多属性反映了中国政策执行网络的"块块"特征,并形成了各个部门之间的"块块"关系。① 受政法传统的影响,法院往往被纳入同级党委和政府的这种"块块"关系中,也需要完成一定的目标任务。在"块块"关系中,中国试图通过"以党领政""党政合作"机制形成的党的"高位推动",缓解因"块块分割"形成的合作困境。

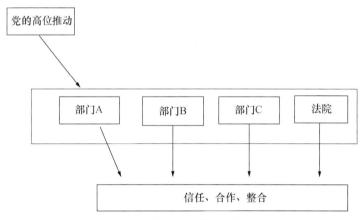

图1-1 司法中的"块块"关系

在实践中,法院的主要职能在于定分止争,解决矛盾和纠纷;其优势在于适用法律作出判决,而不在于配合"块块"关系中的其他部门执行政策。法院也难以实现同其他部门的整合。这种目标的外在强制性与手段的内在有限性之间的矛盾影响着法院的策略选择。具体来讲,法院主要采取以下几种策略:

---

① 参见贺东航、孔繁斌:《公共政策执行的中国经验》,载《中国社会科学》2011年第5期。

第一章　国家建构视野下的中国司法

第一,简单地"复写"党委的政策。"党管干部"是党长期坚持的一项重要原则,是党的组织路线为政治路线服务的一项有力保障,更是党具有"高位推动"能力的原因。《中华人民共和国法官法》为法官确立了一个业务系列。在中国,法官往往还具有一个行政职务系列,这个系列的级别和职数是由同级党委的组织部确定的。倘若法院不积极履行同级党委的政策,并与同级党委保持良好关系,就会在行政职务系列认定方面"吃亏"。然而,在实践中,党委的政策往往具有一定的抽象性和原则性,若转换不好,就容易犯错误。为了防止出现政治不正确,法院往往会简单地"复写"党委的政策,即将党委的政策一一映射式地在法院系统内部进行传达,实质上却没有将党委的政策转化为一种司法技术。这只是一种表面上的"认真"。

第二,提高立案审查标准,尽量不立案。在"块块"关系中,政府部门本应和法院建立起一种信任和合作关系。但是,在实践中,特别是在贯彻建设社会主义和谐社会、维护社会稳定的政策过程中,政府与法院之间往往会因"块块分割"而进行零和博弈。在某些情况下,政府机关和信访部门甚至会将矛盾引向法院。于是,社会矛盾的焦点就会转移到法院。面对这种转移矛盾的行为,法院往往会采取提高立案审查标准,尽量不立案的应对策略。

第三,尽量不触及行政权的核心层。在党的"高位推动"下,司法权作为一种裁判权和保守的力量,本应对行政权进行一定程度的校正,以实现司法权与行政权之间有效的整合。例如,参与社会管理创新是一项重要的公共政策。这项政策在党的"高位推动"下指向不同的职能部门。为了配合政府部门进行社会管理创新,法院加大了司法建议的力度。法院对于不属于法院管辖的违法乱纪问题,可转有关部门处理,但应同时提出司法建议,必要时还要将司法建议书抄送其上级主管机关和有关部门。[①] 然而,"揭别人伤疤往往是很疼的",甚至会招致对方的反击。同时,"强行政、弱司法"的体制格局也使法院左右为难:倘若不提出司法建议和参与社会管理创新,法院就会在贯彻执行党和国家政策方面显得"慢半拍",与"全国上下一盘棋,拧成

---

① 参见1984年《最高人民法院关于贯彻执行〈经济合同法〉若干问题的意见》。

一股绳"的意识形态不符;倘若直接与处于强势地位的行政权"硬碰硬",又会使自己"碰得头破血流"。在法院看来,"那些拥有强大政治能量的政府部门能够抵御来自法院的压力,而较弱的部门则不得不屈从。于是似乎只要行政机关越弱势,依法行政就越可能得到推进"[①]。因此,法院往往会选择处于行政权末梢的或不那么重要的机关或部门作为司法建议对象。

---

① 贺欣:《法院推动的司法创新实践及其意涵——以T市中级人民法院的行政诉讼为例》,载《法学家》2012年第5期。

第二章

法院国家权力的下沉功能

中华人民共和国的成立具有查尔斯·蒂利等西方学者所说的国家建构的意义。简要地说,国家建构就是指现代化过程中以民族国家为中心的制度与文化整合措施、活动及过程,其基本目标是建立一个合理化的、能对社会与全体民众进行有效动员与控制的政府或政权体系。因此,新中国必须完成的一个重要任务就是实现国家权力下沉,将国家权力延伸到基层社会。以国家为主导的法院司法活动既是实现国家权力下沉的一个重要手段,也是国家权力下沉的客观要求。这也就意味着法院应当承担起国家权力下沉的基本功能。

一、中华人民共和国成立前政府权力的下沉

清末以后,中国社会进入一种在中央集权的国家机器直接统治范围之外,国家与社会互动或联合的半正式运作状态。这种半正式运作状态既不同于正式的官僚体制,也不同于非正式的民间组织。具体而言,这种半正式运作状态主要体现于清代处于国家与村庄关键联结点上的准官员身上,包括乡保长、村长等。[①] 他们在一定程度上能够协助县府衙门管理基层的一些事务,解决当地的一部分纠纷,从而继续维持自秦以来"王权止于县政"的原

---

① 参见〔美〕黄宗智:《过去和现在:中国民事法律实践的探索》,法律出版社2009年版,第15—17页。

则。但是,这种半正式运作状态在民国时期走向了全面的"经纪化"。特别是非官方的组织和个人成为"营利型经纪人"时,其对乡村进行治理的权威急剧下降,导致国家权威在乡村的缺失和农村社会精英的退化,从而导致国家政权建设"内卷化"①。由于国家正式机制在处理纠纷方面的能力较弱,南京国民政府试图通过多种途径建立官僚化的纠纷解决体制,以实现国家权力向基层社会的下沉,但是未能实现。同时,其他权力在纠纷解决中仍然起着一定作用。这些权力与国民政府所欲建立的现代官僚化的纠纷解决模式相悖,从而削弱了其权威。

(一) 官僚化与权力下沉

按照马克斯·韦伯的"理想型"理论,孙中山领导辛亥革命推翻清王朝以后,中国社会进入从传统型社会向现代型社会过渡这样一个阶段。现代型社会最根本的一个特点就是建立起现代官僚体制。所谓官僚制,按韦伯的理解,是指"一种由训练有素的专业人员依照既定规则持续运作的行政(管理)体制"②。因此,现代官僚体制包括两个方面的内容:第一,规则治理;第二,文官治理。

在现代型社会中,对已制定的规则的合法性以及规则所规定的一系列权利予以信任是政府权威的重要来源。在这一背景下,人们对权威的服从系由非人格因素秩序的法律性质的建立而得来的。自民国以来,中国在法律制度方面进行了大规模的法律形式主义运动。1929—1930年,南京国民政府依照《德国民法典》制定了《中华民国民法典》,该法典以各种抽象的权利原则为起始,围绕人身、财产、债、结婚与离婚、继承等方面的权利展开。按照该法典的原旨,法院应当按照西方形式主义模式,以保护权利为目的裁

---

① "内卷化"是吉尔茨在研究爪哇水稻农业时使用的一个概念,杜赞奇将这一概念用来分析1900—1942年华北地方政权的现代化建设。它主要是指一种社会或文化模式达到一种确定形式后,便停滞不前或者无法转化为另一种高级模式的现象。参见〔美〕杜赞奇:《文化、权力和国家:1900—1942年的华北农村》,王福明译,江苏人民出版社2010年版,第51页。

② 〔英〕戴维·毕瑟姆:《官僚制》(第二版),韩志明、张毅译,吉林人民出版社2005年版,第3—4页。

第二章　法院国家权力的下沉功能

断是非。① 除此之外，国民政府还制定了《宪法》《刑法》《商法》《刑事诉讼法》《民事诉讼法》等法典，从而形成了具有大陆法系成文法传统的"六法全书"体系。尽管在制定这些法典时，国民政府进行了大量的民事习惯调查，但是这些民间惯法规则并没有充分而合理地反映在立法中，全盘西化才是一种主导的意识形态。② 对此，郭贞娣以婚姻法为例进行了阐释："立法者制定的照顾妻子、给予其经济资助的新法定救济方式，是国家对超越父权的夫妻观念给予总体支持中的一部分；国家试图通过这些总体性的支持，在家庭中降低父权和推进政府的权威。"③

在文官治理方面，孙中山结合当时"民智未开"之实际情况，提出建立民国需要经过"军政""训政""宪政"三个阶段实现。他把官僚制看作维持国家统治最重要的工具。为了选拔合格的官吏，他引进了西方的公务员考试制度，并反复强调："以后国家用人行政，凡是我们的公仆都要经过考试，不能随便乱用的。"④ 在孙中山的倡导下，南京临时政府法制局拟定了《文官考试委员会官职令》《文官考试令》《外交官及领事官考试委员会官职令》《外交官及领事官考试令》等。

与此同时，孙中山积极加强中央行政机关和司法机关的组织建设。中华民国建立不久，民国政府就开始在全国范围内建立近代审判机构。1912年，全国共有各级审判厅303所，其中地方审判厅124所。北洋政府成立初期，就初步形成了四级三审制的司法制。但是，从1914年起，北洋政府开始裁撤新式法院。1917年，北洋政府公布《暂行各县地方分庭组织法》，进一步推行地方审判机构建设。该法规定，凡已经设立地方审判厅的地方得于附近各县设立地方分庭，受理初级或地方厅第一审管辖之民刑案件。到1926

---

① 参见〔美〕黄宗智：《中国法庭调解的过去和现在》，载〔美〕黄宗智、尤陈俊主编：《从诉讼档案出发：中国的法律、社会与文化》，法律出版社2009年版，第436页。尽管当时也存在法院调解，但是法院极有可能是走过场，法官一般很少或完全不做工作以帮助双方达成调解协议。

② 参见前南京国民政府司法行政部编，胡旭晟等点校：《民事习惯调查报告录》（上册），中国政法大学出版社2000年版，第14页。

③ 〔美〕郭贞娣：《配偶的经济权利和义务：民国赡养案件中的婚姻概念（1930—1949）》，载〔美〕黄宗智、尤陈俊主编：《从诉讼档案出发：中国的法律、社会与文化》，法律出版社2009年版，第300页。

④ 《孙中山选集》（下卷），人民出版社1956年版，第583页。

年,全国已经建立高等审判厅23所、高等审判分厅26所、地方审判庭66所、地方审判分庭22所。1917年,北洋政府公布《县司法公署组织章程》。该章程规定,在条件不够、难以成立地方审判分庭的地方组成县司法公署。但是,到1926年,在全国2000多个县中,仅建立县司法公署46所,附设于县知事衙门内。另外,北洋政府设立审判处9所、司法筹备处1所。县司法公署设审判官1至2名,管理初审民刑案件,其他司法事务由县知事负责。①

为重新推动现代法院系统的建立,国民政府掌权后,呼吁全国所有县份6年内建立地方法院。每个法院配备相同的职员:主法官(院长/庭长)及三位同僚(推事)、主检查官(首席检查官)及其副手(检查官)、六名书记员、一名检疫吏(验尸官)以及15名警察。② 1927年,国民政府将司法官纳入文官序列进行管理,并使其享有与公务员同等待遇。③ 在民国县政府官员的等级中,地方法官的地位仅次于县长,高于财务、建设、教育等局局长。④ 1935年实施的《中华民国法院组织法》正式规定推事及检察官的任职资格是:(1) 经司法官考试及格,并实习期满者;(2) 曾在公立或经立案之大学、独立学院、专门学校教授主要法律科目二年以上,经审查合格者;(3) 曾任推事或检察官一年以上,经审查合格者;(4) 执行律师职务三年以上,经审查合格者;(5) 曾在教育部认可之国内外大学、独立学院、专门学校毕业,而有法学上之专门著作,经审查合格并实习期满者。⑤

通过上述两个方面的努力,国民政府在其统治范围内初步建立了官僚化的正式纠纷解决机制。在纠纷解决过程中,法院一般不会重视调解,而基本采用德国纠问式的庭审制度。即使采用调解,基本上也是走过场。调解中的听证相当简略,法官仅询问简单的事实问题,然后看双方是否愿意和解

---

① 参见李卫东:《民初民法中的民事习惯与习惯法》,中国社会科学出版社2005年版,第73—74页。
② 参见〔美〕黄宗智:《法典、习俗与司法实践:清代与民国的比较》,上海书店出版社2007年版,第38—39页。
③ 参见张培田:《法的历程——中国司法审判制度的演进》,人民出版社2007年版,第81页。
④ 参见〔美〕黄宗智:《法典、习俗与司法实践:清代与民国的比较》,上海书店出版社2007年版,第42页。
⑤ 参见《中华民国法院组织法》第33条。

第二章　法院国家权力的下沉功能

或妥协。①

（二）非正式权力与权力下沉

尽管以法典化运动和司法职业化运动为主要内容的正式纠纷解决机制对于政府权力下沉起到了重要作用，有助于现代化理念向基层社会渗透，但是由于中华传统中儒家"厌诉"理念根深蒂固，乡绅势力与宗族权力在基层社会的纠纷解决中仍然发挥着重要作用。无论是在纠纷解决方式上，还是在解决纠纷的依据上，这些权力都与官僚化的正式纠纷解决机制存在差别。在有些场合，它们甚至公然违背国家正式法律，在事实上阻止了政府权力向基层社会下沉。更为严重的是，民国时期，在地方建立了一个更多层级的官僚体制，但是在政权建设方面所作的这一努力并不必然能消除清代以来普遍存在的形形色色的权力滥用和非正式网络。② 这一点可以从下面的案例中看出来。

1939年3月29日，一位来自四川内江县某一不知名村庄、名叫朱烈文的村民涉嫌匪盗，被人交由第二区区长唐继文扣押。几天后，唐继文将朱烈文处以死刑。不久后，朱妻向内江县地方法院提起针对唐继文的诉讼。6月12日，内江县的一些绅士向省政府递交了请愿书，请求表彰唐继文卓著的工作业绩。然而，12月25日，该地的另一批绅士指控唐继文无恶不作。在控告中，朱妻与地方绅士们强调唐继文将一些本地人从警察的位置上驱逐下去而以外地人代之。1940年2月，本案终审机构认为，唐继文曾经在没有事先获得允许的情况下，提前离开了办公场所，因而他不能继续在该地区任职。③

就该案而言，下面几个方面是值得关注的：第一，地方绅士对唐继文的态度。尽管有些地方绅士为唐继文请愿，但是也有部分地方绅士对其提出

---

① 参见〔美〕黄宗智：《中国法庭调解的过去和现在》，载〔美〕黄宗智、尤陈俊主编：《从诉讼档案出发：中国的法律、社会与文化》，法律出版社2009年版，第437—439页。
② 参见〔美〕徐欣吾：《权力网络与民国时期的国家—社会关系》，载〔美〕黄宗智、尤陈俊主编：《从诉讼档案出发：中国的法律、社会与文化》，法律出版社2009年版，第275页。
③ 同上书，第284—286页。

指控。从这一点可以发现,地方绅士之间在利益上存在分歧,并且他们对于政府官员的态度也不同。第二,控告的理由。朱妻与一部分地方绅士在控告中强调唐继文将一些本地人从警察的位置上驱逐下去。在他们看来,唐继文将外地人安插在区公署的行为增强了正式权力对地方利益进行掠夺的可能性。第三,终审机构的判决。尽管终审机构没有完全站在一部分地方绅士一边,即并没有涉及他们指控的罪名,但是仍作出了一定的让步,即以其他理由(提前离开了办公场所)对唐继文给予行政处分。

综上,可以得出这样的结论:南京国民政府试图通过官僚化达致权力下沉目的之努力对基层社会的纠纷解决起到了重要作用。但是,这种努力受到了基层社会既有非正式权力网络的制约。甚至可以这样说,在整个民国时期,地方政府一直为土豪劣绅所困扰,后者尽管发挥着政府代理人或准代理人的作用,但是从不处于政府的有效监控之下。① 这也是中国共产党从国民政府失败的教训中得到的重要启示之一。

二、中华人民共和国成立前司法遭遇的思想障碍

陕甘宁边区在早期政权建设和司法机制建设过程中也遇到了国民政府遇到的问题,即"民智未开""人民尚幼"。为了帮助人民尽快成长,中国共产党沿袭了国民党"开启民智"的基本思路,并试图在具体的法律实践中推行现代法治基本理念。但是,陕甘宁边区的微观权力极大地阻碍了中国共产党的相关实践。

(一)国民党"开启民智"

自清末以来,贫、愚、弱、私的国民意识直接影响到了"君主立宪""开议院""兴民权"等西方政治学说在中国的传播和具体的政治实践。严复提出了"鼓民力,开民智,新民德"的思想。在他看来,开启民智是当时中国的第

---

① 参见〔美〕徐欣吾:《权力网络与民国时期的国家—社会关系》,载〔美〕黄宗智、尤陈俊主编:《从诉讼档案出发:中国的法律、社会与文化》,法律出版社 2009 年版,第 268 页。

第二章　法院国家权力的下沉功能

一急务。孙中山更是从"开启民智"角度出发,系统地论述了"三步走"的思想。他在革命失败后提出了"行易知难"学说,并在此基础上提出国民"意识—行动"改造进路。在这一改造进路中,人可以分为"先知先觉""后知后觉""不知不觉"三类。先知先觉者能够"知行",不知不觉者甚至后知后觉者都要接受先知先觉者的导引,而导引的认识论基础正是"行易知难"学说。① 中国要真正做到"民有、民享、民治",就要依靠少数先知先觉者,预先替人民打算,"造成民权,交到人民"手中,民权就可以实现。革命党作为社会精英,应当是这个社会的先知先觉者。他们发现真理,并对普通大众进行国民意识形态的宣传和灌输。制度性训政是革命党进行国民意识形态宣传和灌输的保证。② 因此,孙中山将中国革命分为三个时期:第一个时期为军政时期。这一时期主要"为破坏时期,拟在此时期内施行军法,以革命军担任……扫除官僚之腐败、改革风俗之恶习、解脱奴婢之不平、洗净鸦片之流毒、破灭风水之迷信、废去厘卡之阻碍等事"③。第二个时期为训政时期。这一时期主要"为过渡时期,拟在此时期内施行约法,建设地方自治,促进民权发达"④。在孙中山看来,"中国四万万之人民,由远祖初生以来,素为专制君主之奴隶,向来多有不识为主人、不敢为主人、不能为主人者,而今皆为主人矣。其忽而跻于此地位者,谁为为之?孰令致之?是革命成功而破坏专制之结果也。此为我国有史以来所未有之变局,吾民破天荒之创举也。是故民国之主人者,实等于初生之婴儿耳!革命党者,即产此婴儿之母也。既产之矣,则当保养之,教育之,方尽革命之责也。此革命方略之所以有训政时期者,为保养此主人,成年而后还之政也"⑤。第三个时期为宪政时期。"为建设完成时期,拟在此时期始施行宪政,此时一县之自治团体,当实行直接民权。"⑥

蒋介石领导的国民政府继续坚持孙中山确立的军政、训政和宪政三阶段的革命思想。在这个过程中,蒋介石按照儒家思想"礼义廉耻"的要求,对

---

① 参见王向民:《孙中山国民意识研究》,载《社会科学》2011年第5期。
② 同上。
③ 《孙中山选集》(上),人民出版社2011年版,第173页。
④ 同上。
⑤ 同上书,第181页。
⑥ 同上书,第174页。

民众的思想、习惯和行动等方面大加指责,痛斥民众处处表现出"萎靡不振的精神"和"苟且偷安的思想","变成一个不死不活的半死人"。① 蒋介石认为,中国人的生活是"污秽""懒惰""颓唐";"总而言之,现在一般中国人的生活是,一言以蔽之就是野蛮的不合理生活";"不是人的生活,无以名之,只可名之曰'鬼生活'";中国民众最大的毛病,就是无秩序,无纪律,无时间,以致中国"成了一个昏乱、黑暗、衰败的社会"②。为了改造这种国民性,国民政府在基层社会推行保甲制度,对民众实行严密控制,从而达到组织民众的目的。在生活领域,国民政府推行新生活运动。③ 在新生活运动中,国民政府用道德教化的方式督促民众遵守新生活规范,以使"国民生活军事化、生产化、艺术化",而且将其与政府工作整合在一起,依靠国家机器的力量,尤其是警察,确保运动的推行。④ 因此,国民政府在"开启民智"过程中的教化权力具有福柯所说"规训权力"的意义。

(二) 陕甘宁边区司法遭遇的思想阻碍

在早期,中国共产党沿袭国民党对于"开启民智"的认识,试图在婚姻法、土地法、司法制度领域注入新的先进思想,并采取一种规训权力的方式引领民众转变基本生活方式。⑤ 但是,这种方式的运作在司法实践中遭遇巨大的思想阻碍。

1. 婚姻法实践遭遇的思想阻碍

在中国共产党看来,既有的婚姻制度有诸多与新的先进文化,特别是五

---

① 参见马晓梅:《论蒋介石的民众观》,载《石家庄铁道学院学报》(社会科学版)2009年第4期。
② 《建国以来毛泽东文稿》(第一册),中央文献出版社1987年版,第1458页。
③ 蒋介石在1934年发起了新生活运动。他将"新生活"定义为"礼义廉耻"的传统固有道德,又将"规矩"和"清洁"视为复兴国民道德的第一步,并对民众日常行为的细节作了详细的规定,主要包括衣帽整洁端正、待人接物有礼、遵守公共秩序、保持个人和环境卫生等方面。参见刘文楠:《蒋介石和汪精卫在新生活运动发轫期的分歧》,载《近代史研究》2011年第5期。
④ 参见刘文楠:《规训日常生活:新生活运动与现代国家的治理》,载《南京大学学报》(哲学·人文科学·社会科学)2013年第5期。
⑤ 例如,毛泽东在早年谈及"商鞅徙木立信"一事时,就"叹吾国国民之愚也","叹数千年来民智之不开",并认为这导致"国几蹈于沦亡之惨也"。他还将"洗涤国民之旧思想,开发其新思想"的希望寄托于"圣贤豪杰"。参见中共中央文献研究室、中共湖南省委《毛泽东早期文稿》编辑组编:《毛泽东早期文稿(1912.6—1920.11)》,湖南出版社1990年版,第1页。

第二章 法院国家权力的下沉功能

四运动所倡导的新文化不一致的地方。因为这种婚姻制度更多体现的是女性对男性的一种物质上的依赖,而婚姻应当建立在感情基础上。因此,陕甘宁边区政府成立不久即着手对旧的不合理的婚姻制度进行修改。1939 年,陕甘宁边区第一届参议会通过的《陕甘宁边区抗战时期施政纲领》第二部分"民权主义"中明确规定:"实行男女平等,提高妇女在政治上、经济上、社会上的地位,实行自愿的婚姻制度,禁止买卖婚姻和童养媳。"随后,边区政府以《陕甘宁边区抗战时期施政纲领》为指导,出台了《陕甘宁边区婚姻条例》,强化了婚姻自由原则。1941 年《陕甘宁边区施政纲领》第 16 条规定:"依据男女平等原则,从政治经济文化上提高妇女在社会上的地位,发挥妇女在经济上的积极性,保护女工、产妇、儿童,坚持自愿的一夫一妻婚姻制。"1943年,边区政府出台了《陕甘宁边区抗属离婚处理办法》。1944 年出台的《修正陕甘宁边区婚姻暂行条例》进一步贯彻了婚姻自由原则。陕甘宁边区这些有关婚姻的规定体现了中国共产党早期试图以五四新文化运动话语为基础所形成的女性观念和婚姻观念。①

然而,在司法实践中,这些法律规定的适用遭遇巨大的思想阻碍,主要体现在以下几个方面:一是早婚。边区政府出于身心健康考虑,反对早婚的法律制度和实践遭到了边区人民的抵制。② 在边区人民看来,添置生产工具、追加生产资料和投入更多的劳动力从事生产是家庭维持基本生存的重要途径。当时男人主要负责生活资料的生产,女人则从事劳动力的生产——生育。提前订婚和结婚有助于避免子女成长太晚和子女稀少而影响生产的进行。③ 因此,当地大多数男女订婚年龄往往早在两三岁,晚则十岁

---

① 参见丛小平:《左润诉王银锁:20 世纪 40 年代陕甘宁边区的妇女、婚姻与国家建构》,载《开放时代》2009 年第 10 期。

② 其实,法院在司法实践中也采取了适当承认早婚的态度。例如,在刘桂英与徐海生离婚纠纷案中,刘桂英结婚时仅 13 岁,提出离婚时 16 岁。边区高等法院判决给予 2 年考虑期间;如届期双方仍无和好之望,另行判处。参见陕甘宁边区高等法院民事判决书字第〇四三号。又如,在郭玉英与高丑儿女婚约纠纷案中,边区高等法院认为:高丑以 7 岁小女许给郭玉英之子为媳,其婚约是否有效,应俟高丑女子年满 16 岁、郭玉英小子年满 18 岁后由本人自行决定之。但是,高丑在其女满 16 岁前不得再以女许人或携女逃跑,并应具保。参见陕甘宁边区高等法院民事判决书字第〇〇十一号。

③ 参见岳珑:《近代陕北女子早婚与生育健康》,载《人文杂志》1999 年第 4 期。

35

左右,而适婚年龄可小到 12 岁,大多数为 15—17 岁。① 二是彩礼。边区人民认为,女儿出嫁,为男方家庭既提供了廉价劳动力,又促进了其人口再生产,从而增加了男方的经济生产能力。因此,女方家庭应当在这个过程中得到一定的补贴。他们将彩礼看作家庭经济补贴的重要来源。假如男女一方在订婚之后成婚之前死亡,应当返还彩礼。但是,男女双方在订婚对象死亡后再次结婚的成本是不一样的,故返还比例也不一样。例如,当时甘肃平凉县城就盛行这样一个规则:"男女订婚后,未及成婚而身故者,如原约财礼银 100 两,男故则女家全不退还,女故则还银 50 两。"② 三是婚姻质量。对于当地妇女来说,有吃穿、有丈夫在身边是她们对婚姻的基本要求,决定着婚姻质量。在 20 世纪三四十年代此地区经济困难、社会动乱的现实中,这种要求成为维系婚姻的基本要素。但是,这种婚姻观念与中国共产党从城市带来的以五四新文化运动话语为基础、强调以感情为基础的婚姻观念大相径庭。③

2. 土地法实践遭遇的思想阻碍

亨廷顿认为:"既然在大多数现代化国家中,农民是最庞大的社会势力,因此具有革命性的领袖总是那些动员和组织农民参加政治行动的人。"④ 中国共产党深深地认识到了这一点,并尽力将自己建构成公民利益(特别是农民利益)的促进者和捍卫者。⑤ 在抗战时期,陕甘宁边区大约有 40% 的地方未经历过土地革命。"在全边区二一三个区中,有八十一个区(百分之三十八),一二三八个乡中有四六八个乡(百分之三十六)都没有分过地。这种地区包括警区的米脂、葭县两个县全部,绥德、西川二县的一部分;陇东分区的庆阳、镇原、合水三个县和环县的一个区;关中分区的同宜耀、淳耀两个县

---

① 参见秦燕、岳珑:《走出封闭——陕北妇女的婚姻与生育(1900—1949 年)》,陕西人民出版社 1997 年版。
② 李文海主编:《民国时期社会调查丛编》(二编·法政卷·下),福建教育出版社 2014 年版,第 484 页。
③ 参见丛小平:《左润诉王银锁:20 世纪 40 年代陕甘宁边区的妇女、婚姻与国家建构》,载《开放时代》2009 年第 10 期。
④ 〔美〕塞缪尔·亨廷顿:《变革社会中的政治秩序》,李盛平、杨玉生等译,华夏出版社 1988 年版,第 264 页。
⑤ 参见张静:《国家政权建设与乡村自治单位——问题与回顾》,载《开放时代》2001 年第 9 期。

和新正、新宁、赤水三县的一部分;延属分区的鄜县的十一个区;三边分区的定边、盐池二县的一小部分。"①1937年8月25日,洛川会议把"减租减息"作为抗战时期中国共产党的一项重要土地政策。在中国共产党看来,欠租主要是地租过高导致的,充分反映了地主对农民的剥削。减租减息有助于提高农民的生活水平,从而动员和组织农民参与中国共产党领导的抗战。

其实,欠租在很大程度上是地主与佃户保持永久性租佃关系的一种基本策略。在佃户看来,欠租愈多,佃权就越牢固。因为地主不把土地给佃户耕种,佃户就更还不起所欠的地租。在地主看来,欠租愈多,愈便于控制佃户。因为如果佃户反抗地主,地主就会以算旧账相威胁,或者如果佃户向地主购买土地或典地,地主就会以归还欠租而阻挠。② 在这种想法的指引下,边区农村佃户租种地主的土地,不论丰、歉、平年,都有欠租的习惯。例如,陇东"交租一般来说丰年能交八九成,平年能交五六成,歉年能交二三成"③。

更为重要的是,很多农民由于对政治的冷漠天性、传统乡村道德观念和害怕"变天"的现实顾虑等因素的影响,对土地改革保持一种冷漠的态度。④ 当中国共产党开展土地改革运动时,"在经济上处于劣势的农民,在生计胁压下,不得不给地主让步,有的和地主串通隐瞒政府,有的互相争租夺佃,在部分农民中间还流行着一些落后保守、不相信自己力量和不完全相信新政权的力量的情绪"⑤。有的农民甚至觉得减租太对不起地主,因为地主平时对自己还不错。⑥ "要和人家去要,见面眼熟面花,实在难为情。"⑦ 有的农民

---

① 西北局调查组:《关于边区减租运动的研究(1943年9月16日)》,载中央档案馆、陕西省档案馆编:《中共中央西北局文件汇集》,1943年(二),甲4,馆存本,1994年印行,第218页。
② 参见黄正林:《地权、佃权、民众动员与减租运动——以陕甘宁边区减租减息运动为中心》,载《抗日战争研究》2010年第2期。
③ 《陇东租佃情况(1944年)》,载《抗日战争时期陕甘宁边区财政经济史料摘编》(第二编·农业),陕西人民出版社1981年版,第247页。
④ 参见黄正林:《社会教育与抗日根据地的政治动员——以陕甘宁边区为中心》,载《中共党史研究》2006年第2期。
⑤ 《抗日战争时期陕甘宁边区财政经济史料摘编》(第二编·农业),陕西人民出版社1981年版,第304页。
⑥ 参见西北局调查组:《关于边区减租运动的研究(1943年9月16日)》,载中央档案馆、陕西省档案馆编:《中共中央西北局文件汇集》,1943年(二),甲4,馆存本,1994年印行,第257页。
⑦ 西北局调查研究室:《木头峪减租运动——葭县店镇区减租斗争调查之二》,载《解放日报》1943年10月15日。

认为"咱没牛借牛,没钱借钱,要减租就把掌柜亏了"①。这种心态直接影响到土地改革的进程,也致使群众无法在心理上自觉形成一种阶级意识。

3. 司法制度遭遇的思想阻碍

为了衔接国民政府的司法体制,陕甘宁边区在 1937 年成立了边区高等法院。② 尽管从一开始边区高等法院就承继过去苏维埃政权时代的司法制度,但是它还是需要遵照国民政府的司法制度,执行司法工作的基本任务。③ 1940 年前后,大量知识分子(特别是白区知识分子)进入陕甘宁边区。④ 他们对当时法律的阶级性、司法人才的"幼稚"、缺少成文法、程序意识淡薄、审级制度、法律教育等进行了较为严厉的批评。例如,鲁佛民认为,边区新民主主义的法律制度应当合理借鉴资产阶级旧民主主义的法律制度,改变司法机构不健全、司法人员素质低等司法"游击主义"现状。⑤

为了改变这种现状,陕甘宁边区从 1942 年 6 月至 1943 年年底进行了一次司法改革。当时,陕甘宁边区高等法院院长雷经天正在中央党校学习,李木庵代理院长职务。李木庵在 1942 年 10 月给边区政府所作的高等法院工作报告中明确提出,这次司法改革的指导精神和目的是:"(1) 提高边区的法治精神;(2) 切实执行边区的法令;(3) 使边区人民获得法律的保障;(4) 建立适合边区的司法制度。"⑥这次司法改革的主要内容有:改变过分强调法律阶级属性的做法,强调审判独立;注重程序,加强规范化管理;司法工作和司法人员专业化。⑦ 中国共产党试图通过这种正规化的司法改革,对民众的生

---

① 《陇东分区减租工作总结报告(1943 年)》,载中共庆阳地委党史资料征集办公室编:《陇东的土地革命运动》(内部资料),第 158 页。
② 1937 年 7 月 12 日,为了抗战需要,中华苏维埃共和国中央政府西北办事处将"中华苏维埃共和国中央执行委员会司法部"改组为边区高等法院,其内部组织分为审判、检察、看守所与监狱、司法行政四部分。参见汪世荣等:《新中国司法制度的基石》,商务印书馆 2011 年版,第 48 页。
③ 参见雷经天:《陕甘宁边区的司法制度》,载西北五省区编纂领导小组、中央档案馆编著:《陕甘宁边区抗日民主根据地》(文献卷·下),中共党史资料出版社 1990 年版,第 163 页。
④ 这一时期,来到边区的具有法律专业学历背景的主要有李木庵、任扶中、鲁佛民、张曙时、朱婴、何思敬、王怀安等,而且李木庵、鲁佛民、朱婴等都有从事法律职业的经历。参见刘全娥:《陕甘宁边区司法改革与"政法传统"的形成》,吉林大学 2012 年博士学位论文。
⑤ 参见鲁佛民:《对边区司法工作的几点意见》,载《解放日报》1941 年 11 月 15 日第 3 版。
⑥ 《陕甘宁边区高等法院 1942 年 3 月—9 月工作报告》,陕西省档案馆档案,全宗号 15。
⑦ 参见侯欣一:《陕甘宁边区高等法院司法制度改革研究》,载《法学研究》2004 年第 5 期。

活实现一种教化。陕甘宁边区是一个地理位置偏僻、社会文化事业极其落后、封建陋俗保存较为完整的区域,既有的民间习惯和处理纠纷的方式也较为落后。当时所谓依靠群众处理纠纷的方式实质变为由乡绅、帮会或门道组织的头目以及地方民团的头目主导的解决纠纷的方式。因此,应当将先进的民主法治思想灌输给边区人民,让他们意识到既有的生活方式是一种落后的生活方式,需要接受一种新的、现代的生活方式。但是,通过司法活动提升民众民主法治意识的做法在实践中激起了民众的不满情绪。

第一,这场司法改革奉行的是一种形式主义的法治观,而边区民众对于法律运作采取的更多是一种实用道德主义。边区民众看重的并不是抽象的法律原则和规则怎样适用于具体的案件,而在于司法活动能否形成一种实际可行的方案,以及这种方案是否能够有效维持他们长期相处的和谐关系。例如,子洲县的王毛子与井来娃3岁的女儿曾经订立婚约。等该女15岁时,王毛子要求结婚,但井来娃的后夫雷正海不同意。王毛子的舅父张鸣绪等人将该女抢去成亲。对此案,子洲县法院严格按照边区婚姻自由的相关规定判决:"订婚不成婚姻,到了结婚年龄实行双方自愿,政府不能有任何保障。"然而,此判决一出,当地民众大为不满。在他们看来,一经订婚,双方就确立了一种稳定的关系,订婚后不结婚既会使对方在当地丢掉面子,又会增加再婚成本。后来,此案被上诉并改判,法院最终承认了婚约的有效性。[①]这种机械适用法条而忽视民众意愿的想法受到了谢觉哉的强烈批评,他认为:"法官必须依靠民意,依靠调查研究的材料进行审判,矫正以往法官坐在家里死啃条文的惯习。"然而,在这一点上,陕甘宁边区司法机关做得很差。[②]

第二,这场司法改革与民众对中国共产党的直观感受有差别。在边区民众看来,为民众福祉负责、替民众发声是政府权力向社会扩张,加强社会控制和资源抽取具有合法性的根据。因此,在司法活动中,政府和法官应当

---

① 参见汪世荣:《陕甘宁边区高等法院推行婚姻自由原则的实践与经验》,载《中国法学》2007年第2期。

② 参见谢觉哉:《谢觉哉日记》(上),人民出版社1984年版,第492页。其实,谢觉哉是个生性平和的人,他平时不爱批评人。然而,他对当时陕甘宁边区司法机关的做法使用了"很差"这一词语,这足以说明当时司法形式主义倾向较为严重。

始终站在民众一边,而且政府和法院也是这样说的。然而,许多民众认为边区法院会作出有利于地主和富农的判决,他们感到十分义愤和不可理解。① 例如,按照过去苏区的法律规定,地主、资产阶级分子与工农分子犯同样罪行的,对工农分子酌量减轻处罚。但是,司法改革后,法院对地主阶级和工农分子量以同等罪刑。这令很多民众不解。② 雷经天对李木庵在边区高等法院的工作进行批评时,也指出:"将边区的司法工作完全变为国民党的一套,司法工作因此无论在干部、法律、政策、审判方面,只是为着地主、资产阶级,而不是为着工农群众,这完全是违反了党的路线。"③

第三,这场司法改革忽视了民众现有的法律认知能力和认识水平。当时,陕甘宁边区大多数民众并不识字,对于法律制度的认识也相当有限。同时,民众不愿意接受中国共产党组织的教育学习,也不让孩子读书识字,他们害怕孩子识字以后成为公家人。④ 这直接影响到了他们对于新法律条文的理解。例如,法院因不合审级要求而驳回案件时,他们觉得难以理解,也不知道下一步该怎么办。法院给他们作出解释,他们也理解不了。⑤ 因此,他们有时不免对法院持一种怀疑的态度。

三、国家权力下沉的基本方式

1949 年中华人民共和国成立以后,面临的一个最为紧迫的任务就是巩固政权、治理国家。就中国共产党而言,使国家权力下沉到基层社会是巩固政权、治理国家的首要前提。只有将国家权力下沉到基层,改变清末、北洋政府乃至国民政府时期的多元权力格局并存之局面,才具备建立一个合理

---

① 参见侯欣一:《陕甘宁边区高等法院司法制度改革研究》,载《法学研究》2004 年第 5 期。
② 参见杨永华、段秋关:《统一战线中的法律问题——边区法制史料的新发现》,载《中国法学》1989 年第 5 期。
③ 雷经天:《关于改造边区司法工作的意见(1943 年 12 月 30 日)》,陕西省档案馆档案,卷号 15—149。
④ 参见陕西师范大学教育研究所编辑:《陕甘宁边区教育资料・社会教育部分》(下),教育科学出版社 1981 年版,第 280 页。
⑤ 参见杨永华、方克勤:《陕甘宁边区法制史稿》(诉讼狱政篇),法律出版社 1987 年版,第 113 页。

第二章　法院国家权力的下沉功能

化的、能对社会与全体民众进行有效动员与监控的政府或政权体系的基础。

中华人民共和国成立初期的土地改革、以废除"六法全书"和贯彻婚姻法运动为主要内容的法律革命以及整党运动是完成国家权力下沉的重要方式,在事实上削弱了过去的多元权力格局,改变了之前官僚化的正式权力与基层社会的非正式权力并存的格局,从而将纠纷解决的权力完全集中到国家手里。在这个过程中,国家权力渗透到人们日常生活的各个角落,从根本上改变了自秦以来"王权止于县政"的权力格局。

(一) 土地改革与国家权力的下沉

如上文所述,民国时期不能实现政府权力下沉除了政府自身的原因之外,还有一个主要的原因就是乡绅势力、宗族权力等从非正式运作状态走向全面的"经纪化"。因此,中国共产党在掌握政权之后,就要消除这些权力,土地改革是重要手段之一。

1948年5月,毛泽东针对中国新民主主义革命的现实情况,提出开展土地改革工作,具体包括以下几项工作:第一,进行乡村情况调查;第二,组织、改组或充实贫农团和农会,发动土地改革斗争;第三,按照正确标准划分阶级成分;第四,按照正确政策,实行分配封建土地和封建财产;第五,建立乡(村)、区、县三级人民代表大会,并选举三级政府委员会;第六,发给土地证,确定地权;第七,调整或改订农业税(公粮)负担的标准等。[①] 中国共产党开展的土地改革是"政党下乡"、重组基层的重要体现。这也是中国共产党与国民党的最大区别之一。尽管国民党初步建立了自上而下的官僚化的政权体系,但是这个政权体系是一个精英化的政权体系,而非群众性的政权体系。中国共产党抓住了国民党的这一弱点,通过自下而上的底层革命,从根本上改革了精英统治的权力结构。按照徐勇的分析,这场底层革命的核心是土地问题。他认为,土地改革之所以有助于实现国家权力下沉,其原因主要有以下几点:第一,"土地改革不仅仅是一场经济革命,更是一种政权基础的重建。通过土地改革及相伴随的清匪反霸,推翻实际控制乡村的地主势

---

① 参见《毛泽东选集》(第四卷),人民出版社1991年版,第1328—1329页。

力,从而将千百年以来实际控制乡村的统治权第一次集中到正式的国家政权组织体系中来"。第二,"土地改革在给农民分配土地的同时,也增强了农民对政权组织的认同,使农民第一次具体意识到这一政权是属于自己的。民国时期赋予农民以抽象的民权地位得以实现,并增强了中央权力对农村基层的渗透能力。作为土地改革的领导者之一的杜润生深刻地指出,土地改革是'农民取得土地,党取得农民'"。第三,"彻底推翻乡村的旧秩序,使中国借以完成20世纪的历史任务:'重组基层',使上层和下层、中央和地方整合在一起,使中央政府获得巨大组织和动员能力,以及政令统一通行等诸多好处"。第四,"通过土地改革,不仅政权组织第一次真正地下沉到乡村,而且摧毁了非正式权力网络的根基"。① 在土地改革过程中,中国共产党为农民提供了实惠,从而换回了人们对社会与政治秩序的接受。这也就是王国斌所说的"物质利益控制手段"。②

为了实现土地改革的基本目标,表明国家权力下沉的决心,1950年7月14日政务院第41次政务会议通过并于7月20日公布施行的《人民法庭组织通则》规定,在县一级设立人民法庭,其任务是运用司法程序,惩治危害人民与国家利益、阴谋暴乱、破坏社会治安的恶霸、土匪、特务、反革命分子及违抗土地改革法令的罪犯。一方面,县级人民法庭的设立本身所具有的符号意义在于,国家权力从省一级下沉到更为基层的县一级。另一方面,中国共产党深受马克思列宁主义影响,认为"法律是统治阶级的工具""司法机关是专政的武器"等。因此,县级人民法庭的设立也就意味着国家对基层控制的加强。

---

① 参见徐勇:《现代国家的建构与村民自治的成长——对中国村民自治发生与发展的一种阐释》,载《学习与探索》2006年第6期。
② 王国斌认为,官方与精英合作以巩固社会秩序的主要社会控制手段可简化为三类:第一类是意识形态控制手段,即倡导正统观念与行动;第二类是物质利益控制,即公开地或含蓄地提供某些好处以换取人们对社会与政治秩序的接受;第三类是强制性控制,即简单地借助于暴力威胁或暴力实施,强迫人们就范。参见〔美〕王国斌:《转变的中国——历史变迁与欧洲经验的局限》,李伯重、连玲玲译,江苏人民出版社1998年版,第94页。

(二) 法律革命与国家权力的下沉

如果说土地改革是从经济上、政治上瓦解乡村社会中非正式权力网络,那么废除"六法全书"、贯彻婚姻法运动则是要从法律观念层面进一步瓦解旧制度、旧观念对国家权力下沉的阻碍,从而实现"意识形态的控制"。

1. 废除"六法全书"

国民政府时期建立的"六法全书"体系是中国法律文化全盘西化的重要表现之一。因此,《中共中央关于废除国民党的六法全书与确定解放区的司法原则的指示》明确指出,"司法机关应该经常以蔑视和批判六法全书及国民党其他一切反动的法律法令的精神,以蔑视和批判欧美日本资本主义国家一切反人民法律、法令的精神",教育和改造司法干部。在中国共产党看来,一方面,"六法全书"偏离基层日常生活甚远,是一种官僚文化、"老爷文化"的体现。另一方面,自力更生不但是中国共产党取得新民主主义革命胜利的重要法宝,同时也是取得社会主义建设胜利的重要法宝。[①] 自力更生使中国人民摆脱了封建主义和资本主义的双重压迫,它具有强烈的政治号召力和催人奋进的战斗力。自力更生不但要体现在经济与政治实践上,也要体现在文化实践上。"六法全书"是国民政府遗留下来的旧文化,中国共产党必须将其抛弃。这一方面反映了中国共产党坚持革命到底的决定,另一方面也反映了中国共产党试图通过自力更生寻找到法律发展道路的决心。"六法全书"被废除以后,人民司法应该以人民新的法律作依据。"在人民新的法律还没有系统地发布以前,应该以共产党政策以及人民政府与人民解放军所已发布的各种纲领、法律、条例、决议作依据。目前,在人民的法律还不完备的情况下,司法机关的办事原则,应该是:有纲领、法律、命令、条例、决议规定者,从纲领、法律、命令、条例、决议之规定;无纲领、法律、命令、条

[①] "自力更生"是中国共产党根据中国革命的具体情势而提出来的,它具有国内和国际两个方面的意义:在国内方面,它在中国共产党内部培养一种偏爱地方单位的倾向;在国际方面,它有助于警惕外国势力对中国的控制与负面影响。参见〔美〕詹姆斯·R.汤森、布兰特利·沃马克:《中国政治》,顾速、董方译,江苏人民出版社2003年版,第58页。

例、决议规定者,从新民主主义的政策。"① 通过这样的规定,中国共产党的政治纲领与意识形态在基层社会得到了体现,从而有助于实现国家权力下沉之目的。

2. 贯彻婚姻法运动

1950年5月1日公布施行的《中华人民共和国婚姻法》是新中国颁布的第一部法律。1951年9月,政务院、最高人民法院就贯彻婚姻法发布了一系列指示。1951年冬,中央与地方政法各部门对婚姻法的执行情况进行了检查。针对婚姻家庭关系领域存在的诸多问题,政务院决定在全国开展一次贯彻婚姻法运动。② 中国共产党之所以如此重视婚姻家庭领域,其主要原因在于婚姻家庭领域是受传统儒家文化影响最深的领域之一。自新文化运动以来,儒家文化就被认为是掣肘中国社会发展进程的重要因素。中国共产党是以马列主义、毛泽东思想为指导的,所要营建的文化是一种平民文化、大众文化;而儒家文化是一种家父文化、士大夫文化。因此,中国共产党重视婚姻法并开展贯彻婚姻法运动,表明其要与传统儒家文化决裂。婚姻家庭领域是民众最为基本的生活领域。倘若在婚姻家庭领域能够贯彻中国共产党的基本主张,那么国家权力下沉到其他领域就不会存在多大问题。在儒家文化中,家庭是家族的基本单位,家族首领往往具有管理地方事务的权力。这种格局在维护地方秩序方面起到一定作用的同时,有可能阻碍国家权力的下沉。更为严重的是,家庭乃至家族之间以包办婚姻③为联姻方式能够进一步壮大家庭乃至家族势力,从而构成对国家权力的威胁。在中国历史上,"以家庭来对抗相邻村社、以相邻村社来对抗城镇、用省的联合或方言地区的联合以对抗民族……以圈子套圈子式的联合来确定如何行事,这些

---

① 1949年2月28日《中共中央关于废除国民党的六法全书与确定解放区的司法原则的指示》。

② 参见蔡定剑:《历史与变革——新中国法制建设的历程》,中国政法大学出版社1999年版,第40—41页。

③ 包办婚姻讲求"门当户对"。小说《红楼梦》就充分地反映了家庭和家族通过包办婚姻进行联姻以壮大家族势力。对这一点,中国共产党是非常清楚的。

类型的例子是不少见的"①。中国共产党通过强调自由婚姻,坚决反对父权、夫权,从文化和思想观念方面消解基层与中央进行对抗的力量,从而使中央与基层紧密联系起来。

(三) 整党运动与国家权力的下沉

及时、主动发现党内存在的问题并进行有力纠正是中国共产党战胜国民党的重要原因之一。中国共产党在进行土地改革、实行文化下乡的同时,也积极加强自身的作风建设。1948年5月25日,毛泽东在为中共中央起草的党内指示中提出,要实行初步整党。1951年2月21日,党中央发出《中共中央政治局扩大会议决议要点》,向党内通报整党建党等八个问题。1953年1月5日,毛泽东在为党中央起草的党内指示《反对官僚主义、命令主义和违法乱纪》中指出:"中央认为山东分局这样集中地暴露党政组织中极端严重地危害人民群众的很多坏人坏事并提出了解决问题的意见,是很好的,是完全必要的。这件事应当唤起我们各级领导机关的注意。"②在中国共产党看来,善于把党的政策变为群众的行动是马克思列宁主义的一种领导艺术,③而加强自身作风建设是实现这种领导的前提。1953年的司法改革就是整党运动的一项重要举措。这次司法改革的目的就是:"彻底改造和整顿各级人民司法机关,使它从政治上、组织上和思想作风上纯洁起来,使人民司法制度在全国范围内能够有系统地正确地逐步建设和健全起来,以便完全符合于国家建设的需要。"④司法改革批判了"旧司法作风"存在的主要问题,即不走群众路线,不和群众打成一片,对人民群众的利益和党与人民政府的政策根本不关心。⑤ 整党运动以及1953年的司法改革增加了民众对中国共产党

---

① 〔法〕安德烈·比尔基埃、克里斯蒂亚娜·克拉比什-朱伯尔、玛尔蒂娜·雪伽兰、弗朗索瓦兹·佐纳邦德主编:《家庭史》(第三卷),袁树仁等译,生活·读书·新知三联书店1998年版,第308页。
② 《毛泽东文集》(第六卷),人民出版社1999年版,第253页。
③ 参见《毛泽东选集》(第四卷),人民出版社1991年版,第1319页。
④ 董必武:《董必武法学文集》,法律出版社2001年版,第155页。
⑤ 参见李龙主编:《新中国法制建设的回顾与反思》,中国社会科学出版社2004年版,第116—117页。

的认同,从而有利于解决国家权力下沉的合法性这一问题。这也在客观上解决了国民政府在进行权力下沉过程中遇到的"内卷化"难题。

四、国家权力下沉与司法路线的选择

中国共产党试图通过上述一系列措施使国家权力下沉到基层社会,从而确保自己执政的合法性。人民法院就是在这样的背景下逐步建立起来的。在此过程中,人民法院承担着国家权力下沉的功能,即通过法律实践,拉近民众与国家的距离,消除中国传统的国家—社会二元结构,达致国家对地方的高度集权。因此,人民法院在基层社会要始终"在场",实现一种所谓的"身体治理"。然而,人民法院的司法实践与基层民众的具体诉求并不能始终保持一致,特别是人民法院的组织化极有可能带来自身的官僚化。在这种情况下,人民法院司法活动的合法性乃至整个国家权力的下沉都会受到影响。为了避免这种情况的发生,人民法院在司法过程中选择走群众路线。[①]

(一) 进行身体治理的人民法院

按照社会学的分析,国家权力的治理效果由身体治理、技术治理、德行治理三个层面综合决定。所谓身体治理,即在治理过程中,国家权力的载体始终"在场"。当国家权力进行治理的技术控制能力较弱时,国家权力的载体就会不断地深入基层社会;当国家权力进行治理的技术控制能力增强时,国家权力的载体就会从基层社会撤离。但是,国家权力要想实现身体治理,就必须进行一种德行治理,即国家权力的载体必须基于良好的思想道德和

[①] 李斯特认为:"人民司法对群众路线的选择,实际上是应对官僚制的兴起与现代国家的建成之间的不同步的产物。而司法的特殊性在于它是表现为中立的国家权力活动和趋向于专业化的权力活动,更易于形成官僚作风,所以反官僚主义在司法领域尤为重要。"李斯特:《人民司法群众路线的谱系》,载苏力主编:《法律和社会科学》(第一卷),法律出版社 2006 年版,第 298 页。

第二章　法院国家权力的下沉功能

心理状态对治理效果施加影响。① 中华人民共和国成立初期,人民法院对基层社会进行的治理在很大程度上就是一种身体治理。

中华人民共和国成立初期,通信和交通都极为落后。民众到人民法院打官司的成本很高,并且侦查、调查与查证等方面的能力都较弱,法律从业人员的素质也较低。在这种情况下,无论是大陆法系的纠问式诉讼模式还是英美法系的对抗式诉讼模式,都不适合中国国情。从这种意义上讲,人民法院进行技术治理的能力较弱。其实,中华人民共和国成立初期,中国共产党一直非常注重加强人民法院的技术治理能力。为了提高司法能力,人民法院留用了一批国民党统治时期的司法人员,他们精通法律技术。但是,人民法院很快就发现,这些人把审判工作看作"超政治"的"单纯技术工作",孤立办案,脱离政治,脱离党的领导,脱离群众,不调查,不研究,使国家和人民遭受严重的损失。因为国家权力活动的中立性与专业化容易导致形成官僚主义作风,所以 1953 年的司法改革将这些人员从司法队伍中清除出去。为了填补旧司法人员被清除后留下的空缺,党和国家开辟新的司法干部来源,大体有以下几个方面：(1) 骨干干部,选派一部分较老的同志到法院担任领导骨干；(2) 青年知识分子；(3) "五反"运动中的工人、店员积极分子；(4) 土改工作队和农民中的积极分子；(5) 转业的革命军人；(6) 各种人民法庭的干部,工会、农会、妇联、青年团等人民团体还可帮助选拔一批适宜于做司法工作的干部和群众运动中涌现出并经过一些锻炼的群众积极分子。② 随着司法改革的深入,人民法院的司法活动日趋偏离技术化和专业化而走向民众化。

既然人民法院的技术治理能力没有得到提高,那么它就不得不转向提高自身的身体治理能力,即人民法院主动参与基层民众的日常生活,以确保人民法院的"身体在场"。例如,人民法院会主动地参与农村基础设施建设、基础政权建设、组织文化建设,并采用调解的方式将民众的纠纷化解在基层。基层民众从这些活动中获得了具体的实惠,从而为人民法院日后开展

---

① 参见陈柏峰：《纠纷解决与国家权力构成——豫南宋庄村调查》,载谢晖、陈金钊主编：《民间法》(第八卷),山东人民出版社 2009 年版,第 156—160 页。
② 参见董必武：《董必武法学文集》,法律出版社 2001 年版,第 123 页。

工作赢得了认同与支持。

(二) 政治动员与人民法院的身体治理

人民法院在强调进行一种身体治理的同时,也积极加强自身的德行建设,从而使身体治理建立在德行治理的基础上。国民党之所以失心于民,在很大程度上就是因为对德行治理重视不够。中国共产党对此铭记于心。因此,中国共产党要求人民法院保持自身思想上、政治上、组织上的纯洁性。[①] 因为正是思想上、政治上、组织上的纯洁性使中国共产党在长期艰苦卓绝的革命斗争中获得了民众的认同与支持,从而取得了最终胜利。同时,中国共产党也意识到,仅凭潜移默化的意识形态的渗透是不够的,还必须寻找到一种即时性的策略,以使人民法院的身体治理获得民众的迅速认同与支持。因此,人民法院将目光投向政治动员。

其一,人民法院在消解基层社会原有权力结构中逐步取得垄断性的身体治理地位。然而,人民法院的"身体在场"并不能确保其取得较好的治理效果。特别是那些在政治上尚未同化的地区,尽管建立了一些人民法院,也招募了一些司法人员,并且人民法院一再强调自身德行治理的重要性,但是民众主义与人民法院的身体治理之间仍然有可能存在冲突。中国共产党深知在当时的情形下,人民法院强行介入基层社会是不妥的,但是司法权作为国家权力下沉到基层也是一个不能放弃的原则。因此,人民法院处于一种进退两难的境地。要想化解这一难题,就必须在司法活动中充分调动民众的积极性,将民众动员起来,以支持人民法院进入基层社会。

其二,人民法院的身体治理尽管有可能通过意识形态的渗透而得到强化,但是意识形态的渗透较为隐蔽且需要较长时间才能见效。政治动员往往强调针对具体的情势说明利与弊,从而直接推动动员对象作出某种选择。

[①] 中国共产党一直非常重视德行建设,曾多次开展整风运动。但是,由于技术治理发展滞后,技术治理理念未跟上,司法系统内部出现了一些问题。1957年,《人民日报》发表社论,明确指出政法部门需要彻底改造,要使政法部门在思想上、政治上、组织上纯洁起来。参见《政法部门需要彻底的整顿》,载《人民日报》1957年12月20日。

因此,政治学往往又把政治动员定义为一种"诱导或操纵"。① 如前文所述,中华人民共和国成立初期,国家权力下沉是一项紧迫任务,是确保社会主义现代化事业顺利开展的前提,也是过渡时期需要完成的首要任务。在这种局势下,人民法院进入基层社会进行身体治理的合法性不能仅仅通过潜移默化的意识形态教育进行证明,还需要获得即时性的证明。政治动员恰好能够充当这种即时证明的工具。

在此,笔者必须强调的是,人民法院的身体治理也在一定程度上起到了政治动员的作用。中华人民共和国成立初期,主要的政治任务是动员广大人民群众积极投身于社会主义现代化建设的事业中来,并在内心对党的政策予以认同。为了达到这一目标,国家权力下沉就具有重要的意义。因为只有把国家权力下沉到最基层,才能使民众把党的政策看作自己的事业,这也就在事实上使民众真正意识到自己当家做主,从而在根本上区别于官僚行政管理。② 人民法院在基层社会的"身体在场"宣示了国与家在根本利益上具有一致性,并且向民众昭示中国共产党始终与他们站在一起。在具体的个案中,人民法院会积极、主动、及时地介入,并努力做到"既需要运用群众的激情,又要加以调整和控制"③。这种具有实用道德主义的法律实践在体现人民法院实现权力下沉的实用性行为的同时,也体现了对民众的道德性要求,从而在客观上起到了政治动员的作用。

(三) 人民法院的司法群众路线

人民法院在基层社会进行身体治理的时候,一方面,要加强自身的德行建设,提高德行治理的能力;另一方面,要充分发挥中国共产党所具有的政治动员优势。前者往往是一种自上而下地获得民众认同与支持的方式,后

---

① 张凤阳等认为,"政治动员"主要被用于描述政治权威对公众行为的某种诱导或操纵。参见张凤阳等:《政治哲学关键词》,江苏人民出版社 2006 年版,第 296 页。
② 参见〔美〕詹姆斯·R. 汤森、布兰特利·沃马克:《中国政治》,顾速、董方译,江苏人民出版社 2003 年版,第 215 页。
③ 滕彪:《话语、实践及其变迁——当代中国司法的关键词分析(1949—2002)》,北京大学 2002 年博士学位论文。

者则是一种自下而上的方式。同时,这两种方式都运用了"群众路线"这一法宝,都要求人民法院在具体的司法活动中始终坚持群众路线的方针。群众路线是党的根本工作路线,是指"一切为了群众,一切依靠群众,从群众中来,到群众中去"。毛泽东认为:"在我党的一切实际工作中,凡属正确的领导,必须是从群众中来,到群众中去。这就是说,将群众的意见(分散的无系统的意见)集中起来(经过研究,化为集中的系统的意见),又到群众中去作宣传解释,化为群众的意见,使群众坚持下去,见之于行动,并在群众行动中考验这些意见是否正确。然后再从群众中集中起来,再到群众中坚持下去。如此无限循环,一次比一次地更正确、更生动、更丰富。"[①]在这种群众路线的指引下,中华人民共和国成立初期,人民法院建设的基本目标是:"在人民司法机关的组织与制度上,不但要彻底打碎过去国民政府反人民的官僚机构,而且要废除它所遗留的烦琐、迟滞和扰民害民的诉讼程序。要建立便利人民、联系人民、便于吸收广大群众参加活动的人民司法的组织和制度。"[②]为什么坚持群众路线有利于人民法院进行政治动员,从而加强对基层社会的身体治理呢?

第一,土地改革与贯彻婚姻法运动等削弱了基层社会过去所存在的权力网络,但是一些民众对于中国共产党的这些政策和举措心怀疑虑。特别是在国民党曾经长期统治的"白区",很多人对新政府一无所知。加上国民党长期的扭曲宣传,许多人心存疑虑,忐忑不安,甚至心怀敌意。[③] 在这种复杂的国内形势下,人民法院要想在基层社会正常地运转起来,就必须寻找一种"形式"以使基层民众消除这种疑虑。其实,"质料"与"形式"是有效的政治动员必须具备的两个条件。"质料"涉及共同体某个真实的公共问题,而"形式"涉及政治动员"质料"的外在表达。在各类政治动员中,政治精英往往会凭借"符号编码",吸引民众的注意力,激发民众的情绪,从而增强政治

---

① 《毛泽东选集》(第三卷),人民出版社1991年版,第121页。
② 《人民日报》社论:《系统地建立人民司法制度》,载《人民日报》1950年8月26日。
③ 参见李斯特:《人民司法群众路线的谱系》,载苏力主编:《法律和社会科学》(第一卷),法律出版社2006年版,第286—287页。

第二章 法院国家权力的下沉功能

动员中"质料"的感召力。① 群众路线强调司法的一种"广场化"效应,强调司法活动直接响应群众要求、号召群众直接参与以及接近群众的具体生活,并以此激起民众参与法律实施的具体过程。普通民众也从具有群众运动色彩的司法活动中获得了实惠,真真切切地感受到了中国共产党所具有的优越性。这一点在1951年陕西省南郑县人民法庭审理不法地主古长贵一案中得到了充分的说明。农民在事后评价:"过去死一个农民,政府都不理,今天为一个农民,政府举行追悼会,还替我们申冤雪仇。""现在政府真是人民的政府,法庭真是人民的法庭,处处都保护咱们人民的利益。"②因此,这在客观上有助于增强民众对国家权力下沉的认同,从而将广大民众组织起来、团结起来,最终达致巩固新生国家政权之目的。

第二,"人民群众"是与"敌人"相对的一个概念,区分谁是我们的朋友、谁是我们的敌人不但是革命战争的首要问题,而且在中华人民共和国成立后相当长时期内也一直是首要问题。坚持群众路线,进行群众运动,是区分朋友与敌人的重要方式。中国共产党对朋友之间的矛盾与敌我之间的矛盾采取不同的处理方式。具体而言,对于人民内部的矛盾,主要采取"团结—批评—团结"的民主方式。因此,一方面,司法机关要把许多社会控制的责任转到以群众为基础的社区组织;另一方面,司法机关要通过具体的司法实践加强群众的学习和个人责任,从而为朝向社区目标的集体努力创造社会环境。通过同伴的榜样作用和团体求和的倾向,政府要求公民服从的压力得到了加强。③ "敌我之间的矛盾是对抗性的矛盾。人民内部的矛盾,在劳动人员之间说来,是非对抗性的;在被剥削阶级和剥削阶级之间说来,除了

---

① 参见张凤阳等:《政治哲学关键词》,江苏人民出版社2006年版,第300页。布尔迪厄甚至认为"社会巫术仪式"也在事实上能够起到动员的作用。参见〔法〕皮埃尔·布尔迪厄:《言语意味着什么——语言交换的经济》,褚思真、刘晖译,商务印书馆2005年版,第87页。
② 《陕西省南郑县人民法庭是怎样运用审判镇压敌人和教育群众的?》,载中央政法机关司法改革办公室编:《司法改革与司法建设参考文件》,1953年,第98—101页。
③ 参见〔美〕詹姆斯·R.汤森、布兰特利·沃马克:《中国政治》,顾速、董方译,江苏人民出版社2003年版,第236页。1951年9月5日出版的《人民日报》发文指出:"它(人民法院——引者注)不仅教育人民减少犯罪,减少纠纷;而且教育人民积极地参加新社会的建设,人民法院向来把关于司法的宣传教育工作,看作审判制度的一个重要的组成部分。进行法纪宣传教育的结果,将大大地提高广大人民群众的觉悟,使人民群众能够预防犯罪和纠纷的发生,因此也就使司法工作从被动引向主动,从消极引向积极。"《加强与巩固人民革命的法治》,载《人民日报》1951年9月5日。

对抗性的一面以外,还有非对抗性一面。"①因此,对于敌人,中国共产党要采取无情打击的专政态度。这样,敌人就被孤立起来了,而且会使广大人民群众拥护党的领导,从而不致全国紧张起来。② 所以,人民法院通过走群众路线的策略,将当时有限的司法资源集中到对敌人的打击上,确保了人民法院专政职能的发挥。

第三,群众路线与官僚制的司法审判活动相比,具有一种民粹主义情结,它所强调的是人民群众是历史的缔结者,所隐喻的是对受苦受难者、被剥削者、受压迫者利益的保护。坚持"从群众中来,到群众中去"的群众路线,也就意味着要通过与受苦受难者、被剥削者、受压迫者站在一起,调动广大群众的阶级情感,使群众把党的政策看作自己的事业,这也就在事实上使群众真正意识到自己当家做主。③ 以专业化和精英化为核心的官僚制的司法审判活动则往往给人一种居高临下、盛气凌人的感觉。特别是律师在司法审判活动中具有重要作用,而聘请律师是需要花钱的;同时,一些人对律师的印象并不好。在这种情况下,坚持司法的群众路线是防止人民法院走向官僚主义的一个重要保障。这也在事实上保障了人民法院在基层社会进行身体治理的合法性。

(四) 迈向一种压制型的纠纷解决机制

国家权力下沉以后,基层社会原有的非正式性权力网络瓦解,但是人民法院的技术治理能力并未得到大幅度提高。在这种情况下,人民法院不得不以群众路线确保其对基层社会进行身体治理的合法性。在具体的群众路线执行过程中,人民法院以"阶级出身"为纠纷解决标准,追求一种"广场化"

---

① 毛泽东:《关于正确处理人民内部矛盾的问题》。这是毛泽东1957年2月27日在最高国务会议第十一次(扩大)会议上的讲话。不久,毛泽东对讲话记录作了修改和补充,于6月19日在《人民日报》上公开发表。
② 毛泽东1950年6月16日在《不要四面出击》一文中指出:"我们不要四面出击。四面出击,全国紧张,很不好。我们绝不可树敌太多,必须在一个方面有所让步,有所缓和,集中力量向另一方面进攻。"《毛泽东文集》(第六卷),人民出版社1999年版,第75页。
③ 参见〔美〕詹姆斯·R.汤森、布兰特利·沃马克:《中国政治》,顾速、董方译,江苏人民出版社2003年版,第215页。

的司法效应,从而使中华人民共和国成立初期的纠纷解决机制朝一种压制型方向发展。

1. 以"阶级出身"为纠纷解决标准

在实现国家权力下沉的过程中,中国共产党与现代西方法律文明和传统儒家法律文明决裂。在中国共产党看来,现代西方法律文明具有强烈的形式主义色彩,与其对法律所秉持的实用道德主义格格不入。传统儒家法律文明强调父权、夫权、族权等基本内容,在事实上阻碍了平等理念的实现和国家权力的下沉。因此,人民法院通过走群众路线获得纠纷解决的具体标准。其中,"阶级出身"是一个重要的纠纷解决标准。

例如,一个小资产阶级出身的房东将房子出租给了一个工人出身的干部,这个干部长期不交房租。房东克服了不愿卷入与干部的纠纷的想法,去街道办事处寻求通过调解解决纠纷。双方对房客欠下租金未付这一事实没有异议,但房客说他有一个大家庭要供养,因此生活很困难。经调解,房客同意此后每个月付一部分租金,并想办法付清之前所欠租金。三个月过去了,房客仍未付任何租金。房东只好又去街道办事处,但调解未能解决问题。无奈之下,房东去了地方人民法院。法院受理了,并将房客和房东传唤到一起。双方都陈述了自己的观点之后,法官注意到了房东的小资产阶级出身和房客的工人出身、干部身份。法官认为,帮助工人是小资产阶级的义务,所以房东从房客处收钱是不对的。他补充说,如果房客以后有钱付,就要还钱。但是,房客现在没有钱可还,所以房东就不能要求房客还钱。①

在该案中,人民法院是依据阶级出身进行判决的。在法院看来,新中国是建立在无产阶级的阶级感情之上的,人民法院的身体治理也应当充分体现这种阶级感情,这也是坚持"从群众中来,到群众中去"的客观要求。与此同时,对阶级出身的考察能够使人们联想到各个阶级过去对革命的贡献,从而有利于区分谁是朋友、谁是敌人。既然是朋友,就应当充分体现其利益,并努力对其进行维护;倘若是敌人,就应当对其给予打击。按照斯坦雷·卢

---

① See Stanley Lubman, Mao and Mediation: Politics and Dispute Resolution in Communist China, *California Law Review*, 1967, 55(5).

曼的分析,"阶级出身"往往被用来区分以阶级为基础的"人民"和"敌人"。在中国,每个人的阶级出身决定了他的定位,这种定位表明每个人的家庭经济环境和在共产主义取得胜利时各个家庭与国民党的亲密程度。据此,一些人被贴上"地主""资产阶级""官僚""富农""上中农"的标签。这些是不好的"阶级出身"。"下中农""贫农""工人"则是受欢迎的或者说是好的阶级成分。还有个人的补充分类,就是给一些人贴上"四类分子"——"地主分子""富农分子""反革命分子"和"坏分子"的标签。这些标签往往标记着个人忠诚与可信任的程度。[①] 既然某个群体是忠诚于党的,这个群体也就不可能在根本上背离人民的利益。因为在中国共产党看来,党与人民的利益是一致的,并且党在塑造着人民的利益。即使他或她背离了人民的利益,也是可以进行教育的,使其悬崖勒马。因此,人民法院的司法活动不可能是以当事人的个人权利为本位的,而是在贯彻中国共产党推行的遵从政治共同体的需要被看作每个公民的合法义务这一社会伦理。[②]

2. "广场化"的人民司法

如上文所分析,中华人民共和国成立初期,家庭、宗族、村庄、行会等解决纠纷的功能被弱化或被完全废除,并且人民法院的技术治理能力未能完全发展起来。在这种背景下,人民法院通过群众路线,并通过一种"身体在场"的方式确保基层社会的有序。在这种身体治理的过程中,人民法院的具体司法活动体现出强烈的"广场化"色彩。

古长贵系陕西省南郑县红庙区太极乡的不法地主。在土地改革中,古长贵的房屋被贫农朱才荣分得。案发当晚,古长贵之妻古李氏向朱才荣之子朱黑娃追要被没收分去的竹凳子,遭严词拒绝。另外,朱黑娃在斗争古长贵的几次大会上表现十分积极。因此,古长贵和古李氏对朱黑娃十分敌视,给朱才荣家送去毒馍,导致朱才荣之妻死亡。

陕西省南郑县人民法庭认识到这是土改中严重的地主翻把的阶级斗争事件,因此抓住这一典型案件大张旗鼓地进行审判,以教育一些正在滋长着麻痹

---

① See Stanley Lubman, Mao and Mediation: Politics and Dispute Resolution in Communist China, *California Law Review*, 1967, 55(5).

② 参见〔美〕詹姆斯·R.汤森、布兰特利·沃马克:《中国政治》,顾速、董方译,江苏人民出版社2003年版,第237页。

思想的群众和干部,使他们认识到地主阶级的本质,阶级斗争仍在继续。该县人民法庭在判决前做好充分的宣传教育和准备工作,在报纸上公布了这一案件,刊登了朱才荣的控诉信,发动广大群众和干部展开讨论。该县人民法庭又结合有关的机关、学校等单位的力量进行工作,组成审判大会筹备会,运用漫画、讲演、快板、黑板报、街头剧等形式进行宣传。群众情绪高涨。审判大会上,举行了公祭追悼会,由县长、农会副主任主祭,各界代表献花圈,死者家属哀祭,会场空气顿时悲壮起来,益加激发起农民对地主的阶级仇恨,把悲愤变成了斗争的力量。六万多人怒吼:"农民团结起来打倒地主阶级!"随着审判开庭,由朱黑娃悲愤有力地出庭控诉,农民代表多人也起来控诉,并提出今后一定要提高警惕,保卫胜利果实。接着,专区及县土改委员会干部讲话,号召农民团结起来,克服麻痹松懈思想,提高阶级警惕性,同地主阶级进行坚决斗争。最后,人民法庭宣判古长贵死刑,当场执行枪决。审判大会后,该县人民法庭又组织了群众对古长贵翻把案件进行讨论,并组织了地主进行讨论,指出捣蛋者将被坚决镇压,守法者还可以重新做人。①

从该案的判决过程来看,该县人民法庭并不是将古长贵和古李氏杀死朱才荣之妻一案当作一个孤立的刑事案件,而是将其看作阻碍土地改革及其国家权力下沉的一个典型案例。因此,该案的审判承担着激发阶级情感和威慑敌人的双重使命。人民法院需要通过动员的方式,使民众自觉参与到与反动分子作斗争的过程中,从而使民众继续支持中国共产党的方针与政策。漫画、讲演、快板、黑板报、街头剧等形式都是有力的政治动员形式。特别是在审判大会上举行的公祭追悼会,使民众的阶级情感得到了最大激发,从而加深了民众对旧势力的仇恨。

3. 迈向一种压制型②的纠纷解决方式

一方面,尽管人民法院在司法过程中坚持群众路线,并通过"广场化"的

---

① 参见李斯特:《人民司法群众路线的谱系》,载苏力主编:《法律和社会科学》(第一卷),法律出版社 2006 年版,第 291 页。

② 该概念来自伯克利学派的"压制型法"概念。"压制型法"有以下几个特点:第一,法律机构容易直接受到政治权力的影响;第二,通过强化社会服从模式,把阶级正义制度化;第三,刑法典反映支配地位的道德态度;第四,具有人治的倾向。参见〔美〕P. 诺内特、P. 塞尔兹尼克:《转变中的法律与社会:迈向回应型法》,张志铭译,中国政法大学出版社 2004 年版,第 40 页。

司法方式最大限度地吸引民众参与具体的司法活动,但是民众并不是以具体司法规则的制定者身份到场的,而是以司法规则(严格地说,是政策)的执行者身份到场的。借用阿尔蒙德和鲍威尔的话,"人民是被动员来执行党的精英人物已经制定好了的政策,而不是参与制定政策"①。事实上,人民法院在具体的司法过程中灌输着一套正确和错误的绝对标准,这套绝对标准是生成一种一致性文化即马克思主义文化的重要保障。从这种意义上讲,人民法院动员民众参与司法活动具有教育群众、提升民众思想觉悟,从而使民众认同国家基本路线与方针的作用。进一步来说,人民群众在这种司法活动中仍然是法律或政策的客体,而不是法律或政策的主体。

另一方面,在处理土地改革、贯彻婚姻法以及"三反""五反"等活动中,出现了一些颇为棘手的案例。中国共产党及人民法院都从政治意识形态的高度看待这些案例。在他们看来,这些案例偏离了正确和错误这套绝对标准。在本质上,这些案例对社会的凝聚力产生了破坏性影响,成为以马克思主义文化为核心的群众道德得以实现的障碍。因此,人民法院必须给予坚决打击,绝不手软。然而,此时的人民法院在权力下沉过程中,缺乏技术治理能力以及其他一些相关的条件。在这种情形下,人民法院采取一种压制性手段在所难免。②惩罚性的法律就是其中最为重要的一种手段。长期以来,中国共产党都将法律,特别是刑法,作为革命的武器,作为阶段斗争的工具。在此,需要强调的是,在司法过程中,"广场化"的司法极有可能使群众的复仇欲望失去理智,从而最终使群众的激愤脱离人民法院的控制,对现代社会中正当程序、当事人的诉讼权利等内容甚少考虑。

除此之外,人民法院在基层社会通过"身体在场"进行治理的过程中,逐步与群众打成一片。为了提升身体治理的合法性,人民法院一直较为强调自身德行建设。相应地,德行提高又增强了人民法院进行身体治理的合法性。同时,群众的的确确从人民法院的群众路线中受益,并从心底支持人民

---

① 〔美〕加布里埃尔·A.阿尔蒙德、小 G.宾厄姆·鲍威尔:《比较政治学:体系、过程和政策》,曹沛霖等译,上海译文出版社 1987 年版,第 446 页。

② 参见〔美〕P.诺内特、P.塞尔兹尼克:《转变中的法律与社会:迈向回应型法》,张志铭译,中国政法大学出版社 2004 年版,第 40 页。

法院的工作,从而形成对中国共产党的一种依赖。但是,由于中华人民共和国成立初期人民法院强调群众路线,反对专业化、职业化的司法路线,致使人民法院忽视了技术治理的优势以及身体治理存在的局限。

五、乡村司法与国家权力下沉

改革开放以后,国家行政权力上收,特别是农业税的取消,使得中国乡村社会出现了"乡政"与"村治"的矛盾与冲突,直接削弱了国家对乡村社会的动员和管理能力。在这种背景下,乡村司法受到了传统乡村宗族关系、习俗和秩序回潮所形成的多元的微观权力文化网络的影响。为了防止乡村多元的微观权力文化网络过分削弱其动员和管理能力,国家给乡村司法提出了一系列的政治任务。

(一)乡村司法的政治任务

党的十一届三中全会之前,国家全面控制和垄断乡村社会的生产、资金、物资、机会、权力和威望等,加上意识形态的强化和阶级斗争的威慑,农民必须与国家行动保持高度一致,从而形成了一种总体性社会。① 这种总体性社会导致的直接结果是,国家权力彻底侵蚀了乡村的微观权力。1982年《宪法》规定,乡、民族乡、镇设立人民代表大会和人民政府,实现政社分开。② 1983年10月发布的《中共中央 国务院关于实行政社分开建立乡政府的通知》进一步明确了政社分设的思路。根据该通知,政社分设制度秉持的是政

---

① 参见吴思红:《乡村秩序的基本逻辑》,载《中国农村观察》2005年第4期。
② 1982年11月26日,时任宪法修改委员会副主任委员的彭真在第五届全国人民代表大会第五次会议上作了《关于中华人民共和国宪法修改草案的报告》。在该报告中,他指出:"在中央的统一领导下,加强地方政权的建设。县级以上的地方各级人大设立常委会。省、直辖市的人大和它的常委会有权制定和颁布地方性法规。地方各级人民政府分别实行省长、市长、县长、区长、乡长、镇长负责制。这些规定同样适用于民族自治地方。""改变农村人民公社的政社合一的体制,设立乡政权。人民公社将只是农村集体经济的一种组织形式。这种改变将有利于加强农村基层政权建设,也有利于集体经济的发展。至于政社分开的具体实施,这是一件细致的工作,各地要从实际出发,因地制宜,有领导,有计划,有步骤地进行,不要草率行事。""我国长期行之有效的居民委员会、村民委员会等群众性自治组织的地位和作用,现在列入了宪法。"

治与经济分开的思路,设立乡政权作为国家权力的"末梢"以巩固地方政权建设,设立人民公社负责农村集体经济组织工作。与此同时,继续发挥村民委员会作为群众性自治组织的作用。这种思路在实质上承认了农村应当建立"乡政"与"村治"并存的二元权力格局,并通过自治方式动员村庄社会力量参与基层治理。然而,在政社分设过程中,地方具有较大的"操作空间"和灵活性,各地纷纷设立乡镇,其结果是建制乡规模较小,无法起到一级政权的作用,并在客观上引起了"乡政"与"村治"的矛盾。1986 年,中国试图采取撤乡并镇和简政放权的方式解决这种矛盾,也未能实现扩大"乡政"权力的目的。赵树凯认为,撤乡并镇只是乡镇数量上的减少,而不是政府体制的根本转变。简政放权则陷入"放权—收权"的摆动循环中。① 到了 20 世纪 90 年代中期,上级政府加强垂直化管理,县乡权力不断被切割。在财政分配格局下,地市挤压县,县挤压乡镇,基层政府所要承担的责任很多,却没有相匹配的财政支持。在政府权力的配置方面,越来越多的部门被上级垂直管理,从而抽空了作为基层政府的乡镇所具有的管理职权。② 乡镇政权成为"悬浮型"政权。③ 这在事实上削弱了乡镇权力对乡村社会进行动员与监控的能力,从而最终影响到国家权力向乡村社会的渗透。

国家权力受到削弱,乡村微观权力却大幅回潮,原因主要有以下几个方面:

第一,以市场为导向的改革开放和再分配体系打破了村民对国家权力的依附机制,形成了行政领导下的权力等级序列与基于市场经济的财富序列并存的格局。④ 这种基于市场经济的财富序列有助于乡村形成新的权威,并产生能人型乡村治理模式。这种模式中的"能人"之所以具有个人魅力,

---

① 参见赵树凯:《农民的政治》,商务印书馆 2011 年版,第 122 页。
② 同上书,第 142 页。
③ 参见周飞舟:《从汲取型政权到"悬浮型"政权——税费改革对国家与农民关系之影响》,载《社会学研究》2006 年第 3 期。
④ 参见栗峥:《流动中的乡村纠纷》,载《现代法学》2013 年第 1 期。

第二章 法院国家权力的下沉功能

在很大程度上源于其经济优势和带领更多村民致富的能力。①

第二,改革开放后的简政放权事实上造成了生产大队的名存实亡,村民之间生产生活互助的需求直接拉近了他们之间的关系,增强了他们之间的社会关联。各种婚丧嫁娶等村庄公共活动以及政治活动的逐步宽松,使宗族功能能得到重新发掘。②

第三,现代社会的信息沟通网络改变了传统集权体制下的知识与信息结构,打破了国家权力基于这种结构在乡村社会形成的权力垄断地位。③ 村民能够通过各种知识与信息网络获得更多的知识和信息。这增加了一些村民对现有"乡政"的怀疑,他们以偷懒、装糊涂、开小差、假装顺从、装傻卖呆、诽谤等"弱者的武器"(weapons of the weak)对抗国家权力。④

第四,乡村流动性的增强,减弱了农民对土地和以土地为基础的自然乡镇的依附性,增加了农民局部反抗的可能性。

乡村微观权力回潮给国家权力下沉带来了一定的阻力,而这种阻力并不能通过国家权力的强行介入而消解。笔者试图从杜赞奇的"权力的文化网络"理论出发,在乡村微观权力关系中分析国家权力,并以此为基础阐释国家

---

① 贺雪峰和何包钢认为,中国的乡村治理可以区分为好人型、强人型、恶人型、能人型四种。好人型主要是指具有良好人品和人缘的人对乡村进行治理的模式。他们不愿随意用粗暴的手段去惩治任何一个村民,也缺乏让一般村民畏惧的个人力量。强人型是指性格强悍的人对乡村进行治理的模式。他们往往具有令一般村民畏惧的健壮身体、社会关系或暴烈个性,并敢于承担责任,敢于与村中不良倾向作斗争。恶人型是指私欲较重的人对乡村进行治理的模式。他们的治村手段往往超过法律所允许的界限,最终引起民怨沸腾。能人型主要是指那些有特殊经营头脑和一技之长的人对乡村进行治理的模式。他们往往已在市场经济的大潮中率先发家致富。参见贺雪峰、何包钢:《民主化村级治理的型态——尝试一种理解乡土中国的政治理论框架》,载《江海学刊》2002年第6期。

② 参见张慧卿:《乡村民众的利益调整与秩序变迁——以福建漳州岩兜村为个案》,合肥工业大学出版社2009年版,第149页。

③ 吴爱明和董晓宇认为,在信息社会,上下级之间知识与信息的纵向联系、同等级层次之间的横向联系以及不同等级层次和不同隶属关系的知识与信息的斜向联系共同组成纵横交错的信息沟通网络。参见吴爱明、董晓宇:《信息社会政府管理方式的六大变化》,载《中国行政管理》2003年第4期。

④ 参见〔美〕詹姆斯·C.斯科特:《弱者的武器:农民反抗的日常形式》,郑广怀等译,译林出版社2007年版,第35页。

权力的下沉。① 具体来讲,当下中国乡村主要存在以下几种微观权力形态:

第一,宗族势力。中华人民共和国成立以后,族田、族产、祠堂等遭没收,族权也因被打倒而衰弱,但是国家摧毁的只是宗族的象征符号(如祠堂、族谱等)。同时,城乡分割的户籍政策、严格的人口控制又在客观上强化了农村聚族而居的格局。因此,国家未能消除作为一种客观存在的宗族。② 改革开放以后,国家权力在乡村社会有一定程度的"撤退"之势,使曾被瓦解的宗族在部分乡村得到了重建,它们以"非正式治理者"的角色参与乡村的具体治理活动。③ 不同区域的宗族复兴情况不一。④ 曹泳鑫认为,中国当下的宗族势力正在从以下几个方面影响着乡村社会秩序的建构:一是宗族势力与地方政权往往结合在一起,有些地方甚至形成了党、政、族三位一体的权力结构;二是宗族代替个人参与乡村政治事务,影响了民主选举和村民自治的进程;三是宗族势力干扰党的路线方针政策的执行;四是族规宗约取代党纪国法,特别是宗族势力对农村婚姻生育的负面影响。⑤ 从法律角度来讲,宗族势力除了对农民政治权利的实现产生影响外,还在纠纷解决过程中发挥重要作用。有学者指出,宗族和睦的处事原则可以在纠纷解决中平衡协调同宗族内部人员的关系。⑥

第二,乡村精英。随着市场经济深入乡村社会,经济伦理和消费文化影

---

① 在杜赞奇看来,国家政权与乡村微观权力是一种互动关系,并且乡村微观权力构成了国家政权运作和获得权威的基础。尽管杜赞奇是以1900—1942年的华北农村为研究对象提出这一概念的,并且中国农村旧有的权力文化网络随着民族矛盾的加剧而被摧毁,但是他的这一分析框架对当下中国仍然具有较强解释力。因为当下中国还处于"半熟人社会",各种乡村微观权力还存在,并在一定条件下继续起作用。参见〔美〕杜赞奇:《文化、权力与国家:1900—1942年的华北农村》,王福明译,江苏人民出版社2010年版,第15页。
② 参见郭正林:《中国农村权力结构中的家族因素》,载《开放时代》2002年第3期。
③ 参见肖唐镖:《宗族政治——村治权力网络的分析》,商务印书馆2010年版,第64页。
④ 例如,南方村落、宗族较为完整,成为主导村庄的主要力量;北方村落、宗族则出现碎片化趋势。
⑤ 参见曹泳鑫:《中国乡村秩序和村政发展方面存在的几个问题分析》,载《中共福建省委党校学报》1999年第2期。何清涟对当下中国农村宗法组织复兴进行的研究也说明了这一点。她认为,即使在人民公社时期,宗族势力还是在一定程度上发挥了作用,很多农村的集体所有制实际上是同姓宗族所有制,基层权力组织也被宗族化了。参见何清涟:《当代中国农村宗法组织的复兴》,载《二十一世纪》(香港)1993年4月号。
⑥ 参见杨华:《绵延之维——湘南宗族性村落的意义世界》,山东人民出版社2009年版,第162页。

响着乡村社会的道德伦理,建立在经济基础上的"享乐文化"日益取代过去的"奉献文化"。人们越来越向往那种以物质为基础的美好生活,谁有经济优势,谁就值得效仿,没有经济地位也就意味着话语权的丧失。特别是在村治过程中,有些落后的村组织向村里的有钱人借债以维持正常运作。此时,财富支配的逻辑体现得更为明显。这也在客观上促进了乡村精英的出现,而乡村精英的出现又会反过来促进村治的发展,形成"富人治村"的格局。因为村民希望乡村精英能够带领他们更有效地使用村集体的经济资源,创造更多的利益。需要强调的是,当下乡村精英与传统道德精英奉行的村治逻辑是有一些区别的。前者更为强调村集体经济资源的利用,后者更为强调家庭内部关系的和谐;前者更为强调"事用钱摆平",后者更为强调"事用理摆平"。因此,从乡村选举来看,当下乡村精英往往凭借村庄经济未来发展的许诺竞胜,而传统道德精英往往凭借个人的道德涵养竞胜。

第三,"乡村混混"。"乡村混混"的霸权是乡村社会权力文化网络的重要组成部分。依据贺雪峰的观点,"乡村混混"等灰色势力构成了乡村治理的隐性基础。乡村治理既不能忽视以正式制度和社会关系为核心的显性基础,也不能忽视这种隐性基础。[①] 在乡村社会,每个"混混"都与同类"混混"之间保持着松散的联合关系。他们既不像黑社会那样公然通过严密的组织危害社会,也不按正常的社会生活方式谋生,而是用灰色手段来谋取灰色利益。[②] 一方面,这些人虽然会干些"偷鸡摸狗"的事,但一般不会在本村干,因为他们要在本村留下一个好名声,从而为以后的"行侠仗义"积累资本。一般而言,他们在乡村主要帮村民讨债要薪,处理一些日常的社会矛盾和纠纷,从而对乡村社会秩序形成一定影响。[③] 另一方面,一些乡镇干部为了对村治进行有力的监督与控制,往往会将"乡村混混"作为国家权力在乡村的

---

① 参见贺雪峰:《私人生活与乡村治理研究》,载《读书》2006 年第 11 期。
② 参见陈柏峰、董磊明:《乡村治理的软肋:灰色势力》,载《经济社会体制比较》2009 年第 4 期。
③ 栗峥认为,在乡村借贷纠纷中,村民首要考虑的不是"选择怎样的方式解决纠纷是正义的",而是"解决的结果能在多大程度上对自己有利",即能够追回多少债务、能分多少。在乡村社会中,这些"混混"通常只会在讨债要薪成功之后才收取费用。同时,"乡村混混"讨债要薪要比通过正式途径讨债要薪更为有效。因此,债权人依仗"混混"追债就变成一种灵活的、投机式的低成本解纷方式。参见栗峥:《流动中的乡村纠纷》,载《现代法学》2013 年第 1 期。

"代理人",与他们交上朋友,取得他们的信任,并给予他们一定的利益回报,从而获取相关的情报线索。例如,有些地方的乡镇干部为了获取计划生育方面的信息,会充分利用"乡村混混"。"乡村混混"提供一条重要情报线索,就可以得到罚款提成的10%—50%。① 一些公安民警为及时获取证据、收集线索,会利用"乡村混混"担任"线人",维护乡村治安秩序。

尽管宗族势力、乡村精英和"乡村混混"等乡村微观权力形态在一定程度上阻碍了国家权力的下沉,但是有些权力形态对乡村社会秩序的形成仍具有一定积极意义。因此,当下中国乡村社会秩序的形成过程是国家权力与乡村微观权力相互沟通、理解以及在此基础上妥协与合作的过程。这也是中国基层法官需要承担的政治任务。具体来讲,乡村司法承担以下几个方面的政治任务:

第一,乡村司法必须承担国家权力向乡村社会渗透的政治任务。乡村微观权力回潮在一定程度上阻碍了国家权力下沉,减损了国家在基层社会的权威。因此,进一步加强基层政权建设,提高国家在基层社会的威信就成为一项重要的政治任务。司法权作为统治权的重要一环,也应当承担起国家权力向乡村社会渗透的政治任务。2004年《最高人民法院关于进一步加强人民法院基层建设的决定》就指出:"加强人民法院基层建设是巩固党的执政基础、提高党的执政能力的必然要求。在推进依法治国方略,全面建设小康社会的进程中,基层人民法院打击犯罪、维护稳定、调处纠纷、化解矛盾水平的高与低、能力的强与弱、形象的好与坏,直接关系到司法权威的维护,关系到党和国家权威的维护,与党的执政能力的提高和执政基础的稳固息息相关。"就乡村司法而言,它必须通过基本的法律运作,确保国家在乡村社会具有绝对权威。这里以影片《马背上的法庭》为例。在该片中,法官老冯、书记员杨阿姨和大学生阿洛每次下乡办案时都会带上国徽。② 这是典型的

---

① 参见杨华:《乡村混混与村落、市场和国家的互动——深化理解乡村社会性和乡村治理基础的新视阈》,载《青年研究》2009年第3期。
② 《马背上的法庭》以云南省宁蒗彝族自治县人民法院的日常工作为故事原型。宁蒗县地处云南西北部的山区,山路路远,道路和经济条件很差,全县面积6000多平方千米,人口26.42万人,有12个少数民族。其中,摩梭族还保持着母系氏族的社会形态。

第二章 法院国家权力的下沉功能

法院"送法下乡"。从本质上讲,"送法下乡"类似于费孝通所说的"文字下乡",①强调将现代法律及其效力基础赖以存在的国家权威植根于乡村社会。但是,司法权力的运作受到了乡村微观权力的影响,基层法官不得不在国家制定法与民间法之间进行变通。在变通过程中,国家权力可能要作一定程度的"退守",前提是必须保证国家在乡村社会具有权威。这也是该片自始至终都强调国徽闪耀的政治隐喻。尽管乡村司法可以对法律进行某些变通(如调解),但代表国家权威的符号(如国徽)必须在乡村社会"到场",从而宣示国家的存在。

第二,乡村司法必须承担重塑国家权威基础的政治任务。在政社合一的政治经济体制下,村集体一方面拥有土地管理权,对生活资料进行再分配,另一方面又为国家权力所控制。村集体为村民提供社会福利,承担公共管理职能,构成了国家权威的基础。② 政社分立后,市场经济深入乡村社会带来的价值多元、村集体组织萎缩、农民对土地依附性减弱、国家基层政治合法性降低以及乡村微观权力回潮等诸多因素,使得控制资源不再是国家权威的唯一基础。人们越来越希望国家权威建立在马克斯·韦伯所说的"法理"的基础上,即国家权威也应当建立在以合乎理性的法律规范对乡土社会进行有效管理的基础上。③ 因此,政法体制统一领导下的乡村司法应当

---

① 费孝通认为,产于庙堂的文字并不是乡土社会需要的。文字不顾乡土社会的需要,竟然下了乡,那肯定是出于庙堂和城市的需要。乡土社会的生活是自足的,但庙堂和城市的生活却不是,庙堂和城市需要乡土社会的东西做原料,或者是粮食、土地,或者是资源、人员,于是就下了乡来改造乡土社会以适应自己的需要。参见费孝通:《乡土中国 生育制度》,北京大学出版社1998年版,第12页。赵晓力把"送法下乡"和"文字下乡"进行了类比。他认为,"乡下人的不懂法便被称为'法盲',或者'农民没有法律意识',意思当然是白长了脑袋,连法律也不懂了",因此需要"送法下乡"。参见赵晓力:《基层司法的反司法理论?——评苏力〈送法下乡〉》,载《社会学研究》2005年第2期。

② 参见张和清、古学斌:《重塑权威之下的善政格局——中国乡村治理困境分析》,载《人民论坛·学术前沿》2012年第9期。简·奥伊认为,这种体制具有强烈的科层组织体制的色彩。国家资源的分配是自上而下的,下级与上级之间形成严重的依附关系。下级为了获得更多的资源,就必须对上级保持绝对的服从和忠诚。这也使统治体具有权威。See Jean C. Oi, *State and Peasant in Contemporary China: The Political Economy of Village Government*, University of California Press, 1989, pp. 133-135.

③ 莱斯利·格林认为,现代国家权威体现更多的是一种实践权威,强调的是民众要怎样行动才是对的或者是符合法律的,而不直接回答为什么要这样行动才是对的。See Leslie Green, *The Authority of the State*, Oxford University Press, 1988, p. 118.

通过"送法下乡"的方式承担重塑国家权威基础的任务,重塑国家权威基础是国家权力向乡村社会有效渗透的前提。

第三,乡村司法必须承担驯服乡村微观权力的政治任务。乡村微观权力虽有助于解决社会纠纷,建构乡村社会秩序,但也具有一定的局限性。例如,乡村微观权力在纠纷解决过程中,容易出现滥用私刑、宗族纠集、违背国家强行法、偏袒一方当事人等问题。因此,基层法院必须承担驯服乡村微观权力的职能,将乡村微观权力的负功能降到最低。《中华人民共和国人民调解法》第5条第2款规定:"基层人民法院对人民调解委员会调解民间纠纷进行业务指导。"这里的"业务指导"就具有驯服的意味,即要求将乡村微观权力的运作纳入现代国家权力的框架之下,以确保乡村微观权力的运作方向不会出现偏差。为了便于完成驯服任务,该法第3条规定:"人民调解委员会调解民间纠纷,应当遵循下列原则:(一)在当事人自愿、平等的基础上进行调解;(二)不违背法律、法规和国家政策;(三)尊重当事人的权利,不得因调解而阻止当事人依法通过仲裁、行政、司法等途径维护自己的权利。"

(二) 乡村司法的国家控制

为了防止乡村微观权力过分侵蚀司法权,确保基层法院实现国家权力向乡村社会渗透、重塑国家权威基础和驯服乡村微观权力这三项政治任务,国家权力对乡村司法进行了必要的控制。

1. 乡村司法考评机制

司法考评机制是一种有效监督和控制法院和法官因事后信息不对称而产生道德风险问题的重要手段。[①] 乡村司法考评机制主要包括上级法院对基层法院的考核和基层法院对基层法官的考核两种。同时,上级法院对基层法院的考核机制直接影响到基层法院对基层法官的考核机制。

---

① 参见艾佳慧:《中国法院绩效考评制度研究——"同构性"和"双轨制"的逻辑及其问题》,载《法制与社会发展》2008年第5期。在艾佳慧看来,中国法院系统的绩效考评制度具有"数目字管理"、各级法院考评"同构性"和同一法院考评"双轨制"等特点。绩效考评的"双轨制"不仅抑制了司法比较制度能力的有效发挥,架空了法院和法官独立行使审判权的制度基础,而且在某种程度上催生了院长和庭长审批案件、审判委员会、上下级法院之间请示汇报等行政性审判制度。

第二章 法院国家权力的下沉功能

这里以 S 省 L 市 M 县基层法院的绩效考评机制为例。M 县的地理位置相对偏僻,经济较为落后。L 市法院对 M 县法院的考评包括审判业务、综合管理、内部和外部评价三个项目,分值分别为 600 分、350 分、50 分。就审判业务的绩效考核来讲,又分为审判工作、执行工作、涉诉信访处理督查工作、个案评查工作等具体内容。其中,结案率不低于 90% 的,得 30 分,每低 1% 减 1 分;民事案件调解、撤诉率不低于 50% 的,得 80 分,每低 1% 减 2 分。上诉改判率(上诉案件改判数占一审结案数的百分比)的考核,满分为 50 分,每 1% 减 3 分;上诉发回重审率(上诉案件发回重审数占一审结案数的百分比)的考核,满分为 50 分,每 1% 减 2 分;再审改判率(再审改判数占生效案件总数的百分比)的考核,满分为 50 分,每 1‰ 减 5 分;再审发回重审率(再审案件发回重审数占生效案件总数的百分比)的考核,满分为 50 分,每 1‰ 减 5 分。涉法涉诉信访及督查联络工作的考核,满分为 80 分。接访处理督查办公室对 L 市 10 个基层法院涉法涉诉信访及督查联络工作进行排序,第一名得 80 分,每降低一个位次依次递减 3 分。另外,还有一些加分和减分项目。尤其值得注意的是,受到同级新闻媒体负面报道的法院将被扣除 6 分。M 县法院将 L 市法院对其的考核机制平移到对辖区内法官的考核上,并将每个法官获得的总分值作为年终确定考核等级、评奖评优和人事升迁的依据。此外,M 县还在考核中明确了"一票否决制",即一旦发生群体性涉诉上访和赴省进京上访,相关法官年终考评时就不能够被评为"优秀"。

在法院内部运行机制日益官僚化的趋势下,这套"数目字管理"的考评机制直接约束着基层法院的乡村司法活动,并对基层法官造成了强大压力。尤其是一些乡村的法律纠纷具有较浓的感情色彩,当事人情绪不稳定,对抗性强,易产生对抗和报复心理,属于"难办案件"。在这种情况下,如何通过有效方式将民众聚集起来,以克服经济发展带来的民众脱离政治依附性的离心力,就成了一项重要的政治任务。基层法院试图从乡村微观权力文化网络中寻找资源。调解与和解就是重要的资源。因此,基层法院和基层法官的考核非常强调调解与和解等因素。倘若基层法官想要通过考核和获得升迁,就必须认真领会国家的整体司法动向,吃透考评机制,并积极按照考评机制的相关要求,采取合适的司法应对策略,避免扣分,努力加分。

2. 国家对乡村司法的规训

为了确保和督促乡村司法完成驯服乡村微观权力这一政治任务,国家权力要求乡村司法沿着国家既定方针、政策和目标展开,并加强对乡村司法的规训,以防止乡村司法人员完全被乡村微观权力网络"俘获"。具体而言,国家对乡村司法的规训主要体现在以下几个方面:

第一,培训。培训在本质上是一种传播知识,潜移默化地改变人的思想和行为的活动。培训的内容和形式都会对人的未来行动产生一定影响。面对新形势下农村社会发展的现实情况,2005年12月31日,中共中央、国务院出台了《中共中央 国务院关于推进社会主义新农村建设的若干意见》。该意见指出:"加强农村法制建设,深入开展农村普法教育,增强农民的法制观念,提高农民依法行使权利和履行义务的自觉性。妥善处理农村各种社会矛盾,加强农村社会治安综合治理,打击'黄赌毒'等社会丑恶现象,建设平安乡村,创造农民安居乐业的社会环境。"这为乡村司法进一步明确了方向,即在坚持法治的前提下进行农村社会综合治理。为确保乡村司法坚持这一方向,各地都加强了乡村司法人员的培训。从培训的内容来看,主要包括运用法律和政策,综合处理复杂事务,正确分析判断群体性、突发性、敏感性事件,加强组织协调,提高创新工作的能力等。在党和国家看来,"司法事业的人民性要求人民法院不仅要履行评判是非的审判职责,还要履行维护稳定、服务发展、促进和谐的保障职责;要求基层法官不仅要具有相应的裁判能力,还要具有较高的调解能力、处访能力等。因此,当前基层法官能力培养范围必须予以扩大,调解、处访等综合能力应纳入培训范围,以全面提高基层法官的司法能力和综合素质,不断适应基层司法事业健康发展之需要"①。为了强化这种培训对乡村法官的规训作用,有的地方甚至将培训情况纳入法官考核体制之内。② 在笔者看来,法院的这种培训既不是一种以法

---

① 林操场:《民诉法修改背景下的基层法官培训》,载《人民法院报》2009年2月11日第5版。
② 有的法院提出,严格落实培训考评机制,切实将法官参训情况作为对法官考评的重要指标,作为法官任职、晋级、续职的重要依据,对未参加培训或培训考核不合格的,取消任职、晋级、续职资格,形成培训、考核、任用"三位一体"的有效运行机制。参见林操场:《民诉法修改背景下的基层法官培训》,载《人民法院报》2009年2月11日第5版。

律为核心的法律职业化培训,也不是一种以"地方性知识"为核心的法律简约化培训。在整个培训过程中,政治意识和大局意识具有重要地位,它们指导着乡村司法综合治理能力的运用。

第二,案件处理的控制。如果说培训是国家权力对乡村司法在指导思想上的一种规训,那么案件审理中的控制是对乡村司法的具体业务和过程进行的一种规训。改革开放以来,国家在权力下沉方式上试图实现从身体治理到技术治理的转变,部分国家力量开始退出乡村社会。在这个过程中,加强党在乡村社会基层的堡垒作用,强化国家权力在基层社会的"在场",显得尤为重要。从本质上讲,乡村司法活动是国家权力在乡村社会进行技术治理的重要表现形式。一方面,司法权是国家主权的重要组成部分,国家正式权力积极处理社会纠纷和化解矛盾本身就体现了国家权力的"在场"。另一方面,"送法下乡"在一定程度上可以消解行政控制给乡村社会带来的一系列问题。因此,加强党和国家对乡村司法的微观控制,有助于人们在微观生活世界中感受国家权力在乡村社会的存在,也有助于确保乡村司法坚持法律现代化的基本目标。2006年《最高人民法院关于人民法院为建设社会主义新农村提供司法保障的意见》从党和国家执政合法性的高度出发,分析了做好涉农案件审判工作的重要意义,并指出乡村司法要"高度重视深入实际、深入基层、深入群众的现实意义,与时俱进地发扬和丰富'马锡五审判方式'的便民精神。大力加强巡回审判工作,特别是对交通不便的地方,以及农忙时节,要尽量下到当地,就地办案,力争起到审理一案、教育一片的效果"。为了加强对乡村司法的有效控制,该意见对涉农案件的立案、审判和执行工作都作出规定。尽管这些规定是以意见的形式提出来的,但是最高人民法院的地位和公共政策执行的"高位推动"模式会对乡村司法活动产生一定的约束力。除此之外,在政法体制下,政法委员会作为党委领导政法工作的职能部门,不仅负责政法工作的宏观指导,有时也会具体协调疑难案件。[①] 在法律实践中,这种宏观指导和协调极有可能演变成政法委对法院司

---

① 参见侯猛:《"党与政法"关系的展开——以政法委员会为研究中心》,载《法学家》2013年第2期。

法过程的一种微观控制。政法委一旦发现乡村发生了大案、要案或具有较大社会影响的案件，就会积极主动地介入法院具体的司法活动中，从而控制案件处理的大致方向。

第三，人民法庭的标准化。人民法庭是乡村司法的重要场所，也是村民接触国家司法权的重要场所。因此，人民法庭具有重要的"权力符号"意义，建设得好与坏会直接影响基层民众对于国家司法权的认识。国家也试图以人民法庭建设为重要突破口，规范乡村司法活动，从而提高国家权力的威信。2002 年，最高人民法院出台了《人民法院法庭建设标准》。根据该标准的起草说明，人民法庭建设需要考虑建设社会主义法治国家的要求和中国审判工作正在与国际社会接轨这一现实，应当满足"功能齐全，设施完善，庄重实用，适度超前"的要求。在这一思想的指引下，基层法院一直在加强人民法庭的标准化建设，并一再强调法庭是国家司法活动的公共场所，是国家司法文明的一种标志。2010 年，最高人民法院将人民法庭房屋建筑建设规模根据人员定员数分为三类。人员定员数在 11 人（含）以上执行一类标准，人员定员数为 5 人至 10 人执行二类标准，人员定员数为 4 人执行三类标准（见表 2-1）。通过对人民法庭进行这种标准化建设，国家将基层司法纳入整个国家治理体系，以显示基层司法与其他司法一样都是国家权力的基本运作形式，应当同国家权力运作的目标保持一致。同时，人民法庭的标准化建设将更多原本在"田间炕头"处理的案件纳入人民法庭。人民法庭往往设立在镇上，距离自然村落较远，交通也不便利。这种空间上的转换和位移会增加乡村微观权力参与案件处理的成本，减弱乡村微观权力对基层司法的影响。更进一步说，国家通过对人民法庭这一"权力符号"的规范化，强调乡村司法需要承担起国家权力下沉这一政治任务。

表 2-1　人民法庭各类用房建筑面积控制指标表（m²）

用房名称	建设规模		
	一类	二类	三类
审判用房	980	530	480
审判人员工作用房	250—400	110—200	100

(续表)

用房名称	建设规模		
	一类	二类	三类
附属用房	160	90	50
生活用房	280—390	160—210	90
合计	1670—1930	890—1030	720

3. 意识形态对乡村司法的渗透

加强意识形态渗透也是国家权力控制乡村司法的一种重要手段。按照德里克的理解,意识形态是"一种表达阶级利益或其他社会利益的系统的观念体系"①,直接表征社会的政治结构,成为阶级的政治话语系统及其政治行为的思想预设和理性规制。② 意识形态以日常思维的"通俗逻辑"、生活行为的"道德核准"、共同价值的"庄严辩护"和大众心理的"普遍安慰"的形式渗入具体的生活世界。换言之,意识形态是一种充满理想、充满实践诉求的精神生活,是理性意识与实践意识的交织、未来理想与现实律令的统一、思想解释与行为规范的融合、精神教化与榜样示范的一致,是集意、情、理于一体的社会精神在认识与实践的统一场中进行的活生生的表演。③ 因此,加强意识形态对乡村司法的渗透有助于国家进行有效的统治。④

第一,口号和标语。口号和标语是意识形态的重要表现形式。利用简明的口号和标语开展宣传,进行意识形态教育,一直是中国共产党传播政策、凝聚力量的重要手段。毛泽东评价:"很简单的一些标语、图画和讲演,使得农民如同每个都进过一下子政治学校一样,收效非常之广而速。"⑤改革开放以后,中国共产党将进一步强化农村现代化作为社会主义现代化建设的一项重要内容,要求将农村纳入整个政权体系建设中,改变过去传统的、

---

① 〔美〕阿里夫·德里克:《中国革命中的无政府主义》,孙宜学译,广西师范大学出版社2006年版,第35页。
② 参见胡潇:《马克思恩格斯关于意识形态的多视角解释》,载《中国社会科学》2010年第4期。
③ 同上。
④ 邢贲思认为,意识形态具有以下四种社会功能:作为舆论的作用、作为思想上层建筑的作用、作为教育手段的作用和作为精神文明手段的作用。参见邢贲思:《意识形态论》,载《中国社会科学》1992年第1期。
⑤ 《毛泽东选集》(第一卷),人民出版社1991年版,第35页。

封建的农村格局。尽管通过一系列努力,国家在一定程度上实现了对农村的有效控制,但是农村经济发展的滞后和乡村微观权力的回潮在一定程度上动摇了农民对于社会主义现代化道路的信心。在司法领域,这主要体现为,国家正式法律制度与乡村微观秩序之间的冲突与矛盾引起"秋菊的困惑和山杠爷的悲剧"。特别是农民结构分化造成乡村社会多元权力格局的出现,农协、行会、商会、合会、宗族、教会等民间组织迅速扩张。这些自发的非正式组织缺乏有效的制度安排,它们的权力作用范围与乡村司法难免发生交叉与冲突,并且这些冲突还未能被纳入国家法律的制度框架内,从而导致"长老""族长""首事会"此类民间组织的首领与乡村法官享有基本平行的权力,甚至在特定语境里优位于乡村法官。① 为了防止乡村司法完全倒向乡村微观秩序,驯服乡村微观权力,很多基层法院提出了"建设现代化法院"和"建设数字化法院"的口号,并在法院、法庭、村委会以及靠近马路的墙壁上粉刷"加强法制宣传教育,提高全民法律素质""举法治大旗,倡文明新风,走小康之路""人人学法用法,个个懂法护法""大力开展'法律进乡村'活动,积极促进社会主义新农村建设""以情动人,以理服人,以法育人"等口号和标语。这些口号和标语背后隐含的信息是现代民族国家的形成要求规则的统一和暴力的垄断,地方性规则在现代民族国家建构过程中需要逐步失去正统性地位。② 这为乡村司法建设指明了方向,即认真贯彻依法治国基本方略,为全面建成以现代化为基本特征的小康社会而努力。2004 年《最高人民法院关于进一步加强人民法院基层建设的决定》和 2011 年《最高人民法院关于进一步加强新形势下人民法院基层基础建设的若干意见》都明确了这一点。③

---

① 参见杨力:《新农民阶层与乡村司法理论的反证》,载《中国法学》2007 年第 6 期。
② 参见苏力:《送法下乡——中国基层司法制度研究》(修订版),北京大学出版社 2011 年版。
③ 《最高人民法院关于进一步加强人民法院基层建设的决定》指出:"坚持依法治国基本方略,构建社会主义和谐社会,不断提高依法执政水平,是加强党的执政能力建设的重要内容。加强人民法院基层建设是巩固党的执政基础、提高党的执政能力的必然要求。在推进依法治国方略,全面建设小康社会的进程中,基层人民法院打击犯罪、维护稳定、调处纠纷、化解矛盾水平的高与低、能力的强与弱、形象的好与坏,直接关系到司法权威的维护,关系到党和国家权威的维护,与党的执政能力的提高和执政基础的稳固息息相关。各级人民法院要充分认识自己肩负的历史使命,进一步提高对加强基层建设重要性的认识。"《最高人民法院关于进一步加强新形势下人民法院基层基础建设的若干意见》指出:"基层人民法院是基层人民政权的重要组成部分。新形势下进一步加强人民法院基层基础建设,对于充分发挥人民法院职能作用,切实维护国家政权安全,深入推进三项重点工作,更好地为大局服务、为人民司法,维护良好社会秩序和法治环境具有至关重要的作用。"

第二，榜样和典型。国家权威不仅通过口号和标语所承载的较为抽象的价值灌输来控制乡村司法，还通过确立一套使这些价值得到形象体现的象征系统来实现这一目标。榜样和典型就是最重要的象征。魏长征认为，在意识形态上采取榜样和典型的形式要比采取说教的形式更为有效，因为榜样和典型的可感知性和可模仿性有助于人们接受。具体而言，意识形态话语结构的功能通过"倡扬—贬抑"这一政治社会化机制发挥出来，并为人们树立一些学习与效仿的榜样和典型。在学习与效仿过程中，官方意识形态渗透进人们的现实生活，社会意识也在潜移默化中得到改变。[①] 近些年来，中国司法系统在开展各项评比和树立典型活动中，尤其重视树立基层司法人员（特别是长期从事乡村司法工作的基层司法人员）的典型。[②] 对这些典型进行分析可以发现，他们都极为强调在乡村社会确立国家司法权的权威，并且从国家政权建设的角度看待司法工作的重要性。在日常工作中，他们积极采取调解手段，实现法律效果与社会效果的统一。例如，被评为"全国优秀法官"的云南大理白族自治州南涧县公郎法庭庭长龙进品就带着国徽到乡村去办案。在官方意识形态里，树立政治意识，持之以恒地加强思想政治建设，确保司法工作正确的政治方向，是开展所有司法工作的前提。乡村司法也不例外。就乡村司法而言，它位于国家权力的"最末梢"，也是国家政权建设最薄弱的一个环节。乡村司法能否坚持正确的政治方向，将直接影响国家权力能否下沉到基层社会。因此，党和国家试图通过榜样和典型这一象征符号所折射的"倡扬—贬抑"的价值体系，影响和控制乡村司法者的价值选择，从而最终确保中国法律现代化的基本发展方向。

（三）国家治理中乡村司法的基本策略

通过上文分析可见，乡村司法是在国家权力与乡村多元微观权力的双

[①] 参见戴长征：《意识形态话语结构：当代中国基层政治运作的符号空间》，载《中国人民大学学报》2010年第4期。

[②] 例如，2012年"全国优秀法院、全国优秀法官和全国法院办案标兵"评选表彰活动显示：85个"全国优秀法院"中，80个来自基层法院；100名"全国优秀法官"中，68名来自基层法院；200名"全国法院办案标兵"中，133名来自基层法院。

重作用下开展的。一方面,国家权力通过多种方式控制乡村司法,确保乡村司法坚持法律现代化这一整体方向。另一方面,既有乡村多元微观权力实际影响着乡村司法的开展。甚至在有些场合,乡村司法人员必须借助于乡村微观权力进行司法活动。因此,乡村司法必须在国家权力与乡村微观权力之间寻求妥协与平衡。这意味着,乡村司法不可能像法治论所主张的那样建立在法律与政治完全分离的基础上,也不可能像治理论所主张的那样完全建立在"地方性知识"的基础上。

1. 乡村司法中的组织和动员

从历史上看,中国共产党历来非常重视组织和动员对于国家权力下沉的重要意义。外国学者曾一度称新中国为"动员系统"和"运动政权"。[①] 司法机关在具体的司法过程中也充分采用组织和动员手段。这里以1951年河南省长葛县人民法庭处理"地主许可宽杀害耕牛案"为例。该案案情大致是这样的:许可宽是河南省长葛县石固区坡李乡郑村的一个地主。他不愿意国家没收其耕牛,遂将装有碎铁片的皮球塞进牛肚。耕牛在被分给群众一周左右就饿死了。群众从死牛肚中取出了装有碎铁片的皮球,并怀疑是许可宽所为。人民法庭干部到该村听取群众意见,并协同乡干部预审,召集证人出庭对证。在预审过程中,人证、物证确凿,被告许可宽无法抵赖,当庭承认杀害耕牛的事实。预审后,该乡农会召开了全乡群众都参加的斗争大会。法庭当即接受群众控诉,扣押许可宽,并将初步处理意见提交区政府和县政府同意和批准。随后,法庭决定召开公审大会。在公审大会上,除坡李乡郑村群众参加外,全区各乡都派代表参加,并传唤各乡部分地主到会陪审。在公审中,由群众推选的代表正式提起控诉,报告地主许可宽杀害耕牛的经过。审判长略加讯问,被告对群众控诉事实供认不讳。审理完毕,法庭正式对被告作出处理意见:赔偿耕牛,并判处五年有期徒刑。[②]

在该案中,法庭为了提高自身司法审判活动的公信力,充分利用控诉、

[①] See Robert C. Tucker, Towards a Comparative Politics of Movement-Regimes, *American Political Science Review*, 1961, 55(2).

[②] 参见《河南省长葛县人民法庭处理地主许可宽杀害耕牛案简报》,载《中央政法公报》1951年第24期。

公审大会等方式,将人民群众组织到具体的司法审判活动中,使法庭审判变为集体审判。一方面,这在事实上区别于国民党统治时期以职业化和专业化为主要特点的旧的官僚制审判方式,从而使人民群众感受到自己当家做主的地位。另一方面,人民群众也从这场审判中得到教育。法庭就地审判,较好地将法律条文与犯罪事实结合起来,深刻地教育群众。在此基础上,法庭要求以乡为单位,由干部组织群众讨论。然后,各乡派出代表向法庭汇报。最后,法庭对被告作出正式宣判。会后,群众反映:"人民法庭真能给老百姓办事,不这样,地主就不会老实,回去大胆干吧。"[1]

尽管当下中国乡村社会结构发生了巨大变化,但是作为一种策略和手段的组织和动员技术仍然是国家权力下沉和渗透到乡村社会的重要手段,也是乡村司法人员在国家权力与乡村微观权力之间进行妥协与平衡的一项重要策略。换言之,乡村司法人员往往采取一些组织和动员技术,动员广大人民群众支持、执行党和国家的政策与法律。特别是在乡村社会的多元微观权力文化网络中,组织和动员微观权力参与司法对于司法目标的实现具有重要意义,因为宗族势力代表和乡村精英往往在乡村社会担当代理人的角色或起着纽带作用。这些微观权力的亲自参与,能够促进政策和法律以最为恰切的方式为人民群众所了解和认知。[2] 苏力指出,人民法庭的法官几乎都强调在下乡办案时首先要找村干部、会计等,要让他或她陪着一块儿去找当事人。倘若没有他或她的陪同,陌生的法官在乡村是很难办案的。一名新近从学校毕业的法官第一次下乡办案,自己直接去找当事人,由于言辞过于教条和简单化,被当事人打了出来,眼镜都被打碎了。[3] 乡村司法人员之所以需要动员和组织乡村微观权力参与司法活动,主要有以下几个方面的考虑:

第一,宗族势力代表和乡村精英是地方性知识的主要载体。国家对乡

---

[1] 转引自陈文琼:《论我国的大众动员型人民司法——一个"法律与文学"的视角》,载《广西师范大学学报》(哲学社会科学版)2009年第4期。

[2] 参见丁卫:《乡村法治的政法逻辑——秦窑人民法庭的司法运作》,华中科技大学2007年博士学位论文。

[3] 参见苏力:《送法下乡——中国基层司法制度研究》(修订版),北京大学出版社2011年版,第34页。

村司法的目标控制使得基层司法人员在处理案件时,必须掌握案件本身和法律制度以外的一些信息,如当事人的个性、脾气、家境等,而宗族势力代表和乡村精英往往对这些知识非常了解。基层司法人员对这些人员的组织和动员能够极大地节约信息搜寻成本。

第二,乡村微观权力本身就具有一定的解决社会纠纷的功能。就乡村社会纠纷的性质来看,主要是一些婚姻、借贷、土地使用、打骂等方面的案件。在传统社会,这些案件主要由宗族和乡村精英来解决。宗族势力代表和乡村精英对于处理结果往往也容易接受,因为他们奉行的基本原则是"不要伤了和气"。因此,动员和组织乡村微观权力参与乡村司法有助于当事人接受处理结果。

第三,乡村司法本身具有重要的普法意义,组织和动员宗族势力代表和乡村精英参与乡村司法有助于他们在参与过程中了解国家的相关法律和政策,提升他们日后参与乡村治理的法治化水平。

笔者2013年5月在湖北省某市某派出法庭观察了这样一起交通事故赔偿分配案:一青年男子因交通事故去世,留下年轻的遗孀(以下简称"甲女")、年迈的父母(以下简称"公婆")和一个幼子。由于赔偿金分配等原因,甲女与公婆之间产生不和,决定带幼子回娘家生活。公婆因无其他子女,请求留幼子抚养,以便将来为其养老送终。甲女拒绝,公婆在甲女离家时强行留下幼子。甲女诉至法院,法院判决幼子由甲女抚养,要求公婆将其交还甲女。但是,公婆拒不执行。双方相持不下,甲女申请强制执行。由于公婆的对抗情绪激烈,法院无法执行。法院遂裁定改由公婆抚养幼子。但是,甲女不服,率家人抢回幼子。公婆又申请强制执行。承办法官在无奈之下来到村里,要求村主任去做双方的工作,并讲明未成年子女监护方面的法律规定。村主任将争议双方叫到村部,对双方进行训斥,说:"法官代表政府来帮你们处理问题,不管法院怎么处理,都是为了你们的小孩好。你们这样闹有点不识好歹,有点目无国法,而且对孩子也不好。你们一人让一步,孩子由甲女来照看,公婆周六、周日可以接回来。要是你们不同意,村里将来就不给公婆办理'五保',联营收西瓜时就不收甲女家的西瓜。"最后,双方同意了村主任的意见。

在该案中,基层法官显然动员了乡村精英(村主任)参与具体的司法活动。从结果上讲,该案的处理符合当下未成年子女监护的法律规定。但是,倘若没有村主任的介入,双方恐怕都难以接受判决。尽管村民们也知道法官是国家权力的一部分,但是这种权力给他们带来的好处并没有村主任掌握的资源(办理"五保"和联营收西瓜)给他们带来的好处那样直接。因此,村民们会让自己的"政治伦理"让位于"生存伦理",即选择服从乡村精英的权威,而不是直接服从国家权威。基层法官在乡村司法过程中,充分地意识到并利用了这一点。

2. 司法的政治经济学

基层司法人员的职级较低,一起普通的民事案件都很容易受到基层各种关系的掣肘。因此,基层司法工作的确难办。笔者在调研中,有时听到法官抱怨:"基层巴掌大一点的地方,找到人来说情并不是一件很难的事。有时,在同一起案件中,替原告说情的是县长,替被告说情的是县委书记,两个都得罪不起。你叫法官怎样办案呢?"尽管这种说法有点夸张,但是基层法官的确面临左右为难的问题。有的基层法官会选择一种实用主义应对策略,甚至在有些场合会采取一种"鸵鸟战术",对某些问题久拖不决、不正视或"打马虎眼"。

(1) 立案的政治经济学

根据陈柏峰和董磊明的分析,基层法院在乡村司法过程中,往往将那些依法审判就会与政府治理目标相冲突的案件,通过立案的政治经济学拒之庭外。对于自己难以控制社会效果的行政诉讼案件,基层法院也往往采取"选择性司法"的方式不予立案,尤其是在社会转型时期发生的一些高度敏感的案件,如农民负担案件、征地纠纷案件等。尽管最高人民法院从1993年就下文明确指出,地方各级法院可以受理农民不满行政机关加重税费负担的案件。但是,基层法院实际上很少受理。[①] 在基层法院看来,一方面,行政权力是最主要的国家权力,司法的主要目的是确保行政权力在乡村社会具

---

① 参见陈柏峰、董磊明:《治理论还是法治论——当代中国乡村司法的理论建构》,载《法学研究》2010年第5期。

有权威性,而不是要用司法权去实现西方"三权分立"意义上的对行政权力的限制。倘若法官在乡村社会过多地审查行政权的行使,就会具有"政治上的不正确性"。另外,法官与政府工作人员同处于干部体制内,在工作过程中需要保持"步调一致"。因此,基层法院在乡村司法过程中会尽量避免同行政权力背道而驰。另一方面,基层司法人员也会尽量避免与乡村微观权力发生正面冲突。如上文所述,基层司法人员在某些场合还需要借助乡村微观权力以有效化解乡村社会的纠纷与矛盾。

(2) 判案的政治经济学

基层司法人员在判案过程中也会运用政治经济学思维进行策略选择,即既保证司法活动在国家控制范围内进行,又保证司法活动能够为乡村微观权力所接受,从而确保基层乡村司法有其生存空间。尽管中国在农村开展了以"送法下乡"等为表现形式的法律现代化建设,但是重实体、轻程序的观念在很多农村当事人心中根深蒂固,并且乡村社会的微观权力文化网络有时也会制约国家法律现代化的实现。在这些因素的合力影响下,农村当事人有时提出的诉讼请求是合理但不合法的。面对这种现实情况,基层法官往往会采取一种司法策略:对法定规则和程序进行某种变通,生产"模糊的法律产品",并运用精致的"案卷制作术"对之进行合法律性的"外包装"。[①] 在此过程中,基层法官采取的"打擦边球"或"骑墙"方式,既能对乡村司法的国家控制进行回应,又能使司法权在微观权力文化网络中保持运作。例如,基层法官在乡村司法过程中会尽量使用调解方式处理案件,因为这既符合基层法官绩效考核的要求,又符合乡村微观权力文化网络的要求。在强世功看来,村民一般只具有日常生活知识或技术,缺乏法律知识或技术;而国家具有法律知识或技术,缺乏日常生活知识或技术。基层法官同时具备法律知识或技术和日常生活知识或技术这两套知识或技术。[②] 因此,基层法官

[①] 参见杨柳:《模糊的法律产品——对两起基层法院调解案件的考察》,载《北大法律评论》编委会编:《北大法律评论》(第2卷·第1辑),法律出版社1999年版,第208页;丁卫:《乡村法治的政法逻辑——秦窑人民法庭的司法运作》,华中科技大学2007年博士学位论文。

[②] 参见强世功:《法制与治理——国家转型中的法律》,中国政法大学出版社2003年版,第256页。

在乡村司法过程中往往会利用国家和村民之间的这种知识和信息不对称性,生产"模糊的法律产品"。与此同时,当基层司法人员遇到难办案件时,一般会向上级主动汇报和请示,从而将解决案件的风险转移到上级。

(3) 判决执行的政治经济学

判决执行难是乡村司法经常遇到的一个重大问题。① 为了规制基层司法,各地出台的法官绩效考核标准也将判决的执行力作为一项重要指标。就具体的乡村司法而言,送达难、人难找、被执行的标的物难找、有协助义务的单位难找、当事人抗拒是判决执行难的重要原因。这里以寻找被执行人为例。乡村社会的一些被执行人为了不履行相应的责任和义务,会偷偷外出打工,作为非本村的司法人员要想掌握被执行人的藏身之地或回家时间是相当困难的。因此,司法人员在判决执行过程中,往往会主动依靠乡村微观权力(如乡村精英,甚至是"乡村混混"),特别是依靠村民委员会或村干部。有的乡村司法人员也会为了同这些微观权力保持一种长期的关系,给予这些微观权力一定的好处。甚至在有些时候,司法人员会直接采纳乡村精英的意见。②

3. 基层法官"身体在场"

如前所述,从理论上讲,国家权力的运作至少可以分为身体治理、技术治理、德行治理三种类型。身体治理强调国家权力行使者以保持机构或自身"身体在场"的方式对乡村社会进行治理;技术治理强调国家权力行使者通过应用先进技术对乡村社会进行治理;德行治理强调国家权力行使者以超越职业要求的思想、道德和品行要求为工作动力对乡村社会进行治理。③ 就乡村社会治理而言,受各方面条件的限制,国家权力的"身体"还无法从乡村

---

① 就当下中国基层执行难案件的类型来讲,主要包括以下几类:第一类是交通事故损害赔偿执行案件,第二类是民间借贷执行案件,第三类是行政非诉执行案件,第四类是"农嫁女"纠纷执行案件,第五类是人身损害赔偿纠纷案件,第六类是雇员受害赔偿案件,第七类是刑事附带民事诉讼执行案件。参见莫国繁、黎静:《法院判决"执行难"现状、原因及对策研究——以基层法院的司法实践为视角》,载《法律适用》2009年第12期。

② 例如,在一起收贷案的审理过程中,村主任竟然不同法庭庭长商量,就自作主张地免了400元的交通费和诉讼费,庭长并没有反驳,而是默许了。参见苏力:《送法下乡——中国基层司法制度研究》(修订版),北京大学出版社2011年版,第35页。

③ 参见陈柏峰:《纠纷解决与国家权力构成——豫南宋庄村调查》,载谢晖、陈金钊主编:《民间法》(第八卷),山东人民出版社2009年版,第156页。

社会完全退出,实现由"无所不在"的状态向"在其应在"的状态过渡。作为国家权力"代言人"而存在的基层法官也不可能像西方法官那样坐堂问案。在司法实践中,乡村司法者往往会坚持"身体在场",主动到达纠纷现场,通过自己的行为改变纠纷当事人的看法。从这种意义上讲,乡村司法人员的"近"催生"亲","亲"催生当事人对司法人员的"敬",从而增加了司法的可接受性。

这里以"摩托法官"白明德为例。他是重庆市酉阳土家族苗族自治县人民法院第二人民法庭副庭长,2012年被评为"感动重庆十大人物",2013年被评为"全国优秀法官"。白明德之所以能获得这些殊荣,主要原因在于他经常走进乡村,确保"身体在场"。在偏远法庭工作的20余年间,他先后更换了7辆摩托,行程6万余公里,走遍了368个村寨。司法人员在乡村社会的"身体在场",既能让民众感受到司法人员确实是在为其着想,也能向民众展示自身行善和办事的能力。通过这种潜移默化的力量,民众会与司法人员形成共同的语言,并在日后多给司法人员一些工作上的支持。白明德对自己工作的评价也正好说明了这一点,他说:"乡村司法的生命在于法官与老百姓的交流。法官案结事了的本领,不仅表现在法律文书的充分说理上,更表现在和当事人打交道的过程中。"①

除此之外,基层法官也会主动介入乡村社会的非纠纷领域。例如,基层法官会参与抗洪抢险、扶贫帮困、植树造林等活动。这些活动会拉近基层法官和民众的距离,普通民众也可以从中感觉到司法人员带给他们的温暖。

(四) 整合乡村微观权力与国家治理

乡村司法在国家权力和乡村微观权力的二元夹缝中展开,并受意识形态控制。这种意识形态控制在一定程度忽视了司法的技术治理特色,其实践结果是一些司法人员不敢判案。② 为了做到案结事了,实现法律效果与社会效果的统一,一些本应借助乡村微观权力的司法人员转而倚重乡村微观

---

① 参见张维:《乡村法官的本事在于和百姓打交道》,载《法制日报》2012年5月28日第2版。
② 在司法实践中,有的司法人员为了完成国家下发的一系列考核指标,将本该判决结案的案件运用调解方式结案,将本来只是较简单的案件提交到审判委员会或向上级汇报等。

权力,从而致使国家权力在基层社会的下沉受阻。因此,正确处理意识形态与乡村司法的关系,提升乡村司法的技术治理水平,并在此基础上整合乡村微观权力,是乡村司法必须面对的重要问题。

1. 意识形态与技术治理

在提升乡村司法的技术治理水平,整合乡村微观权力的过程中,中国需要进一步处理好意识形态与技术治理的关系。戴长征认为,"意识形态话语为政治系统提供合法性的源泉。任何政治系统的维持都必须以人们对官方支配权(统治权)的认可为基础,人们对这种支配权是否认可、认可的程度如何,依赖于意识形态话语系统是否能提供充分的理由表明这种支配或统治权力的合法与否"①。就当下中国而言,经济发展、政治发展、社会发展以及法律发展促进了社会心态的成熟,乡村微观权力回潮又在一定程度上削弱了国家权力的合法性。这在客观上推动了中国共产党执政正当性基础的转变,即由"目标合理性"转向"社会幸福合法性"(social eudemonic legitimacy)。② 在此情况下,加强意识形态控制具有重要意义。但是,从功能上讲,司法活动是一项技术性活动,是国家运用司法技术对社会实行的一种技术治理方式。它必须在符合司法基本规律的前提下承担一定的政治功能。因此,中国要善于把司法意识形态的价值取向通过司法技术转化为具体个案中的权利义务配置方案,维护好、实现好、发展好涉农案件当事人的合法权益,进一步增强农民群众对社会主义司法意识形态的实践认同、感情认同和理论认同,最终达到对法治的价值信仰。③ 从这种意义上讲,乡村司法的治理论在很大程度上忽视了司法的技术性,过多强调意识形态对司法的直接影响,导致乡村微观权力"包围"和"蚕食"了乡村司法权。然而,乡村司法的法治论又过于强调司法的专业性和规律性,将乡村司法从乡土社会中抽离出来,导致乡村司法的运作无法满足农民群众的需求,沦为形式主义

---

① 戴长征:《意识形态话语结构:当代中国基层政治运作的符号空间》,载《中国人民大学学报》2010年第4期。

② See Leslie Holmes, *The End of Communist Power: Anti-Corruption Campaigns and Legitimation Crisis*, Oxford University Press, 1993, p.15.

③ 参见姚建宗:《乡村社会的司法治理》,载《人民法院报》2012年1月12日第5版。

而无法解决实质性问题。

2. 技术治理与乡村微观权力的整合

乡村司法需要运用司法技术转化的方式,将国家意识形态所主张的价值取向渗透到乡村社会,防止乡村微观权力阻碍国家权力下沉。具体来讲,中国可以通过以下三种方式整合乡村微观权力,解决"乡政"与"村治"可能出现的矛盾:

第一,将某些乡村微观权力纳入人民陪审员制度的制度架构。中国建立人民陪审员制度的主要目的是实现司法的民主化、大众化。在司法过程中,法院通过人民陪审员获得一些"地方性知识"。因此,人民陪审员制度既为中国基层司法提供了司法知识,又有助于当事人接受法院判决结果。特别是自2004年十届全国人大常委会通过《全国人民代表大会常务委员会关于完善人民陪审员制度的决定》以来,人民陪审员制度已经成为中国基层司法的一项常规化制度,人民陪审员业已成为基层审判的一支生力军。[①] 为了强化人民陪审员的地方性知识属性和符合当地社会发展实质,2018年《人民陪审员法》对全国人大常委会2004年通过的上述决定规定的人民陪审员的任职条件进行了修改,将原来的大学专科以上文化程度改为高中以上文化程度。其实,将乡村宗族权威人物、乡村精英等微观权力纳入人民陪审员的范围,既有助于基层法官获取地方性知识,实现国家法律与地方性知识的结合,又有助于这些微观权力在具体的司法过程中提升法律素养,增强法律意识。在这个过程中,基层法院可以通过仪式、服饰、培训、管理、补助等方式对乡村微观权力进行福柯意义上的"规训"[②],实现对乡村微观权力的整合。

[①] 参见李拥军:《我国人民陪审制度的现实困境与出路——基于陪审复兴背后的思考》,载《法学》2012年第4期。

[②] 福柯认为:"规训'造就'个人。这是一种把人既视为操练对象又视为操练工具的权力的特殊技术。这种权力不是那种因自己的淫威而自认为无所不能的得意扬扬的权力。这是一种谦恭而多疑的权力,是一种精心计算的、持久的运作机制。与君权的威严仪式或国家的重大机构相比,它的模式、程序都微不足道。然而,它们正在逐渐侵蚀那些重大形式,改变后者的机制,实施自己的程序。"〔法〕米歇尔·福柯:《规训与惩罚》,刘北成、杨远婴译,生活·读书·新知三联书店2007年版,第193页。李拥军认为,法院对人民陪审员可以在仪式、服饰、培训、管理、补助几个环节进行规训,从而使人民陪审员的平民性减弱、司法职业性增强。参见李拥军:《我国人民陪审制度的现实困境与出路——基于陪审复兴背后的思考》,载《法学》2012年第4期。

第二章　法院国家权力的下沉功能

第二，乡村司法案件的分流。国家权力下沉到基层并不意味着国家权力机构在基层时时"在场"，而是应用先进管理技术对乡村社会进行有效治理。相应地，国家司法权威并非建立在法院对每起案件都进行审理的基础上，而是建立在所审理的每起案件都保证质量上。这意味着，案件分流对于国家司法权威的建立具有重要意义。特别是近些年来，伴随着农村社会的现代转型，纠纷和矛盾迅速增多，给乡村司法带来了巨大的挑战。案件分流能够在一定程度上克服案多人少的矛盾。具体来讲，在乡村司法中，一部分案件由法院通过判决或调解解决，还有一部分案件可交由宗族权威或乡村精英处理。因此，乡村社会需要进一步加强乡村司法所和人民调解员制度的建设。在案件分流的标准上，法院应当审理刑事案件和行政案件，而普通民事案件应当在坚持当事人自由选择的前提下实行案件分流。一旦当事人选择了由宗族权威或乡村精英解决，法院一般不应当干涉。对于选择由法院审理的案件，法院在司法过程中应当具有主动权，并可以将其纳入合议庭进行审理，合议庭成员包括由宗族权威、乡村精英构成的人民陪审员。

第三，加强对"乡村混混"的治理。在司法实践中，有些"乡村混混"是乡村司法人员的"线人"，他们为乡村司法人员提供一些信息，从而降低乡村司法人员的信息搜寻成本。但是，这种做法是违背法治的，也会给国家司法权威带来负面影响。因此，加强对"乡村混混"的治理是整合乡村微观权力的一项重要内容。近些年来，基层政府加强了对"乡村混混"的治理，并出现了日常性的形式化执法和"严打"或"专项斗争"式的运动式治理两种策略。但是，这两种策略都存在不足。为了克服这两种策略存在的问题，中国应当坚持一种"实质的依法治理策略"：一是将治理过程从之前的短期性变成日常性，让法治策略体现于治理的全过程；二是建立高效有力、权责明晰的治理体系，并且这种体系需要对相关问题作出快速反应和调适。[①] 此外，在乡村司法中，应当进一步推进非法证据排除原则的适用，同时坚决杜绝利用"乡村混混"执行法律判决这类现象的发生。

---

① 参见陈柏峰、董磊明：《乡村治理的软肋：灰色势力》，载《经济社会体制比较》2009年第4期。

第三章

法院政治话语的进化功能

一、话语分析方法的引入

自 20 世纪下半叶以来,话语分析愈来愈成为学者们研究政治问题的一条重要进路。在他们看来,话语是人类意识的一部分,充分反映了人类心智以及这种心智对现实政治现象和政治问题的外在表现。因此,话语在法律与社会生活的互动关系中具有重要的符号化权力。[①] 法兰克福学派更是认为话语与政治之间存在着一种共同进化的关系。奇尔顿在此基础上认为,话语与政治行为是一种合作关系,人们的话语交流的结构反映了政治行为的结构,使人们能够认识到政治行为的特点。同时,在话语的使用过程中,言说者不但是话语的使用者,而且反过来受制于其所使用的话语。[②] 从这种意义上讲,对某一群体的话语进行分析有利于透视当下的政治行为。

所谓话语分析,就是要对那些已经说出来的"话"到底以怎样的方式以及按照什么样的规则被说出和被传播的过程加以分析。也就是说,话语分析是要研究已经说出来的话,探讨它为什么会被说出来,以及为什么会被以这种方式说出来。[③] "语言不是一种虚饰,它在执行着某种实际的功能。并

[①] See Pierre Bourdieu, *Language and Symbolic Power*, Harvard University Press, 1991, p.163.

[②] See Paul Chilton, *Analysing Political Discourse: Theory and Practice*, Routledge, 2004, p.21.

[③] 参见谢立中:《多元话语分析:社会分析模式的新尝试》,载《社会》2010 年第 2 期。

且因为每个人总是希望语言这种经常使用的工具经济、简便、省力,以最小的气力表达最大的信息量,因此一种语言总是与它的环境高度适应。在这种特定环境中,只有愚蠢的表达者,没有愚蠢的社会语言。"①具体而言,话语分析主要包括以下几个方面的内容:第一,对特定话语形式所采用的对象描述策略加以分析,即分析说话者采用了哪些词语描述被言说的对象。第二,对特定话语形式所采用的陈述模式进行分析,分析说话者采用了哪些陈述模式陈述他要陈述的内容。第三,对说话者所采用的修辞策略进行分析,分析说话者采用了哪些修辞(腔调、节奏、省略、重复、语词或句子的先后次序、排比和比喻等手段的运用以及对权威话语或相关文献的引用方式等)手段进行言说,通过这些修辞手段,他试图突出或强调什么。②

笔者选取 1980—2010 年《最高人民法院工作报告》中的政治话语作为分析对象,主要是基于以下几个方面的考虑:

第一,《最高人民法院工作报告》中的政治话语表达更具严谨性。最高人民法院工作报告制度充分体现了最高人民法院向人民负责、接受人民监督的精神,报告的对象是全国人大代表和全国政协委员,并接受全国人大代表和全国政协委员对此进行的审议和提出的意见。这种外在监督必然要求《最高人民法院工作报告》中的政治话语表达具有客观性和严谨性。

第二,最高人民法院工作报告制度自 1979 年恢复以来,就再未中断过。因此,《最高人民法院工作报告》中的政治话语表达具有一定的连贯性,有利于我们全面地把握最高人民法院的话语变迁。

第三,选取《最高人民法院工作报告》中的政治话语也与本书所要解决的主要问题有直接关联。在中国,试图脱离政治的司法独立只能是一种空想,我们提出司法独立的前提是:充分地认识司法意蕴是如何随着政治意蕴的变迁而变迁的,以及在这种变迁过程中司法意蕴存在的缺陷与不足。通过分析《最高人民法院工作报告》中的政治话语在描述策略、陈述模式以及修辞策略等方面发生的变化,可以直接达到上述目标。

---

① 郑也夫:《礼语・咒词・官腔・黑话》,光明日报出版社 1993 年版,第 5 页。
② 参见谢立中:《多元话语分析:社会分析模式的新尝试》,载《社会》2010 年第 2 期。

在此,笔者想强调的是,"政治话语"与"意识形态"是既有区别又有联系的一对概念。按照德里克的理解,意识形态是"一种表达阶级利益或其他社会利益的系统的观念体系",而政治话语更多是"思考和谈论事物的一种方式,对作为一个整体的社会来说是司空见惯的,在最基本的日常语言和文化层面也是明显的"。① 因此,"政治话语可以看作是从作为完整的观念体系的意识形态向日常生活、语言的渗透过程,在这个过程中,'不同的社会集团试图使话语与他们自己的生活和利益方式相一致'"②。同时,学理上的厘清并不意味着这两个概念在现实中就是泾渭分明的。因此,笔者在本书中有时将这两个基本概念作混同处理。

二、《最高人民法院工作报告》的总体性描述

中国 1954 年《宪法》、1975 年《宪法》、1978 年《宪法》都规定了最高人民法院应当向全国人民代表大会及其常务委员会报告工作。1982 年《宪法》规定"最高人民法院对全国人民代表大会和全国人民代表大会常务委员会负责",而没有规定"并报告工作"。然而,1983 年修订的《人民法院组织法》重申:"最高人民法院对全国人民代表大会和全国人民代表大会常务委员会负责并报告工作。"由于各方面的原因,最高人民法院工作报告制度曾一度中断。1979 年 6 月 27 日,时任最高人民法院院长江华向第五届全国人民代表大会第二次会议作了《最高人民法院工作报告》。自此,最高人民法院工作报告制度得到了恢复。③

1980—2010 年,共有五任院长作过《最高人民法院工作报告》,他们依次是江华、郑天翔、任建新、肖扬和王胜俊(详见表 3-1)。就报告作出时间而言,在江华任院长期间,变动较大。到了郑天翔任院长的时候,报告作出时间相对固定下来,主要集中在 4 月上旬。任建新任院长之后,报告作出时间

---

① 参见〔美〕阿里夫·德里克:《中国革命中的无政府主义》,孙宜学译,广西师范大学出版社 2006 年版,第 35 页。
② 徐纬光:《现代中国政治话语的范式转换》,复旦大学 2006 年博士学位论文。
③ 左卫民等:《最高法院研究》,法律出版社 2004 年版,第 219—220 页。

从 4 月改到了 3 月,并集中在 3 月 10 日至 3 月 15 日之间。这种报告作出时间的变化及其相对固定化从侧面反映了全国人民代表大会制度的日趋完善。就报告字数而言,1980—1982 年较少,原因主要在于中国正处于法院恢复重建阶段,法律方面的事务主要集中于"拨乱反正"和清算"四人帮"的罪行以及其他的刑事犯罪,而民事、经济纠纷所占比重小。1983 年,报告字数有了大幅度的提高。自此以后,除了 1984 年和 1985 年外,其余年份的报告字数都保持在 8000 字以上,最多的一年达到 12922 字。

表 3-1　1980—2010 年《最高人民法院工作报告》基本情况

报告作出时间	院长	报告字数	报告作出时间	院长	报告字数
1980 年 9 月 2 日	江华	3376	1996 年 3 月 12 日	任建新	11811
1981 年 12 月 7 日	江华	3713	1997 年 3 月 11 日	任建新	10544
1982 年 12 月 6 日	江华	4886	1998 年 3 月 10 日	任建新	11369
1983 年 6 月 7 日	江华	7619	1999 年 3 月 10 日	肖扬	12307
1984 年 5 月 26 日	郑天翔	6226	2000 年 3 月 10 日	肖扬	11528
1985 年 4 月 3 日	郑天翔	6031	2001 年 3 月 10 日	肖扬	10166
1986 年 4 月 8 日	郑天翔	10591	2002 年 3 月 11 日	肖扬	8252
1987 年 4 月 6 日	郑天翔	8279	2003 年 3 月 11 日	肖扬	8524
1988 年 4 月 1 日	郑天翔	11944	2004 年 3 月 10 日	肖扬	8843
1989 年 3 月 29 日	任建新	12041	2005 年 3 月 9 日	肖扬	9342
1990 年 3 月 29 日	任建新	12922	2006 年 3 月 11 日	肖扬	9821
1991 年 4 月 3 日	任建新	10478	2007 年 3 月 13 日	肖扬	9482
1992 年 3 月 28 日	任建新	8860	2008 年 3 月 10 日	肖扬	9391
1993 年 3 月 22 日	任建新	11195	2009 年 3 月 10 日	王胜俊	9563
1994 年 3 月 15 日	任建新	10743	2010 年 3 月 11 日	王胜俊	10083
1995 年 3 月 13 日	任建新	10309			

就工作报告的具体内容而言,主要包括这样几个部分:(1) 对全国人民代表大会提案报告和政府工作报告的看法;(2) 执行全国人民代表大会及其常委会决议的情况汇报;(3) 过去一年(或五年)的工作重点;(4) 过去一年(或五年)工作存在的问题;(5) 今后的工作重点。此外,值得注意的有以下

两点：

其一，1985年郑天翔院长在第六届全国人民代表大会第三次会议上所作的工作报告去掉了"对人民代表大会提案报告和政府工作报告的看法"这一部分。自此以后，历年的工作报告中均无此内容。

其二，从2000年开始，《最高人民法院工作报告》主要报告的是最高人民法院的工作，而不再报告整个法院系统的工作。在2000年以前，历年的工作报告的开头或是使用"我将人民法院××年的主要工作情况和今年的工作安排向大会报告"，或是使用"现将第×届全国人民代表大会期间人民法院工作的主要情况和今后工作的意见报告如下"等表述。2000年，肖扬院长在工作报告的开头使用了"我代表最高人民法院向大会作工作报告"。这一表述后来一直沿袭下来，而且在具体的行文中着重从最高人民法院自身的工作展开。

三、政治话语描述策略的变迁

描述策略是我们对话语进行分析的一个基本的组成部分，便于我们在直观上对话语进行把握。从词性的角度来讲，描述策略主要是由名词构成的，在语法结构中充当主语或宾语。就《最高人民法院工作报告》中政治话语所选取的描述策略而言，主要呈现出以下几个方面的变迁趋势：

第一，一些对中国社会发展以及最高人民法院具有方向性指引的词语仍然保持高频使用的态势，主要有"社会主义""资产阶级""党""群众"等。

首先，"社会主义"在《最高人民法院工作报告》中属于一个高频词汇。特别是1990—1998年，每一年的《最高人民法院工作报告》中，"社会主义"这一词汇出现的频率在16次以上。1990年是一个拐点。之所以在这一年出现拐点，一方面是因为党的十一届三中全会以来，中国经济得到了迅速发展，人们生活水平得到了提高，但是"十年来我们的最大失误是在教育方面，对青年的政治思想教育抓得不够，教育发展不够"[①]。这导致的结果便是西

[①] 《邓小平文选》（第三卷），人民出版社1993年版，第287页。

方自由化思想在国内的广泛传播。另一方面,东欧剧变与苏联解体对全球的社会主义事业造成了巨大冲击。在这种情况下,国内有人对社会主义发展道路产生了怀疑,最终导致1989年春夏之交的政治风波的发生。① 就当时而言,坚持社会主义发展方向是重中之重。因此,法院在工作中强化社会主义发展道路是义不容辞的责任。同时,这场风波也在客观上要求人们在理论上对社会主义与市场经济的关系作出有力的说明。特别是时任深圳市委书记厉有为在中共中央党校学习期间于1996年11月20日写了一篇名为《关于所有制若干问题的思考》的文章,在国内引起了不小的反响,激起了一阵关于"姓资""姓社"的争论,并演变成了关于改革方向的上纲上线的讨论。直至1997年,党的十五大作出明确表态后,这场争论才逐渐平息。此后,社会主义市场经济逐渐深入人心。相应地,1999年,"社会主义"这一词汇在《最高人民法院工作报告》中又出现了一次拐点。但是,这次拐点的出现并不意味着社会主义在中国司法体制和司法活动中不再重要,而是意味着坚持社会主义道路已成为中国司法体制和司法活动中必须遵循的一个常识,中国司法体制和司法活动体现社会主义这一本质特征已经为整个法院系统所接受。

其次,在一年一度的《最高人民法院工作报告》中,"党""群众"等词语出现的频次也较高。据笔者统计,1980—2010年的工作报告中,"党"总共出现了382次。其中,涉及中国共产党的有357次,涉及民主党派的有14次,涉及无党派的有11次。坚持中国共产党的领导是人民法院系统的一贯宗旨,但是如何处理中国共产党的领导与人民法院具体司法活动的关系也一直是困扰中国司法体制的一个重要问题。学者们倾向于通过司法改革的方式使两者统一起来。1997年,党的十五大报告指出,要"推进司法改革,从制度上保证司法机关依法独立公正地行使审判权和检察权"。司法改革首次以党

---

① 邓小平1989年6月9日《在接见首都戒严部队军以上干部时的讲话》中说:"这场风波迟早要来。这是国际的大气候和中国自己的小气候所决定了的,是一定要来的,是不以人们的意志为转移的,只不过是迟早的问题,大小的问题。"《邓小平文选》(第三卷),人民出版社1993年版,第302页。

的纲领性文件的形式被确认。① 在这一精神的指引下,1999年10月,最高人民法院制定了《人民法院五年改革纲要》,该纲要提出了"公开审判原则""党管干部的原则"等。② 2007年,胡锦涛在全国政法工作会议代表和全国大法官、大检察官座谈会上指出,要"始终坚持党的事业至上、人民利益至上、宪法法律至上,切实承担起带领广大法官、检察官和其他工作人员保障科学发展、促进社会和谐的历史使命和政治责任,为建设公正高效权威的社会主义司法制度而不懈努力"。胡锦涛的"三个至上"推动了党的领导与具体司法活动的关系向纵深发展。由此可见,一方面,中国司法改革得到了中国共产党的大力推进;另一方面,中国司法制度的发展必须在中国共产党的领导下,不断完善党的领导与司法系统之间的关系,而绝非割断二者之间的联系。这也是"党"成为历年《最高人民法院工作报告》中高频词汇的重要原因之一。

最后,1980—2010年,《最高人民法院工作报告》提到"群众"一词共计337次,而且"群众"出现的频次在2008年以后的工作报告中呈现稳步上升的趋势。1991年召开的七届人大四次会议通过的《中华人民共和国民事诉讼法》(以下简称《民事诉讼法》)确立了"谁主张,谁举证"的证据规则。这种举证责任分担规则的变化引起了庭审方式和诉讼制度的变革,进而推动了审判方式的改革。但是,这种改革具有精英化、职业化的倾向,对于中国传统司法制度的"民粹因素"重视不够,或者态度摇摆不定。因此,1992—2003年的《最高人民法院工作报告》对于"群众"一词的使用呈现出一定的上下波动。随着精英化、职业化的司法改革中的弊端与不足的出现,人民法院系统愈来愈认识到群众路线的重要性。因此,2003年以后,"群众"一词在《最高

---

① 参见张文显:《人民法院司法改革的基本理论与实践进程》,载《法制与社会发展》2009年第3期。

② 《人民法院五年改革纲要》明确指出,人民法院改革的基本任务和必须实现的具体目标是:"以落实公开审判原则为主要内容,进一步深化审判方式改革;以强化合议庭和法官职责为重点,建立符合审判工作特点和规律的审判管理机制;以加强审判工作为中心,改革法院内设机构,使审判人员和司法行政人员的力量得到合理配备;坚持党管干部的原则,进一步深化法院人事管理制度的改革,建立一支政治强、业务精、作风好的法官队伍;加强法院办公现代化建设,提高审判工作效率和管理水平;健全各项监督机制,保障司法人员的公正、廉洁;对法院的组织体系、法院干部管理体制、法院经费管理体制等改革进行积极探索,为实现人民法院改革总体目标奠定基础。"

人民法院工作报告》中保持一个相对稳定的状态。

第二,一些具有革命性色彩的政治词语从《最高人民法院工作报告》中逐渐淡出。这些词语主要包括"左""右""法西斯""专政""敌人""革命"等。"1978年中共中央十一届三中全会果断地否定了持续20多年的'以阶级斗争为纲'的错误路线,作出了把工作着重点转移到社会主义现代化建设上来的战略决策。"①这也就意味着中国社会的主要矛盾不再是敌我之间的矛盾,而是人民群众内部的矛盾。过去处理敌我矛盾的那一套方式已经难以适应新的社会形势。因此,1979年之后,"左""右""法西斯""专政""敌人""革命"等革命性的政治词语在《最高人民法院工作报告》中所占比重不大。这些词语完全从《最高人民法院工作报告》中淡出是在1993年之后。

第三,一些对人民法院司法活动具有具体指导意义的微观性词语持续存在。例如,"方针"一词在1980—2010年的《最高人民法院工作报告》中共出现了124次。就这124次而言,它们所指的对象还是具有一定的抽象性的,基本上和"政策"具有相同的内涵与外延。对司法活动具有具体指导意义的方针主要有"严打"等。"严打"是中国刑事司法活动的一个长期方针,因此"严打"几乎在每一年的《最高人民法院工作报告》中都要被提到。但是,据学者们研究,这期间的"严打"在理念上还是发生了一定的变化。例如,关于1983年的"严打",决策者基本上是在"消灭犯罪"的理念指导下将其定位为"争取社会治安根本好转"。1985年,决策者将"严打"目标修改为"争取社会治安明显好转"。1991年,随着对犯罪科学和犯罪规律认识的不断深入,决策者意识到不可能依靠"严打"消灭犯罪,而只能控制犯罪,于是提出了较为科学的"严打"目标,即"社会稳定,重大恶性案件和多发性案件得到控制并逐步有所下降,社会丑恶现象大大减少,治安混乱的地区和单位的面貌彻底改观,治安秩序良好,群众有安全感"。到2001年,有关部门确定的"严打"目标是:"通过采取一系列行之有效的措施,努力减少、限制犯罪发生的基本社会条件,把犯罪控制在一定的范围和程度之内,不使其蔓延、泛滥,

---

① 张文显:《法哲学范畴研究》(修订版),中国政法大学出版社2001年版,第378页。

从而为经济和社会的发展提供一个相对稳定的社会环境。"①

表 3-2　1980—2010 年《最高人民法院工作报告》中政治性语词出现频次情况

年份	社会主义	资产阶级	法西斯	左	右	政治	专政	方针	群众	敌人	党	革命
1980	9	0	2	3	7	3	2	0	2	1	0	9
1981	1	0	0	0	0	1	1	4	6	0	2	4
1982	10	0	0	0	0	3	2	3	5	0	1	2
1983	17	0	0	2	1	12	1	2	16	1	10	24
1984	22	1	0	1	1	2	7	4	16	1	5	3
1985	14	0	0	1	1	1	0	3	11	0	1	0
1986	28	3	0	2	2	8	6	7	10	0	29	4
1987	25	4	0	0	0	3	2	7	7	0	16	0
1988	23	2	0	0	0	5	3	10	4	0	20	1
1989	7	0	0	0	0	3	1	5	1	0	8	0
1990	15	3	0	0	0	16	5	8	20	0	19	6
1991	24	1	0	0	0	3	5	4	17	0	20	1
1992	11	1	0	0	0	5	3	4	4	0	8	1
1993	15	0	0	0	0	3	2	4	6	0	11	1
1994	14	0	0	0	0	2	0	4	11	0	11	0
1995	14	0	0	0	0	4	0	3	13	0	5	0
1996	15	0	0	0	0	8	0	9	9	0	14	0
1997	20	0	0	0	0	6	0	7	9	0	14	0
1998	18	0	0	0	0	6	0	7	11	0	12	0
1999	8	0	0	0	0	2	0	0	8	0	23	0
2000	5	0	0	0	0	8	0	2	15	0	25	0
2001	1	0	0	0	0	8	0	3	15	0	14	0
2002	1	0	0	0	0	1	0	3	9	0	10	0
2003	4	0	0	0	0	5	0	4	7	0	17	0
2004	6	0	0	0	0	2	0	1	16	0	6	0
2005	4	0	0	0	0	5	0	3	17	0	13	0
2006	9	0	0	0	0	5	0	4	25	0	8	0
2007	15	0	0	0	0	2	0	2	11	0	11	0
2008	16	0	0	0	0	3	0	7	10	0	14	0
2009	9	0	0	0	0	4	0	0	27	0	17	0
2010	5	0	0	0	0	1	0	1	11	0	17	0

---

① 参见何挺:《"严打"刑事政策研究》,中国政法大学 2008 年博士学位论文。

四、政治话语陈述模式的变迁

从语法的角度讲,仅有对象描述策略并不能够清晰地表达言说者所要表达的意思,还必须依托一定的陈述模式。因此,一个完整的句子必须包括对象描述策略与陈述模式两部分。下面,笔者将主要从陈述模式的角度分析最高人民法院历年来的工作报告中政治话语的变迁。

(一) 陈述的几种模式

1. 映射型陈述模式

所谓映射型陈述模式,是指在陈述过程中将其他主体言说的话语直接映射到自己言说的话语中。这种陈述模式最大的特点就是,言说者对于作为映射的对象而存在的话语保持的是一种直接作出反应的态度。在最高人民法院历年来的工作报告中,这种映射型陈述模式主要体现在以下三个方面:

(1) 对政策、方针的映射。例如,从 1981 年开始,大多数年份的《最高人民法院工作报告》在开头都会提出"按照党和国家的方针、政策";"按照国家的法律、法令";"独立行使审判权";"审判了大批刑事案件、民事案件和一批经济案件,处理了大量的申诉案件"等。但是,对于法律与政策、法律与方针关系的理解随着社会主义市场经济体制的日趋完善而发生了一定的变迁。具体而言,随着经济体制逐步从计划经济向社会主义市场经济转变,以及政治体制朝着社会主义民主政治方向改革,法律在经济生活与政治生活中的作用愈来愈大,相应地,中国也从强调主要依靠政策过渡到既强调依靠政策也强调依靠法律,并进一步过渡到强调主要依靠法律。[①]

(2) 对某些纲领性文件的映射。这些纲领性文件对《最高人民法院工作报告》的行文与措辞具有方向性的指引作用,历年《最高人民法院工作报告》在结束时都会对相应时期的纲领性文件进行映射。例如,在工作报告的结

---

① 参见张文显主编:《法理学》,高等教育出版社、北京大学出版社 1999 年版,第 383 页。

尾提出"坚持以邓小平同志建设有中国特色社会主义的理论和党的基本路线、基本方针为指导""高举邓小平理论伟大旗帜""在党的十五大精神指引下"等。到了1999年,工作报告不但在结尾部分对这些纲领性文件进行映射,而且在开头部分也映射了这些内容。

（3）对突发性事件的映射。例如,2009年《最高人民法院工作报告》指出:"努力应对突发公共事件,积极参与奥运安保工作。针对南方部分地区严重低温雨雪冰冻灾害、'5·12'四川汶川特大地震灾害和'婴幼儿奶粉'等突发公共事件,及时制定司法应对措施,向有关部门提出司法建议,主动配合做好救灾、灾后恢复重建和事件处理工作。"2010年《最高人民法院工作报告》指出:"高度重视拉萨'3·14'事件、乌鲁木齐'7·5'事件所涉刑事犯罪案件的审判工作,坚持打击极少数、团结、教育、争取大多数,指导相关法院严格依法办案,重事实、重证据,实现办案法律效果和社会效果的统一。"

2. 客观直陈的陈述模式

所谓客观直陈的陈述模式,是指言说者以一种客观的、现实的和肯定的语气对陈述对象进行陈述。《最高人民法院工作报告》运用了大量的客观直陈的陈述模式。具体而言,这种陈述模式主要包括以下几种:

（1）例证的陈述模式。例如,1980年《最高人民法院工作报告》指出:"大量的生动的事例说明,复查纠正冤假错案,是对林彪、'四人帮'封建法西斯专政的有力揭露和控诉,是贯彻执行中共中央政治路线的重要组成部分,对于治愈十年浩劫给人民造成的巨大创伤,对于促进安定团结、调动一切积极因素、同心同德搞四化,都发挥了积极的作用。"1987年《最高人民法院工作报告》指出:"事实证明,党中央、全国人大常委会确定开展严厉打击严重危害社会治安的犯罪活动,对严重刑事犯罪分子执行依法从重从快的方针,是完全正确的。""大量的生动的事例说明""事实证明"等表述的运用,使人们觉得最高人民法院陈述的这些内容都是已经得到确认而无须再加以甄别的给定性事实。同时,这样一种陈述模式不知不觉之中将读者也纳入陈述主体之中,更给读者这样一种信息:只要你愿意且有条件去观察,你就能够观察到这些事实,从而进一步强化了所述内容的可靠性。①

(2) 以"是"为动词的陈述句式。例如,1987年《最高人民法院工作报告》指出:"这是在党中央的领导下,在全国人大常委会的监督和支持下,在各级党委的领导和支持下,在广大人民群众的支持下,政法各部门密切配合,旗帜鲜明地坚持四项基本原则,坚持人民民主专政所取得的巨大胜利。"2008年《最高人民法院工作报告》指出:"人民法院工作取得的上述成绩,是以胡锦涛同志为总书记的党中央正确领导的结果,是全国人大及其常委会有力监督的结果,也是地方各级党委、人大、政府、政协、社会各界和广大人民群众积极支持的结果。"

3. 辩证的陈述模式

《最高人民法院工作报告》大量地运用了辩证的陈述模式。其中,较为典型的体现有,"在看到成绩的同时,我们也清醒地认识到,当前人民群众日益增长的司法需求与人民法院司法能力相对不足的矛盾仍然较为突出";"一年来,打击经济犯罪的斗争虽然取得了明显成效,但也存在一些问题";等等。这种辩证的陈述模式充分地说明最高人民法院在肯定成绩的同时,也不回避问题。我们从这种辩证的陈述模式中不难发现,最高人民法院极为强调中国既有的政治体制与政治架构对中国法律发展特别是司法发展的重要意义。但是,最高人民法院并没有在其工作报告中分析过中国政治体制与政治架构存在的问题对中国法律发展特别是司法发展可能造成的掣肘,也没有分析过如何通过法律制度和司法制度的发展推动中国民主政治体制的发展。因此,这从另一个侧面说明中国司法制度的发展与中国政治发展形成了一种"路径依赖"。

(二) 陈述模式的变迁

从整体上讲,《最高人民法院工作报告》中政治话语陈述模式的变迁体现出以下几个方面的特点:

第一,映射型陈述模式的内部偏向在各个时期有所不同。中国正处于

---

① 参见谢立中:《多元话语分析:以社会分层研究为例》,载《社会学研究》2008年第1期。

社会转型期。在转型过程中,各种社会矛盾不断出现,向中国法律与司法不断提出新的要求。因此,如何应对各种社会矛盾带来的冲击是中国法律与司法必须面对的一个问题。在实行司法改革之初,中国司法试图走一条精英化的、职业化的、独立化的道路。因此,这一时期的《最高人民法院工作报告》主要映射的是抽象的政策、方针和纲领性文件,但是对具体的突发性事件缺乏应有的关注。这种突发性事件与中国的政策、方针和纲领性文件相违背。因此,高度重视突发性事件是中国法律与司法实现从"抽象法治"到"具体法治"的重要内容。这种转变的直接体现就是王胜俊在2010年《最高人民法院工作报告》中提出了"能动司法"的基本理念。

第二,客观直陈的陈述模式在《最高人民法院工作报告》中愈来愈得到强化。在20世纪80年代上半期,《最高人民法院工作报告》尽管采用了大量客观直陈的陈述模式,但是也存在一些感性化的陈述模式。例如,1980年《最高人民法院工作报告》指出:"由于林彪、'四人帮'蓄意颠倒敌我关系,人为地制造阶级斗争,大搞阶级斗争扩大化,以致刑事审判工作严重地夸大了敌情,把大量的人民内部问题当作敌我问题处理,用'恶毒攻击'的罪名随意捕人判人,把许多革命干部、知识分子和人民群众当作反革命判刑。"后来,《最高人民法院工作报告》采取的陈述模式愈来愈强调客观性、理性化,而将一些感性化的词语排除出去,从而达到客观陈述、科学陈述的目的。

第三,《最高人民法院工作报告》承担着回顾与反思两种功能,因此辩证的陈述模式仍然是它的一种重要陈述模式。但是,由于受制于中国司法制度对政治体制与政治架构的"路径依赖",《最高人民法院工作报告》在短期内仍然不会出现通过法律制度和司法制度的发展推动中国民主政治体制的发展之内容。

五、政治话语修辞策略的变迁

对修辞策略进行研究是话语分析的一个重要内容,它强调通过对言说者所使用话语的感情色彩进行分析,把握言说者的内在想法。《最高人民法院工作报告》中也运用了一些修辞性的词汇,这些词汇真实地记载了最高人民法院对政治、法律以及社会纠纷的认识。同时,最高人民法院在不同时期使用的修辞词汇也发生了一些变化。这种修辞策略的变迁充分说明了最高人民法院对政治、法律以及社会纠纷的认识发生了一定的变化,主要体现在以下几个方面:

第一,加强法律运作过程中对政治意识形态的控制是中国司法健康发展的一个前提。《最高人民法院工作报告》始终强调要坚持党的路线。从1997年起,最高人民法院在工作报告中提出法院系统要"高举邓小平建设有中国特色社会主义理论的伟大旗帜"。从2004年开始,最高人民法院在工作报告中又提出要"高举邓小平理论和'三个代表'重要思想伟大旗帜"。从2009年开始,最高人民法院在工作报告中提出要"高举中国特色社会主义伟大旗帜"。这些话语所采用的修辞词汇是"高举""坚持"等,一方面指明了中国司法系统进一步发展的方向,另一方面也说明了政治意识形态向法院系统的"浸渗"。这在事实上进一步证明中国司法系统是政治体制架构之下的一部分,它必须充分体现"中国特色社会主义"这一性质,并在具体的法律运作以及法院系统内部承担起实现中国特色社会主义的政治功能。因此,中国司法体制并不是游离于政治体制之外的,也不可能游离于政治体制之外。因为中国司法体制和司法制度的发展并非一个"自生自发"的发展过程,而是一个"自上而下"预先设定了方向的发展过程。但是,笔者必须指出的是,这种对政治意识形态的控制并不是针对个案的,而是整体性的。因此,最高人民法院在工作报告中对这些政治意识形态采取的是在开头与结尾进行整体性映射的陈述模式;而在有关具体业务的陈述部分,映射到的政治意识形态较少。

第二,从激情式的政治话语向平和的、理性的政治话语转变。从最高人民法院使用的语词来看,"斗争"曾是一个高频词汇,可以充当名词(如"一场斗争"),也可以作动词(如"斗争到底")。但是,该词具有强烈的感情色彩。因此,用不用"斗争"一词本身就充分体现了最高人民法院的修辞策略。从1980—2010年《最高人民法院工作报告》来看,1998年是一个重要的转折点。在1997年的工作报告中,"斗争"出现的频次有20次之多;到1998年,其出现频次下降到8次,并且自此以后出现频次持续下降。这种下降趋势反映了最高人民法院对法律纠纷和社会冲突日趋秉持一种平和的态度。①

第三,从道德化的话语向法律化的话语转变。道德思维方式与法律思维方式的区别在于,"道德思维方式的重心在于善与恶的评价,那么,法律思维方式的重心则在于合法性的分析,即围绕合法与非法来思考和判断一切有争议的行为、主张、利益和关系"②。"丑恶"与"合法"两种修辞策略分别对应这两种思维方式。从 1984 年到 1997 年,绝大多数的《最高人民法院工作报告》中都使用了"丑恶"这一修辞词汇。例如,1987 年《最高人民法院工作报告》指出,"婚姻家庭纠纷案件很多,因道德败坏引起的离婚相当多";1988 年《最高人民法院工作报告》指出,"旧社会和资本主义世界的一些丑恶现象在不少地方蔓延";等等。1997 年以后,"丑恶"这一词汇再也没有在《最高人民法院工作报告》中出现过。"合法"这一词汇在历年《最高人民法院工作报告》中都是一个高频词汇,这主要是中国自 20 世纪 80 年代开始重视法制建设的结果。

表 3-3　1980—2010 年《最高人民法院工作报告》中修辞词汇的出现频次情况

年份	高度	狠	高举	坚持	严	决不	丑恶	绝对	合法	斗争
1980	0	0	0	6	8	1	0	0	1	6
1981	0	0	0	2	8	0	0	0	5	0
1982	2	0	0	5	25	0	0	0	1	6
1983	0	0	0	11	23	0	0	0	3	5
1984	4	2	0	10	53	8	1	0	4	21
1985	2	2	0	4	45	1	0	1	4	5

---

① 姚建宗认为:"真正的法治所极其需要的是温和的渐进改良与常人情感和常人关怀,因为只有在稳定的和平的社会环境之中真正的法治才会逐步前行。"姚建宗:《法治的生态环境》,山东人民出版社 2003 年版,第 252 页。其实,从人会犯错的角度来看,"对于具体一个人来说,过错或许有些偶然,但相对整个社会来说,过错却是必然,因为人犯错误是一种客观存在"。参见彭诚信:《民事责任现代归责原则的确立》,载《法制与社会发展》2001 年第 2 期。

② 郑成良:《论法治理念与法律思维》,载《吉林大学社会科学学报》2000 年第 4 期。

(续表)

年份	高度	狠	高举	坚持	严	决不	丑恶	绝对	合法	斗争
1986	4	4	0	19	87	1	2	0	8	13
1987	2	1	0	15	60	1	1	0	7	11
1988	0	0	0	22	61	1	2	0	7	5
1989	0	0	0	11	31	0	1	0	6	3
1990	0	0	0	18	46	2	1	0	8	9
1991	0	0	0	11	53	2	1	0	11	6
1992	0	0	0	14	53	0	0	0	15	11
1993	0	0	0	15	40	1	1	0	7	7
1994	1	2	0	17	50	0	1	0	11	17
1995	0	5	0	7	56	0	0	0	17	12
1996	1	1	0	16	56	1	0	0	20	13
1997	4	6	1	11	75	0	2	0	15	20
1998	1	2	2	20	57	1	0	0	25	8
1999	1	1	0	8	38	1	0	0	7	5
2000	3	1	1	7	55	4	0	0	12	4
2001	1	0	1	5	48	3	0	0	17	0
2002	1	1	1	7	37	0	0	0	13	3
2003	2	0	1	12	23	0	0	0	11	2
2004	1	2	0	9	21	0	0	0	16	0
2005	1	3	1	8	33	0	0	0	14	1
2006	0	0	1	5	24	0	0	0	8	0
2007	2	0	1	4	16	2	0	0	17	1
2008	5	1	1	24	29	0	0	0	15	0
2009	9	1	1	17	22	1	0	0	6	1
2010	9	2	1	11	20	1	0	0	8	2

第四,对法律严厉性、严肃性的强调是最高人民法院一贯坚持的立场。尽管最高人民法院对法律纠纷和社会冲突日趋秉持一种平和的态度,但是法律的严厉性、严肃性是中国司法系统一直追求的目标之一。具体而言,最高人民法院在历年的工作报告中使用了"狠抓""狠狠地""严重地""严肃地""严厉地""决不"等修辞词汇。这一方面说明最高人民法院努力提高中国法

治水平的决心;另一方面反映了最高人民法院对法律秉持一种工具主义态度,而对法律所具有的阴柔与温美的一面有所忽视。

六、迈向双向进化的中国司法

通过对《最高人民法院工作报告》中政治话语的描述策略、陈述模式以及修辞策略的分析可以发现,尽管中国司法在具体的运作过程中受到的政治约束愈来愈少,具体的法律话语在中国司法场域中愈来愈得到凸现,但是中国司法仍然深受中国政治制度、政治架构以及政治意识形态的影响。同时,中国司法的发展与进步也依赖于中国政治制度的发展与进步。因此,我们可以说,中国司法体制已被深深地镶嵌在中国政治体制之中。然而,中国司法对于政治体制的发展与进步所应当具有的作用在历年《最高人民法院工作报告》中并没有充分体现出来。因此,中国司法与中国政治制度呈现出一种单向进化的关系,即最高人民法院的话语只是被动地适应中国政治话语的发展,而对中国政治制度的发展与进步缺乏推进作用。这样一种单向进化关系在客观上要求中国司法进一步重视中国政治体制、政治架构以及政治意识形态所具有的"结构性"意义。质言之,中国司法的发展与进步必须在中国现行政治体制、政治架构之内进行,并要自觉地接受中国现行政治意识形态的影响。忽视这一客观现实而构想出来的任何一种司法改革方案都是没有社会现实基础的,都只能是学者们的"一厢情愿"。

与此同时,我们也要看到这种单向进化存在的局限,即中国司法对于中国政治体制、政治架构以及政治意识形态的发展与进步缺乏必要的推进作用。那么,如何发挥中国司法对于中国政治体制、政治架构以及政治意识形态的发展与进步的推进作用这项重要政治功能,从而实现法律与政治的双向进化?

第一,中国司法要区分某一政治目的到底是法律的直接目的还是间接目的。尽管政治目的作为司法的现实目的而存在,但是司法目的并非政治目的的简单"复写"。在很多情况下,政治目的只是司法的一个间接目的。①例如,中国司法具有的为社会主义现代化建设事业保驾护航的目的,就是一个典型的间接目的。司法最为直接的目的是通过权利界定的方式定争止分。倘若将为社会主义现代化建设事业保驾护航界定为司法的直接目的,当事人的某些传统意义上的权利就难免会被牺牲。

第二,中国司法要用正当法律程序的方式来实现政治目的或体现现实的政治需求。中国目前正处于社会转型期,政治意识形态中仍然存在集权主义因素,它们在客观上影响着中国司法实现政治目的的方式。正当法律程序具有抵制政治意识形态中存在的集权主义因素的作用,从而确保司法采取正确适当的方式实现政治目的。

第三,中国司法要坚守宪法底线,维护宪法权威,用宪法来引领中国政治制度、政治架构以及政治意识形态的发展。中国当下的政治制度、政治架构以及政治意识形态在根本上是与宪法相一致的,但是也存在一些不一致的地方。司法机关在进行司法活动时,要主动将宪法作为一个基本判准,从而推动中国政治制度、政治架构以及政治意识形态良性发展。

---

① 参见姚建宗:《法律的政治逻辑阐释》,载《政治学研究》2010年第2期。

第四章

法院社会管理创新的参与功能

　　法院参与社会管理创新,既是社会整体推进管理方式变革的内在要求,也是法院试图扩充权力,提升自身在转型社会秩序型构中的作用的重要体现。对政治"欲拒还迎"的态度,构成了法院提出司法建议的内在动力,而绩效考核机制则是法院推动司法建议制度的内部控制机制。法院试图通过推进政府职能转变、促进公共政策调整和敦促预防三种方式参与和助推社会管理创新。法院在整个国家权力结构体系中处于弱势地位,特别是"强行政、弱司法"的客观现实,使其不得不采取一系列策略以完成参与社会管理创新的使命。法院的这种策略在很大程度上只是满足了党和国家的基本要求,对于社会管理创新的助推作用非常有限。同时,这也在一定程度上加重了法院的负担。法院更应当从司法权运作的规律出发,参与社会管理创新。

一、问题与材料

　　随着司法能动主义思想在中国的盛行,人们愈来愈强调法院积极参与社会管理创新。从原因上讲,如上所述,法院参与社会管理创新,既是社会整体推进管理方式变革的内在要求,也是法院试图扩充权力,提升自身在转型社会秩序型构中的作用的重要体现。法学界也对这一问题展开了分析。[①]

[①] 法院参与社会管理创新这一问题包括两层意思:一是法院作为一个广义的社会管理部门,自身需要创新;二是外在于其他社会管理部门的法院对这些部门的管理创新能够起到一种助推作用。本书主要是在第二层意思上分析法院参与社会管理创新这一问题。

第四章　法院社会管理创新的参与功能

就既有的法学研究来看,学者们主要集中关注以下几个问题:(1)法院参与社会管理创新的原因;[①](2)从应然层面探讨法院应当怎样参与社会管理创新;[②](3)从个案角度对法院如何参与社会管理创新进行一种白描式的分析。[③] 对这些问题进行研究对于推进法院参与社会管理创新,加快社会现代转型的确具有一定的影响和作用,但是这些研究主要存在以下两方面的问题:第一,过于局限于从理想的层面对法院参与社会管理创新进行分析,忽视了当下政治权力结构,特别是党的权力和行政权力对法院参与社会管理创新所具有的影响。因此,这些研究对法院参与社会管理创新的态度过分乐观。第二,过于从抽象的、宏观的层面对法院参与社会管理创新展开分析,忽视了法院参与社会管理创新的具体形式、具体内容以及是否能够推动社会管理创新这些更具实证意义的问题。因此,这些研究更为关注的是为了实现社会管理创新这一目的,法院应当如何行动的问题,忽视了法院的实际行动是否能够推动社会管理创新。基于此,笔者将本章的问题设定为:在既有的国家权力结构体系下,为了完成推动社会管理创新这一整体目标,法院所选取的具体行动策略是什么,以及法院采取的这些行动策略是否能够真正推动社会管理创新。

为了对上述问题进行实证研究,笔者选取了《人民法院报》自 2011 年 9 月 22 日起,在其每周一版的《实务周刊》中开辟的"司法建议精选"栏目上刊发的一些优秀的司法建议作为分析对象。截至 2014 年《人民法院报》改版,

---

① 刘思萱、李友根认为,为了预防风险和未来可能发生的损害,中国法院除了履行法律规定的解决纠纷的职责外,还应从事司法建议活动。司法建议工作已经成为法院参与社会管理创新的重要形式。参见刘思萱、李友根:《社会管理创新为何需要司法建议制度——基于司法建议案例的实证研究》,载《法学家》2012 年第 6 期。韩增福认为,法院参与社会管理创新,既反映了时代的要求,也是现实的需要,还是丰富法院职能的需要。参见韩增福:《基层人民法院在社会管理创新中的作用研究》,山东理工大学 2014 年硕士学位论文。

② 刘旺洪认为,中国应当将能动司法作为人民法院参与社会管理创新的突破口和基本路径,而能动司法又具体表现为坚持司法的人民性、政治性、法律性。参见刘旺洪:《人民法院参与社会管理创新的实践路径》,载《法制日报》2012 年 8 月 8 日第 12 版。陈冀平认为,法院参与社会管理创新必须牢固树立"以人为本、执政为民"的理念。参见李飞、安海涛:《陈冀平:法院参与社会管理创新大有作为》,载《人民法院报》2012 年 3 月 14 日第 5 版。

③ 参见季焕爽、曲洋逸:《人民法院参与社会管理创新的思考——以棚户区改造工作为视角》,载《公民与法》(法学版)2013 年第 2 期;梁根生:《基层法院参与、推进社会管理创新的实践与探索》,载《中国党政干部论坛》2011 年第 6 期;等等。

该报共刊发了111份司法建议。笔者之所以选取司法建议作为分析对象,主要是基于以下几个方面的考虑:

第一,各级法院都极为强调司法建议是实现参与社会管理创新的一个重要载体。例如,2012年3月印发的《最高人民法院关于加强司法建议工作的意见》提出,要"以司法建议作为化解社会矛盾、创新社会管理的重要切入点和有效方法",从而"扩展审判效果"、"维护社会和谐稳定"、"推动社会建设"。因此,各级法院应当高度重视和充分运用司法建议。

第二,最高人民法院对司法建议提出了规范化的要求。各级法院在制作司法建议书时,应当载明需要重视和解决的问题、对问题产生原因的分析、根据法律法规及政策提出的具体建议、需要建议的单位或部门以及需要抄送的单位或部门等内容。《人民法院报》上刊发的司法建议还附带被建议的单位或部门的处理结果。因此,以司法建议为研究对象能够较为完整地展现法院参与社会管理创新的过程,便于了解法院参与社会管理创新的具体结果。

第三,法院参与社会管理创新在本质上体现了法院参与一种新的社会秩序的建构。这要求法院进一步扩大权力,但是这种扩权又不能公然违背司法克制原则。司法建议这种较具中国特色的制度正好体现了这种模糊的态度。

二、法院参与社会管理创新的动力来源

从实践来看,法院在参与社会管理创新过程中似乎表现得非常积极,法学界也往往从司法能动的角度对法院的这种行为给予肯定。法院和法官为什么要积极参与社会管理创新?在笔者看来,法院对政治"欲拒还迎"的态度是其参与社会管理创新的内在动力,绩效考核机制则对法院参与社会管理创新活动起到了助推作用。

(一)法院对政治的"欲拒还迎"

改革开放以后,随着法学研究"权利本位范式"的确立、司法机构设置的

第四章 法院社会管理创新的参与功能

完善、国家统一法律职业资格考试制度的实施、法官准入制度的改革以及法学教育的发展,法律系统愈来愈与政治系统相分离,法院的独立性也愈来愈强。有的学者甚至极力主张从法律脱离政治的角度构建中国的司法制度和法院系统。从理论上讲,这种思路在根本上忽视了制度变迁所具有的报酬递增和自我强化的机制,从而否定了中国政治发展对司法发展的影响。其实,在中国,法院既想通过司法权的运作,对政治系统的合法性进行规制,并约束政治权力的有效运作;又想通过对政治系统的有效维护甚至是"比附"和"跟风",获取更多的政治资源。换言之,法院在与政治系统分离的同时,又进一步强化了其对政治系统的依附性。①

法院之所以会对政治产生这种"欲拒还迎"的态度,主要有以下几个方面的原因:

第一,"党管干部原则"要求法院必须与政治保持高度的一致性。在既有的政治框架下,党委负责干部的产生、任命、考核、奖惩和免职。法院系统也确立了党委对组织人事进行管理的基本结构。地方高院院长由中央管理,其他干部由省委、组织部管理;地、市中院院长由省委管理,其他干部由地、市委、组织部管理;基层法院院长由地、市委管理,其他干部由县、区委、组织部管理。因此,每一级法院内都是嵌套的、双层的组织管理体制。② 党委、组织部对法院干部进行任免、考核和奖惩的一项重要指标,就是法院执行政策的情况。

第二,"政治正确"是法院各项工作的一条重要标准。③ 在实践中,到底什么是"政治正确"是一个较难判断的问题。但是,法院跟着党走在政治上绝对是正确的。党的意志往往会以政策和方针的形式具体化。因此,法院对党的政策和方针秉持一种一一映射式的线性执行方式,能够节省对什么是"政治正确"的"搜寻成本"。

---

① 参见伍德志:《欲拒还迎:政治与法律关系的社会系统论分析》,载《法律科学》(西北政法大学学报)2012 年第 2 期。
② 参见刘忠:《条条与块块关系下的法院院长产生》,载《环球法律评论》2012 年第 1 期。
③ 在中华人民共和国司法制度发展史上,1952—1953 年清除旧司法人员充分说明了政治正确的重要性。参见黄文艺:《1952—1953 年司法改革运动研究》,载《江西社会科学》2004 年第 4 期。

第三，法院对政治采取一种主动的态度，并积极采取一系列举措，有助于提升法院在整个政治体系中的地位。中国法院地位的提升在很大程度上取决于党和政府对司法工作的满意度。因此，法院会强调其主动为政治服务的功能。对此，公丕祥认为，人民法院在司法活动中应当善于发现经济社会发展中的问题，通过法律技术的运用，创造性地适用法律，并适度主动地为党委、政府决策提供有价值的参考。①

（二）法院需要积极完成参与社会管理创新的政治任务

加强和创新社会管理是适应中国发展新特征、新变化的时代课题，是党中央统揽全局、深谋远虑作出的一项重大战略部署。2004年，党的十六届四中全会提出要"加强社会建设和管理，推进社会管理体制创新"。2007年，党的十七大报告提出要"健全党委领导、政府负责、社会协同、公众参与的社会管理格局"。2012年，党的十八大报告进一步提出："要围绕构建中国特色社会主义社会管理体系，加快形成党委领导、政府负责、社会协同、公众参与、法治保障的社会管理体制，加快形成政府主导、覆盖城乡、可持续的基本公共服务体系，加快形成政社分开、权责明确、依法自治的现代社会组织体制，加快形成源头治理、动态管理、应急处置相结合的社会管理机制。"因此，社会管理创新是一项重要的政治任务。

既然社会管理创新是一项政治任务，那么它就既是党的事业，也是国家机关的事业。在具体的实践过程中，这项工作既会得到党的权力的推动，也会得到国家权力的推动。在中国整个权力结构体系中，除了国家权力之外，还有一个党的权力，而且党的权力往往会对国家权力的运作产生一定的影响。党的这种影响力也渗透到行政机关和司法机关。所以，在当下的中国政治结构中，行政权与司法权都需要接受党的领导。中国共产党不仅是领导当代中国各方面事业的核心力量，而且是当代中国社会各阶层和各种政治力量的一个组织、动员、整合和表达机制，它在一定程度上有助于解决各

---

① 参见公丕祥：《坚持能动司法　依法服务大局——对江苏法院金融危机司法应对工作的初步总结与思考》，载《法律适用》2009年第11期。

个部门的合作困境这一问题。①

改革开放以来,中国共产党逐步抛弃"政党取代"型执政方式,初步确立"政党引导"型执政方式。党在通过行使领导权、监督权等方式影响国家权力运作的同时,以制度建设为依托,对自己的活动方式进行规范,努力将自己的权力收缩在一个合理的范围之内。在这种体制中,党和国家形成一种相互"嵌入"的独特结构和政治生态。按照贺东航、孔繁斌的研究,在公共政策的执行过程中,中国共产党往往利用其在国家中的特殊地位,形成一种党主导下的公共政策执行机制,从而呈现出"高位推动"的特点。这种"高位推动"能够有效地解决公共政策多属性带来的各部门之间的合作困境,实现国家权力的有效治理。② 法院参与社会管理创新这一政治任务可以被分解为法院作为社会子系统在审判及管理能力方面的创新和法院对其他社会子系统管理创新的助推两个方面的内容。

(三) 绩效考核机制助推法院参与社会管理创新

中国法院为了完成参与社会管理创新这一政治任务,表明自己的政治立场,采取了包括绩效考核机制在内的一系列内部控制机制。法院能够通过一系列体现法官工作努力程度和具体绩效水平的相对客观的绩效指标,实现有效监督和考核法官的目的。司法建议是法院参与社会管理创新的一条重要途径。各级法院都高度重视司法建议这项工作,出台了一系列的规范性文件以确保这项工作得以顺利开展,并且大多数规范性文件都从绩效考核的角度促进这项工作的完成。例如,2007年3月,《最高人民法院关于进一步加强司法建议工作为构建社会主义和谐社会提供司法服务的通知》明确提出,要将司法建议工作的开展情况作为一项重要内容,纳入年度工作考核体系。对开展司法建议工作突出的有关单位和个人,要给予表彰和奖励。

---

① 参见苏力:《中国司法中的政党》,载苏力主编:《法律和社会科学》(第一卷),法律出版社2006年版,第262页。
② 参见贺东航、孔繁斌:《公共政策执行的中国经验》,载《中国社会科学》2011年第5期。

各地方法院在最高人民法院的带动下,纷纷将司法建议纳入年度工作考核体系。例如,2007年,新疆维吾尔自治区乌鲁木齐市天山区人民法院就将司法建议纳入年度工作目标考核之中,要求法官每年都要提出司法建议。① 2009年,北京市高级人民法院出台了《关于进一步加强司法建议工作,为"人文北京、科技北京、绿色北京"提供司法服务的意见》,明确规定将司法建议纳入岗位目标考核之中,使刑事司法建议的考核工作有了明确的规范和依据。② 为了强化司法建议的实际效果,有人甚至建议赋予司法建议以强制效力,并将反馈率作为衡量司法建议水准和法官工作的一项指标。③ 在这种绩效考核的内部控制下,各级法官除了办理好案件外,还会针对案件审理和执行过程中出现的普遍性问题提出司法建议。例如,厦门市中级人民法院在2011年年底启动了全市法院系统司法建议评比活动,将被评为"优秀"的司法建议算作调研成果,在绩效考核中折算成调研分,并在年终给予相应的奖励。这一措施的出台直接刺激了厦门各级法院提出的司法建议的数量和质量。上海市长宁区人民法院、山东省高级人民法院、徐州市中级人民法院等也将司法建议纳入年度调研工作指标或作为年度工作考核、岗位目标考核的重要内容。④

三、法院参与社会管理创新的基本策略

尽管法院试图通过推进政府职能转变、促进公共政策调整和敦促预防三种方式参与和助推社会管理创新,但是由于法院在整个国家权力结构体系中处于弱势地位,特别是面对"强行政、弱司法"的客观现实,法院不得不采取一系列策略以完成参与社会管理创新的使命。

---

① 参见王书林、包旭霞:《天山将司法建议纳入目标考核》,载《人民法院报》2008年1月23日第2版。
② 参见窦玉梅等:《"变"出来的广阔发展空间》,载《人民法院报》2010年2月4日第5版。
③ 参见肖源:《司法建议陷入"石沉大海"窘境》,载《人民法院报》2010年8月30日第7版。
④ 参见卢超:《行政诉讼司法建议制度的功能衍化》,载《法学研究》2015年第3期。

（一）司法建议助推社会管理创新的主体

从起源上讲，司法建议主要是为了推动法院判决得到有效实现。《民事诉讼法》和《中华人民共和国行政诉讼法》（以下简称《行政诉讼法》）规定的司法建议，都是指有关单位妨碍法院调查、不协助法院执行、不履行裁判时，法院可以建议该单位的上级或监察部门对该单位负责人予以纪律处分。因此，司法建议的适用范围和对象最初是很窄的。[1] 随着能动司法和参与社会管理创新理念的盛行，司法建议的适用范围和对象得到了极大扩展。从《实务周刊》刊发的 111 份司法建议来看，司法建议助推社会管理创新的主体可以分为企业、政府机构、行业协会、公立医院和居委会等。其中，法院针对政府机构所提出的司法建议最多，占司法建议总数的 59.5%。

表 4-1 司法建议助推社会管理创新的主体分布表

对象	企业	政府机构	行业协会	公立医院	居委会	其他
数量（个）	18	66	11	3	6	7
所占比重	16.2%	59.5%	9.9%	2.7%	5.4%	6.3%

之所以会出现这种现象，主要有以下几个方面的原因：

第一，中国行政权强势而司法权弱势的客观现实要求法院采取司法建议这种较为柔软的方式确保行政判决得到执行。对此，章志远认为，《行政诉讼法》包含着立法者希冀通过有限的司法审查方式实现以司法权制约、抗衡行政权的美好憧憬。但是，"强行政、弱司法"的体制格局会使这种以封闭对抗为主的"单兵突进"式的制度变革遭受极大的挫折。法院为了避免行政审判中"硬碰硬"的尴尬局面，会主动采取司法建议的方式。[2]

第二，当下中国社会管理创新的实质在于将各项社会事务纳入法治化

---

[1] 参见徐昕：《司法建议制度的改革与建议型司法的转型》，载《学习与探索》2011年第2期。
[2] 参见章志远：《我国行政诉讼司法建议制度之研究》，载《法商研究》2011年第2期。

的轨道。① 在法治化的进程中,政府行为的法治化建设具有核心地位。因此,法院通过司法建议的方式助推政府法治化对于其参与社会管理创新具有重要意义,客观上加大了法院对政府部门提出司法建议的力度。

第三,鉴于当下中国行政纠纷的具体特点,法院需要增强对政府部门的司法建议工作。就目前的行政纠纷而言,主要有以下两个新动向:一是某些行政纠纷隐含着个人与政府之间的对抗;二是大量行政纠纷涉及行政相对人最基本的生存利益。如果不妥善解决这些问题,势必会形成新的影响社会稳定的因素。② 但是,行政机关往往具有较强的"政治思维",缺乏相应的"法治思维"。从"政治思维"到"法治思维"的转变是一个艰难的过程,法院需要不断地通过司法建议的方式诱导行政机关进行这种转变。

(二) 法院参与社会管理创新的方式

笔者通过对 111 份司法建议进行分析发现,在法律实践中,法院试图通过推进政府职能转变、促进公共政策调整和敦促预防三种方式推动社会管理创新。

1. 推进政府职能转变

如前所述,社会管理创新的核心在于政府职能的转变。法院参与社会管理创新,也就意味着法院应当通过一定途径推动政府职能转变。司法建议具有较强的针对性和道德劝说性,有助于维护被建议单位或部门的"面子"。因此,法院愿意采用这种温和地推动政府职能转变的方式助推社会管理创新。例如,广东省高级人民法院就政府部门为商业目的对外出具承诺函这一问题,向广东省人民政府发出司法建议书,建议广东省人民政府全面

---

① 葛洪义认为,社会管理创新说到底就是要将社会管理纳入"依法治国,建设社会主义法治国家"的轨道。参见葛洪义:《社会管理创新与法律方法》,载《法学》2011 年第 10 期。刘旺洪认为,现代社会管理体系需要实现从"为民做主"向"人民民主"的根本转变、从管制型社会管理向服务型社会管理的根本转变、从单纯政府管理向多元社会主体协同治理的根本转变、从主要依靠政府管理向依法治理和综合施策的根本转变。这些转变的重要价值目标是建设法治社会,实现社会管理和服务的法治化。参见刘旺洪:《社会管理创新与社会治理的法治化》,载《法学》2011 年第 10 期。
② 参见章志远:《我国行政诉讼司法建议制度之研究》,载《法商研究》2011 年第 2 期。

清理对外担保行为,转变政府职能。① 又如,广州海事法院就保护国家矿砂资源,降低河道采砂管理过程中的法律风险,向广东省水利厅发出司法建议书,建议河道主管机关履行河道采砂审批职能。②

2. 推动公共政策调整

这种方式强调,相关部门应当调整相关公共政策,修改相应的规范性文件,从而在某种程度上实现法院对规范性文件的功能性审查。③ 例如,在审理"福州四家企业诉福州市国家税务局要求撤销税收处理决定并退还出口退税款的税务征收行政诉讼案"中,法院针对当时的税收规范性文件对税务处理行为的程序规定存在交叉重复的状况,向福州市国家税务局发出司法建议书,建议税务机关及时上报执法中发现的问题,以促进完善税收方面的立法和规范性文件。福州市国家税务局把《出口货物税收函调管理办法》和《增值税抵扣凭证协查管理办法》两个文件在程序和适用方面的衔接问题层报给了国家税务总局。2013年6月19日,国家税务总局印发《税收违法案件发票协查管理办法(试行)》,解决了上述两个规范性文件在程序和适用方面如何衔接的问题;2008年5月14日印发的《国家税务总局关于印发〈增值税抵扣凭证协查管理办法〉的通知》同时废止。④ 又如,重庆市北碚区人民法院在审理社会保障行政确认案件过程中,针对该区人力资源和社会保障局在办理工伤认定中存在的一些普遍性问题,向该局发出司法建议书,建议其严格按照《工伤保险条例》进行工伤认定。该区人力资源和社会保障局在收到司法建议书后,按照《工伤保险条例》和《重庆市工伤保险实施办法》的要求,制定了《北碚区工伤认定业务流程及标准》。北碚区人民法院还通过司法建议督促相关机关修改和完善环境保护、计划生育、土地征收、房屋登记管理等领域的制度和政策。⑤

---

① 参见白峻:《规范政府对外担保 减轻政府法律风险》,载《人民法院报》2012年第9月20日第5版。
② 参见《广州海事法院司法建议书》,(2013)广海法建字第1号。
③ 参见卢超:《行政诉讼司法建议制度的功能衍化》,载《法学研究》2015年第3期。
④ 参见梅贤明、蒋存龙:《规范取证程序 提高税务行政执法效率》,载《人民法院报》2014年1月23日第5版。
⑤ 参见向品:《促进工伤认定程序规范化》,载《人民法院报》2013年8月1日第5版。

3. 敦促预防

在有些情况下,法律的预防功能要比其事后救济功能更重要,即"防患于未然"。法院往往会采取敦促相关单位或部门积极采取相应预防措施的方式,促进相关单位或部门管理工作的创新。例如,2010 年 7 月 19 日,在审理"王忠朋诈骗案"的过程中,针对非实名手机卡市场管理混乱这一问题,江苏省铜山县人民法院向中国移动通信总公司发出司法建议书,建议对市场上存在的非实名手机卡用户限期进行实名登记,从而有效预防诈骗犯罪的发生。① 又如,2013 年 1 月 4 日,河南省兰考县城关镇一民办收养场所发生火灾,造成 7 名孩童死亡。1 月 11 日,商丘市梁园区人民法院向区民政局发出司法建议书,建议民政局加强对儿童福利机构、养老院和敬老院的管理,及时有效预防安全隐患。②

(三)法院参与社会管理创新的具体策略

1. 借助党委的"高位推动"

近年来,有学者基于西方"三权分立"学说提出,中国需要建立一套司法独立机制,司法独立于政党是其核心要素。这种观点是以西方经验为理论参照的,在根本上忽视了当下中国整个权力结构体系。从效力上讲,法院提出的司法建议并不具有直接的支配力。但是,法院还是希望司法建议能够得到相关单位和部门的重视。最高人民法院在相关通知中一再强调,要将司法建议落到实处,积极促进有关单位科学决策、完善管理、规范行为等。③ 但是,法院在权力结构中处于弱势地位,仅靠自身的力量是很难让司法建议得到相关部门和单位重视的。换言之,在当下中国的语境中,法院和其他单

---

① 参见夏友锋、杜明君、秦鹏:《助推手机卡实名制》,载《人民法院报》2011 年 12 月 22 日第 5 版。

② 参见王建华、窦玉巧:《孤残儿童收养是全社会的共同责任》,载《人民法院报》2013 年 5 月 23 日第 5 版。

③ 《最高人民法院关于进一步加强司法建议工作为构建社会主义和谐社会提供司法服务的通知》强调,法院应当建立跟踪和督促机制,使司法建议落到实处,从而确保司法建议的作用得到充分发挥。《最高人民法院关于加强司法建议工作的意见》强调,法院应当"依法履行好司法建议职责,积极促进有关单位科学决策、完善管理、消除隐患、改进工作、规范行为,不断提高科学管理水平,预防和减少社会矛盾纠纷"。

位或部门之间存在较大的合作困境。法院充分地意识到了这一点。因此，法院在提出司法建议的过程中，往往会借助党委的"高位推动"以增强司法建议的效力，从而实现参与社会管理创新的目的。2012年《最高人民法院关于加强司法建议工作的意见》明确提出，各级人民法院要"积极争取党委、人大和政府对司法建议工作的支持，推动将司法建议工作纳入当地社会治安综合治理工作体系"。在笔者收集的111份司法建议中，有多份直接提到在提出司法建议过程中，法院积极争取当地或上级党委的支持。例如，2011年11月，上海市第二中级人民法院在向上海市国有资产监督管理委员会提出有关遏制侵犯企业国有资产现象的司法建议后，获得了时任上海市国资委党委书记、主任杨国雄的专门批示。江苏省铜山县人民法院在向铜山县教育局发出的有关未成年人健康成长的司法建议中，将司法建议的内容抄送给了县政法委以取得其支持。江西省铜鼓县人民法院在向该县人民政府发出有关森林资源保护的司法建议时，积极寻求该县党委的支持等。法院借助党委的"高位推动"以增强司法建议的效力，这一策略得到了各级法院的高度认同，并被确定为一项基本经验。①

在具体操作过程中，法院向某些行政部门或机关发出司法建议时，往往会给当地或上级党委，特别是党的纪检部门抄送一份。一方面，法院希望通过这种方式激发党委的组织、动员和整合功能，解决法院和其他部门或机关之间存在的合作困境问题。另一方面，按照贺欣的说法，党的"双规"制度作为纪检部门专门用于羁押干部的一种形式，对政府官员而言具有极强的威慑作用。法院将司法建议抄送给党委，特别是纪检部门，也就意味着法院极有可能将不规范行为背后隐含的官员腐败问题反映到党委，特别是纪检部门。② 在这种党的外在压力下，被建议部门或机关往往会采取一定的措施，

---

① 例如，北京市平谷区人民法院在确保司法建议的落实时，强调法院积极与区委、区政府、区人大沟通，建立司法建议联动督办机制。参见张朝阳：《北京平谷法院"内外兼修" 力促司法建议落实》，载《人民法院报》2013年10月20日第1版。又如，山东省高级人民法院发现不良金融债权处置工作中存在国有资产流失、内部交易严重等问题后，在向有关部门发出司法建议书的同时，积极请求省委支持。参见闫继勇：《山东法院司法建议助推社会管理创新》，载《人民法院报》2012年8月3日第1版。

② 参见贺欣：《法院推动的司法创新实践及其意涵——以T市中级人民法院的行政诉讼为例》，载《法学家》2012年第5期。

对法院提出的司法建议进行回应。

2. 避免正面冲击行政权

在西方"三权分立"体制下，违宪审查是法院参与社会管理创新的一条重要途径。这条途径以司法权与行政权的相对平衡为前提。在实践中，司法权往往直接对抗政府的行政行为，并以宪法为标准宣布政府行为无效。因此，西方法院在参与社会管理创新过程中，往往具有司法权与行政权"硬碰硬"的特点。由于当下中国司法权的绝对弱势以及法院自身财政欠缺有力保障等多方面的原因，法院在参与社会管理创新，特别是在推动政府行政方式转变过程中非常谨慎。在面对行政权力时，法院往往采取避免正面冲击的基本策略。这主要反映在司法建议的主要对象和内容两个方面。

第一，司法建议的主要对象处于行政权"末梢"。通过对法院发布的111份司法建议的具体对象进行分析，笔者发现政府机关或部门是法院发出司法建议的主要对象。倘若我们进一步对被建议的这些政府机关或部门进行分类，可以发现教育局、知识产权局、卫生健康委员会[①]、民政局、住房和城乡建设管理委员会等是法院建议的主要对象，而法院对财政、税务、公安、监察、国土资源、发改委等部门发出的司法建议则很少。即使对这些机关或部门提出司法建议，法院也往往是从宏观层面和原则层面进行的，而且这些司法建议更多是政策推动型司法建议，较少出现个案衍生型司法建议。从各机关或部门在行政序列中的地位来讲，教育局、知识产权局、卫生健康委员会、民政局、住房和城乡建设管理委员会等基本上处于行政权"末梢"。在社会转型过程中，它们的部分职权甚至被逐步市场化，而财政、税务、公安、监察、发改委等部门在行政序列中处于更为重要的地位。其实，法院参与社会管理创新也是一项政治任务，要有所作为，否则法院在贯彻执行党和国家政策方面就会"慢半拍"。这显然与"全国上下一盘棋，拧成一股绳"的意识形态不符。但是，法院确实没有能力直接与处于强势地位的行政权"硬碰硬"。在法院看来，"那些拥有强大政治能量的政府部门能够抵御来自法院的压

---

① 2013年，国家组建卫生和计划生育委员会，不再保留卫生部和人口计生委。2018年，国家组建卫生健康委员会，不再保留卫生和计划生育委员会。

力,而较弱的部门则不得不屈从。于是似乎只要行政机关越弱势,依法行政就越可能得到推进"①。因此,法院往往会选择处于行政权"末梢"或不那么重要的机关或部门作为司法建议对象。这种策略选择有助于司法建议落到实处,因为这些处于行政权"末梢"的机关或部门本身在行政系统内部就处于较弱的地位;同时,有助于法院自身的生存,因为这些处于行政权"末梢"的机关或部门与法院之间不存在或较少存在利益关联,特别是对法院的人、财、物几乎没有什么影响。

第二,司法建议的主要内容是强化行政权的积极行使。为了避免与行政权发生正面冲突,法院在对行政机关提出司法建议时,往往强调行政权的积极行使。换言之,法院的主要目的并不是削弱行政权的行使,限制行政权的范围,而是敦促政府机关或部门积极行使其拥有的权力。在前文笔者提到的以政府机关或部门为建议对象的60多份司法建议中,绝大部分司法建议的主要内容是要求政府机关或部门积极行使行政管理权,强化这些机关或部门对社会的监管力度。据笔者统计,这类司法建议有40份之多。

表4-2 针对行政机关或部门的具体司法建议

发出法院	受发单位	发出时间	主要内容
山东省东营市中级人民法院	中共利津县委、利津县人民政府	2011年1月10日	一、切实加强对政法工作的领导,发挥政法工作在维护社会稳定、促进社会和谐方面的重要作用;二、加强村委会、居委会等基层组织,特别是人民调解组织的建设,充分发挥基层组织和人民调解组织的矛盾化解功能;三、积极支持政法机关做好矛盾化解工作;四、加强法律宣传,引导广大群众通过法律手段解决纠纷。

---

① 贺欣:《法院推动的司法创新实践及其意涵——以T市中级人民法院的行政诉讼为例》,载《法学家》2012年第5期。

(续表)

发出法院	受发单位	发出时间	主要内容
重庆市第一中级人民法院	重庆市公安局	2010年12月29日	一、加强刑事司法鉴定人员的法制理念和执业道德教育，在刑事诉讼过程中严格依据客观事实进行鉴定或出具相关说明；二、加强刑事案件证据材料的管理和保存；三、强化刑事案件证据收集，尤其是重要物证的提取、送检等程序意识。
广东省广州市中级人民法院	广州市越秀区司法局	2010年8月2日	一、在社区矫正过程中，应着重对田某某进行心理矫治，消除该案件对其造成的不良心理影响；二、加强对田某某的思想和法制教育，增强其法制意识；三、加强对田某某的生活、学习和人际交往的指导，使其学会与人正常交往和应对困难的方法；四、对田某某家长进行法制宣传教育，使其能积极配合对田某某的监管和教育；五、与家长、学校和社区居民沟通，加强对田某某的培养教育，给予其充分的关爱、帮助和监护，让其自觉接受改造。
江西省赣州市章贡区人民法院	赣州市房地产管理局	2011年8月9日	尽快注销被告人陈某某非法办理的所有房屋所有权证。
陕西省西安市中级人民法院	西安市文化广电新闻出版局	2011年9月15日	一、加强对网吧行业的宣传引导，树立尊重知识产权意识；二、科学引导网吧注意证据搜集，合理合法地积极应对诉讼；三、提供影视作品提供商资质查询，主动延伸管理服务职能。

第四章 法院社会管理创新的参与功能

（续表）

发出法院	受发单位	发出时间	主要内容
江苏省徐州市贾汪区人民法院	徐州市贾汪区卫生局	2011年1月17日	一、贾汪区卫生局对辖区医疗机构出具的病情诊断证明进行监督检查；二、根据医疗卫生法律、规章规范医疗机构出具病情诊断证明的程序；三、根据医疗卫生法律、规章规范医疗机构出具病情诊断证明的内容；四、医疗机构出具病情诊断证明应当同其他病历资料一样留存档案。
浙江省玉环县人民法院	玉环县人民政府	2010年11月10日	一、降低信贷门槛，提高金融服务水平；二、改善投资环境，适当放宽资本市场准入条件；三、正确引导民间借贷，趋利避害；四、规范民间借贷，遏制非法经营所得；五、加强对公民的投资风险教育，树立契约意识、风险意识；六、加大对非法吸收公众存款和集资诈骗的打击力度。
天津市和平区人民法院	天津市社保基金管理中心	2010年1月25日	一、加大宣传教育力度，增强群众的法律知识，引导广大群众自觉维护医疗保险制度；二、健全报销制度，提高审核支付监督能力，对高频率出现的"医保卡"号进行监控；三、建立医保机构与医院之间的医疗信息共享机制，切实履行审批职能，并出台一系列更为有效的医保监督保障措施。
福建省厦门市同安区人民法院	厦门市同安区教育局	2010年12月5日	一、帮助解决该两名被告人的就学问题，让其完成九年义务教育；二、出台相关规定，解决未成年缓刑犯"复学难"问题；三、形成联动机制，积极帮教、改造未成年缓刑犯。

(续表)

发出法院	受发单位	发出时间	主要内容
江苏省宜兴市人民法院	宜兴市委、市政府	2010年9月1日	一、完善紫砂知识产权立法,细化保护规则;二、出台紫砂知识产权发展战略,规划发展目标;三、加强紫砂知识产权宣传,提高保护意识;四、加快知识产权管理体系建设,有效整合资源;五、扶持紫砂知识产权申报工作,鼓励提倡创新;六、加强紫砂知识产权人才培育,提高管理水平;七、健全紫砂行业协会职能,加强行业自律。
上海市杨浦区人民法院	上海市教育委员会	2010年7月12日	一、指导各高校进一步强化对助学贷款政策的宣传和诚信教育工作,帮助学生正确理解国家助学贷款政策的内容和意义,并充分认识恶意拖欠贷款所产生的不良影响和严重后果;二、指导各高校加强与银行间的协调与配合,完善贷款学生和担保人的信息管理等基础性工作,确保信息的准确性,并及时反馈给相关金融机构;三、加强与银行及金融监管机构的联系与沟通,促进教育系统与金融机构在助学贷款业务中的相互协作与有机配合,协力健全诚信监督与失信惩戒机制,并对经济困难毕业生提供履约的支持和帮助,共同探索有利于助学贷款政策实施的有效途径。
上海市长宁区人民法院	上海市长宁区人力资源和社会保障局	2010年2月11日	一、撤销具体行政行为应当符合法定条件,对于符合撤销条件的行政行为才可予以撤销;二、撤销具体行政行为应当行文规范,对于需要撤销的行政行为,应当采用撤销的行政文书格式,写明撤销的理由和结果,而不能用"更正通知书"代替;三、撤销具体行政行为应当遵守法定程序,必须先撤销错误的具体行政行为,才能重新作出一个新的具体行政行为。

第四章　法院社会管理创新的参与功能

(续表)

发出法院	受发单位	发出时间	主要内容
上海市第二中级人民法院	上海市国有资产监督管理委员会	2011年11月1日	一、完善法人治理结构,健全企业法务制度;二、充分运用科技手段,强化监督制约机制;三、加强企业文化建设,培育守法诚信观念。
江苏省丹阳市人民法院	丹阳市司法局	2010年3月20日	一、利用普法教育的机制和网络,加大对公民司法救济法律制度的宣传力度;二、加强对律师及法律工作者从业理念和职业道德教育;三、建立对律师及法律工作者的评价和考评体系,加强对律师及法律工作者的监管力度;四、加大对违反职业道德和违法代理的律师及法律工作者的惩戒力度。
福建省厦门市集美区人民法院	厦门市集美区教育局	2011年12月20日	一、提高学生的安全防范意识;二、学校在鼓励学生参加体育锻炼,增强体质的同时,要对学生的课外活动加强管理,由专人负责巡视,及时发现和消除安全隐患;三、学校建立课外活动期间发生安全事故时的应急处理机制。
江苏省铜山县人民法院	铜山县教育局	2010年5月4日	一、加强对学校在校学生的法制教育工作;二、加强学校与学生家长的联系,完善学校教育与家庭教育相结合的教育管理模式;三、加强学校与司法机关等部门的联系;四、教育行政部门应将学校预防未成年人犯罪的工作绩效列为考核的重要内容,并将责任落实到人,确保不走过场。

(续表)

发出法院	受发单位	发出时间	主要内容
北京市第二中级人民法院	北京市住房和城乡建设委员会	2011年5月5日	一、完善法律规定,设定物业管理单位的最基本义务,明确其对公共设施应尽的维护责任,建立相应的定期维修检查机制;二、相应延长开发商对工程的最低保修期限,使业主获得更充分的保障;三、对于公共设施老化损害,可以探索建立相应的强制保险制度,使业主可以获得赔付保障。
福建省厦门市集美区人民法院	厦门市集美区建设局	2011年12月26日	一、对辖区市政设施安全问题进行摸底排查,由专人负责巡视,及时发现和消除安全隐患,把安全隐患排查治理作为一项常态工作,加强日常监管;二、对管理人员进行安全培训,进一步明确管理职责,提高管理人员的安全防范意识;三、警示标志、安全防范设施及时安全配置到位,杜绝类似事故的发生;四、建立发生安全事故时的应急处理机制。
上海市高级人民法院	上海市教育委员会	2010年11月30日	一、修改《上海市中等职业学校学生学籍管理实施办法》第32条;二、教育部门进一步做好配合司法部门对失足学生进行教育挽救的工作。
北京市第二中级人民法院	北京市工商行政管理局朝阳分局	2010年9月6日	依照法律规定对路桥公司北京分部作出相应处理措施。
河南省焦作市中级人民法院	马村区教育局、焦作市第六中学	2011年9月20日	一、提高认识,明确职责,切实将学校安全工作摆在重要位置;二、加强教育,正确引导,不断提高广大师生的安全意识;三、强化管理,层层把关,将学校安全工作落到实处;四、重点防范,消除隐患,确保学校安全工作万无一失。

第四章 法院社会管理创新的参与功能

（续表）

发出法院	受发单位	发出时间	主要内容
浙江省台州市中级人民法院	台州市椒江区人民政府	2011年11月3日	一、党政机关应积极响应实施国家知识产权战略号召，增强尊重和保护知识产权意识，为知识产权示范城市的顺利验收做出模范和表率；二、立即对照检查所有网站和宣传画册，如有使用摄影作品，应及时与著作权人取得联系获得授权许可，对不知摄影作品来源或不能取得作者授权的应立即停止使用；三、对于可能涉诉或已被诉至法院的，应通过多种途径协调或争取法院调解结案，尽量将不良影响降到最低，以维护党政机关在人民群众中的良好形象。
江西省铜鼓县人民法院	铜鼓县人民政府	2010年7月8日	一、要进一步完善林业保护社会网络体系；二、要进一步规范林业采伐行政许可程序；三、要进一步加强林业法律法规宣传；四、要进一步解决好林业保护与经济发展的矛盾。
山东省东营市中级人民法院	东营市林业局	2012年7月19日	在作出具体行政行为时，应完整、全面、及时地告知行政相对人所享有的法定诉权，避免产生不必要的纠纷，确保行政机关依法行政。
广东省高级人民法院	广东省人民政府	2012年1月16日	一、全面清理对外担保行为；二、严格规范对外担保行为；三、妥善处置对外担保纠纷。
河南省商丘市梁园区人民法院	商丘市梁园区人民政府	2012年7月12日	一、规范电动车管理政策；二、加强教育宣传，提高安全意识；三、加强执法管理，严查交通违法；四、加强注册管理，减少盲目发展。
福建省福州市中级人民法院	福州市知识产权局、福州市工商局	2012年6月12日	一、严明标准；二、动态监控；三、惩防并举；四、加强培训。

(续表)

发出法院	受发单位	发出时间	主要内容
河南省温县人民法院	温县人民政府	2011年5月18日	一、县政府应规范和健全宅基地确权发证行为;二、建立处理农村宅基地权属争议案件的长效机制;三、制定符合本地区农村宅基地使用特点的规范性文件。
江苏省丰县人民法院	丰县卫生局	2012年9月20日	一、加大医疗改革力度;二、加大监管力度;三、加强宣传力度;四、建立打击非法行医的联动机制。
福建省厦门市同安区人民法院	厦门市同安区人口和计划生育局	2012年9月12日	一、根据2007年修正的《民事诉讼法》第79条的规定,只有受送达人或者受送达人的同住成年家属拒绝签收的,才能适用留置送达;二、应当先向受送达人户籍所在地以及经常居住地之村民委员会调查取证,再按照查明的经常居住地进行送达;三、应当邀请有关基层组织或者所在单位的代表到场,说明情况,在送达回证上记明送达人、见证人的身份、拒收的事由和日期,并由相关人员签名或者盖章,方可留置送达。
河南省孟州市人民法院	孟州市教育局	2012年6月5日	一、加强安全宣传教育工作;二、通过电视、广播、报纸等新闻媒体和孟州门户网站、QQ群、校讯通等多种传播形式和途径,加强此类警示信息的滚动全面发布,形成全社会共同关注、共同预防未成年人安全事故的浓厚氛围;三、会同孟州市安全管理部门每年开展一次安全隐患排查工作,加强与相关部门的沟通协调,在安全事故易发地段设置安全警示标志、标牌,配备相应管理人员,落实日常巡查管理措施,最大限度避免安全事故的发生;四、认真做好善后处置工作,对已发生的安全事故,积极配合相关部门做好死者家属安抚疏导和善后处置工作,确保社会稳定。

(续表)

发出法院	受发单位	发出时间	主要内容
重庆市第一中级人民法院	江北区人力资源和社会保障局	2012年9月27日	一、在以后的工伤认定行政程序中,注意加强对事实认定的证据收集和组织;二、在以后的具体行政行为中,明确告知相应的诉权和起诉期限;三、注意加强和完善行政送达程序,并注意收集送达方面的证据。
浙江省台州市路桥区人民法院	台州市黄岩区人力资源和社会保障局	2012年11月5日	在当事人因无法就其劳动争议申请仲裁得到实体审查时,他向贵局的投诉不可以其已申请劳动争议申请仲裁为由直接不予立案查处,应立案监察,保障当事人的实体权利。
重庆市渝中区人民法院	重庆市司法局	2012年8月30日	一、进一步规范公证人员的公证行为;二、进一步加强对公证人员的业务培训;三、进一步完善公证机构业务评价体系。
广州海事法院	广东省水利厅	2013年1月25日	一、加强对横琴新区环岛水道采砂发证许可的管理;二、开展横琴新区河道采砂专项执法行动;三、加大打击非法采砂法制宣传力度。
江苏省镇江市润州区人民法院	镇江市环境保护局	2012年7月5日	一、加强行政执法人员法律、法规学习和业务培训;二、建立、健全内部监督机制,督促各分局执法人员按行政处罚的相关法定程序调查、取证,发挥市局对分局的监督指导作用;三、强化审核制度。
江苏省苏州市吴中区人民法院	苏州市吴中区教育局	2012年3月27日	一、进一步完善校园安全保卫制度,确保制度落于实处;二、普及法律知识,树立教职工安全防范意识。

(续表)

发出法院	受发单位	发出时间	主要内容
浙江省诸暨市人民法院	诸暨市住房和城乡建设局	2013年1月5日	一、加强物业服务企业资质管理;二、规范物业服务市场竞争秩序;三、有效运用相关行政处罚措施;四、加大物业服务知识宣传力度。
福建省厦门市集美区人民法院	厦门市集美区教育局	2013年3月13日	一、加大监管力度,制定相应政策,对学前教育市场实施规范化管理;二、加快公办幼儿园建设步伐,对符合办园条件的民办幼儿园及时审批,明确民办幼儿园的审批标准、程序,规范办园行为;三、提升民办幼儿园办园水平,引入片区管理机制,使民办幼儿园的管理、教育水平得到提高,教师队伍得到发展,同时提高公办幼儿园办园水平;四、对全区幼儿园进行一次综合排查,对未达到标准的幼儿园要坚决予以取缔,对质量下降的幼儿园应对其采取停业整顿、通报或降低类别等措施,限期进行整改,对在规定期限内仍达不到要求的民办幼儿园坚决予以关闭,对园内孩子进行妥善合理分流,消除幼儿家长的后顾之忧。
河南省商丘市梁园区人民法院	商丘市梁园区民政局	2013年1月11日	一、拓宽抚养主体,妥善安置孤儿;二、健全制度,维护孤儿基本权益。
河南省商水县人民法院	商水县婚姻登记处	2010年3月6日	一、结合婚姻法的贯彻落实,加大宣传力度;二、加强婚姻登记人员队伍建设,提升队伍素质;三、严格遵守法律法规,做到依法准确登记;四、加大信息化投入,建立婚姻登记信息系统。

第四章 法院社会管理创新的参与功能

(续表)

发出法院	受发单位	发出时间	主要内容
山东省东营市东营区人民法院	东营市国土资源局	2013年2月4日	一、对该工作人员拒不履行协助查询义务的行为给予处理;二、对窗口服务和对外业务部门的工作人员进行法治教育培训,增强工作人员的法律意识,积极履行法律确定的义务,提高服务质量,防止类似情况的发生。
福建省龙岩市新罗区人民法院	龙岩市新罗区经济贸易局	2012年9月26日	一、加强对牲畜定点屠宰管理办公室工作人员的选择任用和培训管理;二、建立健全规章制度,加强对该办工作人员日常工作和执法任务的监督检查;三、给予牲畜定点屠宰管理办公室人事、经费支持,切实保障牲畜定点屠宰管理工作的顺利进行。
北京市第二中级人民法院	中国保险监督管理委员会北京监管局	2012年12月3日	一、敦促保险公司加大在订立合同时的审查力度;二、规范保险公司解除权行使的程序,保留好相应证据;三、加强对该类群体性理赔案件的监控分析。
北京市石景山区人民法院	北京市石景山区人口和计划生育委员会	2013年3月4日	一、加强对于有关行政执法人员的法制培训,提高依法行政工作意识;二、行政执法工作中必须要有明确的执法载体形式,规范执法行为;三、行政执法工作中必须正确认定相关事实情况,并明确告知当事人,保存好有关执法证据;四、行政执法工作中必须正确适用相关法律依据。
四川省荣县人民法院	荣县安全生产监督管理局	2013年5月20日	一、强化源头治理,严格执行职业病危害预评价制度;二、强化过程监控,严格执行煤矿安全生产制度;三、强化工作对接,健全协同执法机制。

(续表)

发出法院	受发单位	发出时间	主要内容
重庆市北碚区人民法院	重庆市北碚区人力资源和社会保障局	2012年7月27日	一、决定受理工伤认定申请的,应当出具《工伤认定申请受理决定书》；二、案件认定需要以其他部门的结论为依据的,应将案件予以中止,并书面通知申请人；三、办理工伤认定应在法定期限内完成。
浙江省义乌市人民法院	中国人民银行义乌市支行	2013年4月22日	一、统一以受发行征信系统内的信息为准；二、统一下发两种法院结案证明的标准格式模板,告知处理法务的工作人员如何认定结案证明的形式效力；三、对不同结案方式的含义进行释明,告知银行工作人员如何辨别结案证明的实质效力；四、在金融信用信息基础数据库已录入案件信息的情况下,银行如果对其他系统内的信息仍有疑问,可直接与法院联系查询；五、银行应做好结案证明信息保存、录入、共享工作,避免因反复开具结案证明造成司法资源的浪费。
河南省孟州市人民法院	孟州市国土资源局	2013年5月25日	一、增强土地管理和执法工作职责意识,严格按照法定条件和法定期限,依法认真及时履行法定职责；二、加强对土地行政执法人员的业务培训,提高其依法行政的能力；三、严格按照法律规定应诉、举证、答辩、出庭,部门领导要积极出庭应诉,对法院提出的可行性协调处理方案要积极支持配合。
福建省厦门市中级人民法院	中华人民共和国厦门高崎机场海关	2013年5月15日	一、对提取的样品应当加封,并由各方人员在封条上签字盖章；二、应制作取样笔录,记载取样过程,并由现场各方人员签字认可。

(续表)

发出法院	受发单位	发出时间	主要内容
重庆市第五中级人民法院	重庆市人民政府金融办	2012年12月20日	一、加大对小额贷款公司的监管;二、规范小额贷款公司的经营活动;三、为小额贷款公司创造更好的金融、税收条件,使其能共享金融机构信用评级系统资源;四、督促小额贷款公司加强自身风险防范意识。
重庆市第一中级人民法院	重庆市质量技术监督局、重庆市环保局	2012年8月10日	对汽车生产、销售厂商在生产、销售过程中违规采用更改合格证编号、整车铭牌、发动机铭牌等方式修改生产日期以规避国家强制排放标准的生产销售行为予以监督处理。
浙江省宁波市江北区人民法院	中国银行业监督管理委员会宁波监管局	2013年6月18日	一、严格抵押贷款审查关,抛弃书面的形式审查,加强实体审查;二、运用法律途径消除抵押物租赁优先权;三、加强贷后监管,贷款发放后应定期对抵押物进行监管;四、银行应主动加强与房管、国土等部门的协调,做好房屋租赁登记备案,并随时了解抵押物的租赁登记情况。
四川省自贡市中级人民法院	自贡市发展和改革委员会	2013年7月2日	在今后的行政执法工作中严格按照法律法规办事,在适用法律和出具行政法律文书方面仔细研究,减少、避免因形式或程序瑕疵引起行政相对人不满,乃至引发诉讼。
内蒙古自治区高级人民法院	兴安盟公署	2013年8月22日	依法加强建筑工程行政管理和监督,进一步规范建筑市场秩序,确保建筑市场严格按照基本建设审批程序和质量规范运行。

(续表)

发出法院	受发单位	发出时间	主要内容
河南省济源中级人民法院	济源市安全生产监督管理局	2013年7月26日	一、认定过于简单,且处罚决定书中未载明相关证据;二、工作人员在对李某、刘某、高某进行询问时未在询问笔录中载明出示证件情况,且在对李某、刘某的询问笔录中没有询问人员签字。
江苏省丰县人民法院	丰县人力资源和社会保障局	2013年5月10日	一、明确用人单位责任;二、加大监察执法力度;三、严格督促检查;四、强化宣传引导。
北京市第二中级人民法院	北京市某区城乡居民最低生活保障事务管理中心	2013年1月25日	作为实施低保工作的主管部门,应加强对下属民政所、社保所等单位的管理和对相关责任人员的教育,从本案中吸取教训,加大管理工作力度,加强信息化建设,精心组织、周密安排,敦促基层管理部门和工作人员认真履行职责,积极主动、认真负责地开展工作,并接受社会监督,确保农村低保、城市低保制度的落实。
河南省开封市禹王台区人民法院	开封市禹王台区公安分局	2013年10月11日	一、完善网络安全保护措施,规范网吧各种网络行为;二、完善与计算机网络有关的安全防护措施,增强网民信息安全防范意识和能力;三、对不特定多数人实施网络诈骗,数额未达到刑事立案标准或难以查证,但诈骗对象五百人次以上的,或发送"钓鱼网站"链接五百人次以上的,或采取隐蔽手段盗取他人网银账户资金的,或有其他情节严重情形的,均应立案,并以诈骗罪起诉;四、对明知他人实施诈骗犯罪,为其提供虚假身份、信用卡、支付宝账户、IP地址、网络技术支持、费用结算等帮助的,或故意传授网络诈骗技术的,应以共同犯罪起诉。

第四章 法院社会管理创新的参与功能

(续表)

发出法院	受发单位	发出时间	主要内容
河南省济源中级人民法院	济源市卫生局	2013年4月26日	应依法进行查处,并进一步规范出生医学证明的管理工作,保证及时、准确发放出生医学证明。
福建省厦门市集美区人民法院	厦门市集美区人口和计划生育局	2013年11月11日	一、对辖区内已成建制转为居民委员会的村民委员会转制时间等相关情况进行排查梳理,明确相关居民委员会五年内可以适用农村人口的生育政策的具体时限;二、征收社会抚养费时,应严格依照相关法律、法规之规定,科学合理并审慎确定征收标准。
北京市石景山区人民法院	北京市石景山区住房和城乡建设委员会	2013年4月3日	一、受发单位及上级主管部门应研究制定监管细则,将尚未取得所有权登记的预售商品房再次转让交易纳入网络公示化监管范围,使买房人、中介机构全面了解房屋交易公示信息;二、要求中介机构采取更高程度的审查义务,特别是在居间介绍涉预售商品房买卖过程中,应于签约前充分告知缔约当事人房屋具体情况,并如实、全面地出示房屋相关合法凭证,诚信履行居间义务。
江苏省新沂市人民法院	江苏省盐务管理局	2013年8月22日	一、强化两省边界地接壤地区的协作管理,对发生在边界市场的盐业违法案件及时沟通,加强协调配合;二、定期开展边界市场联合执法检查,及时查处边界地区的涉盐违法案件;三、统一边界市场供应政策,两省在边界接壤市场共同投放价格接近的小包装食盐品种,在边界市场严禁投放散装食盐;四、进一步加大盐业法制宣传工作力度,提高群众法制观念;五、强化市场稽查工作,在严格管理销售市场及食品生产单位、餐饮行业的同时,稽查工作向查处偏远乡村窝点倾斜;六、强化与公安机关、司法机关的协作配合,严厉打击涉盐违法犯罪行为。

(续表)

发出法院	受发单位	发出时间	主要内容
福建省福州市仓山区人民法院	福州市国家税务局	2012年10月18日	一、加强对执法人员的程序意识培训;二、依照现有规定,进一步规范税务行政执法的取证程序和方式。
福建省大田县人民法院	大田县生态综合执法局	2013年5月28日	一、与河流周边矿山企业签订责任状,严禁厂矿企业向河道排尾矿渣、煤矸石;二、对河流周边环境进行全天候巡查,严禁沿岸村民向河道丢弃倾倒生活与建筑垃圾、排放生活或畜禽污水;三、采取"谁污染谁治理"的措施,要求相关企业组织人力、物力、财力清理受污染的水库、塘坝、河流,限期整改完毕;四、加大宣传力度,让沿岸村民、企业主意识到水污染的危害性。

注:此表以《人民法院报》刊发时间为序。

近些年来,中国行政机关或部门尊重公民权利的意识得到了很大增强。但是,权力本位思想仍在行政机关或部门占据重要地位,限制政府权力范围并非易事。法院对此有清晰的认识。因此,法院在司法实践活动中总是保持一种克制的态度,不触及行政权的核心层,也不会与行政机关或部门"唱反调"。法院在完成参与社会管理创新这一项政治任务时,也往往会顺着行政权的思路,希望通过自身的努力促进行政权的自我革新。在当下中国,我们一方面确实需要限缩行政权行使的范围,另一方面也需要强化政府对社会生活的管控。强化政府对社会生活的管控,意味着需要提升政府在社会生活中的作用,加强政府对社会生活的渗透。法院这种善意提醒行政机关或部门积极行使其权力的行为,一般不会遭到抵制,因为这也为行政机关或部门行使权力提供了进一步的合法性。也许有人会说,有些司法建议需要行政机关或部门履行行政给付义务,这在客观上会增加行政机关或部门的负担。这种观点只看到了事物的表象。透过表象看本质,这类司法建议的存在并不影响笔者所作结论的成立。在这65份司法建议中,确实存在9份要求行政机关或部门履行行政给付义务的。但是,其中针对学生的授益性司法建议占绝对比重。例如,厦门市同安区人民法院建议区教育局解决"复学难"问题,上海市杨浦区人民法院建议市教育委员会重视助学贷款,上海市高级人民法院建议市教育局保障失足未成年人的平等受教育权,等等。这些司法建议有以下几个方面的特点:一是大多是政策型司法建议。法院之所以发具司法建议,是因为党和政府出台了有关政策,各个部门都要贯彻和落实。二是被司法建议的机关处于行政权"末梢"。三是司法建议的内容具有较强的抽象性、原则性和模糊性。因此,这些司法建议并不会使法院在日后的工作中变得被动。

3. 道德劝说

在参与社会管理创新的过程中,法院往往还会采取道德劝说这一基本策略。例如,重庆市第一中级人民法院在向重庆市公安局发具的司法建议中,提出需要加强刑事司法鉴定人员的法制理念和执业道德教育。江苏省宜兴市人民法院在向宜兴市政府发具的司法建议中,提出要加强紫砂知识产权宣传,提高保护意识。特别是在针对政府违法行为提出司法建议时,法院更是采取道德劝说的策略。最高人民法院在指导司法建议工作时也强化了这一点,并在2007年4月印发的《最高人民法院关于加强和改进行政审判工作的意见》中指出,"人民法院要采取多种方式加强同政府有关部门和复议机构沟通联系,交流行政审判和行政执法的情况和信息,增加相互之间的了解和共识;分析行政执法存在的问题并提出司法建议,协助行政机关总结经验教训,完善行政程序制度;协助行政机关加强对行政执法人员的教育和培训,提高其法治意识和执法水平"。法院在司法建议中之所以采取道德劝说的策略,主要有以下几个方面的考虑:

第一,道德劝说具有"苦口婆心""推心置腹"的特点,有助于被建议机关知道法院的良苦用心,减少抵触情绪。对此,有人评价道:"司法建议没有了审判执行的刚性,而是增添了见机行事的柔性,人民法院可以灵活运用不同的方式,因人、因事、因时、因地发送建议,推心置腹谈事情,设身处地想办法,增加司法建议的温情,让人心悦诚服地接受司法建议。"①

第二,法院采取道德劝说的策略符合中国法律及其运作场域的现实。教育是中国法律及其运作一个重要特点。德国学者茨威格特和克茨认为:"在社会主义国家中,法律实践的一个重要特色是法律具有一种异乎寻常的教育功能。"②道德劝说正是实现教育功能的一种重要方式。

第三,法院采取道德劝说的策略有助于维护被建议单位或部门的"面子",防止出现难堪的局面。在提出司法建议的过程中,法院一再强调这么做的目的在于促进法院与其他机关或部门之间的良性互动,而绝非要使其他机关或部门难堪。③ 相比法院与其他机关或部门之间的"硬碰硬"而言,道德劝说具有柔性化的特点,并且决定权在被劝说者手里,这有助于减少法院与其他机关或部门之间的正面冲突。

四、法院参与社会管理创新的客观效果

参与社会管理创新是一项重要的政治任务。面对"强行政、弱司法"的现实,法院采取了一系列策略以完成这一政治任务。但是,从客观效果上讲,法院的这种策略在很大程度上只是满足了党和国家的基本要求,对于社会管理创新的助推作用非常有限。同时,这也在一定程度上加重了法院的负担,违背了司法权运作的基本规律。

(一) 法院难以助推社会管理创新

从理论上讲,法律通过规定人们在法律上的权利和义务以及违反法律

---

① 翁钢粮:《司法建议工作的"三度思维"》,载《人民法院报》2012 年 9 月 18 日第 2 版。
② 〔德〕K. 茨威格特、H. 克茨:《比较法总论》,潘汉典等译,法律出版社 2003 年版,第 459 页。
③ 原上海市高级人民法院副院长沈志先在谈到司法建议时,提出司法建议不是要为难别的部门和机关或者给别的部门和机关制造难堪。在司法建议的制作过程中,法院要主动加强与被建议单位的沟通交流,努力做到司法建议要提得好、送得巧,让人能听进,让事能办成。只有这样,司法建议才能够有助于促进法院与其他部门和机关之间的良性互动。参见杨金志:《上海:司法建议书成"社会啄木鸟"》,载《新华每日电讯》2010 年 1 月 8 日第 8 版。

第四章　法院社会管理创新的参与功能

规定应承担的责任,对人们的行为进行指引,从而型构一种社会秩序。① 法院作为法律的主要实施者,通过具体的司法判决,对人们的行为进行引导,从而实现社会管理创新。但是,从前文所述111份司法建议中,我们很难看到法院到底在什么地方助推了社会管理创新。

这里以上海市长宁区人民法院向上海市长宁区人力资源和社会保障局提出的司法建议为例。该司法建议是一个典型的个案衍生型司法建议,主要强调行政机关在撤销具体行政行为时应当满足的一些法律要求。事实上,这些内容也是法院判决书的主要内容。法律上早就规定了行政机关在撤销具体行政行为时应当符合的法定条件和遵守的法定程序。从哲学上讲,创新是人们为了发展的需要,运用已知的信息,不断突破常规,发现或产生某种新颖独特的、有社会价值或个人价值的新事物、新思想的活动。但是,该司法建议只是重申了法律的相关要求以及已经为学术界和法律实务界所普遍接受的基本常识,并且这些法律要求和基本常识早已为行政机关所熟知。在这种情况下,司法建议所起的作用主要是督促政府严格遵守法律,而不涉及政府管理方式创新。与政府管理方式创新相比,严格遵守法律的层次要低一些。换言之,政府管理创新的前提是其严格守法。如果一个政府机关或部门连最基本的法律都没有遵守,又如何能谈管理创新？也许有人会说,政府守法本身就体现了政府管理方式的一种创新。这种观点是不能成立的。政府由不守法变得守法并不是管理方式的创新,因为创新的基点是过去的做法至少能够得到一个中性的评价,而政府不守法是一个否定性的评价。从根本上讲,法院之所以要针对这类案件提出司法建议,还有一个重要原因,即法院的司法权威严重不足。法院的判决,特别是针对行政机关作出的行政判决大量存在"执行难"问题。为了解决这一问题,法院不得不借助外在力量,而社会管理创新则成了法院借助外在力量的一个"噱头"。

退一步而言,即使承认法院通过司法建议敦促相关部门或机关服从判决并遵守法律是政府管理方式创新的内容,我们也很难在司法建议的具体

---

① 参见张文显主编:《法理学》(第三版),法律出版社2007年版,第83—84页。

内容中找到社会管理应当以怎样的方式进行创新。司法建议的主要内容往往是建议有关单位增强法律意识、加强法制教育、严守法律规定、执行规章制度,而较少涉及针对社会发展与社会管理进行创新的具体举措。因此,从严格意义上讲,现行的司法建议工作,其直接的效用并非人民法院所宣传的社会管理创新,而往往只是促使各项社会管理工作提升法治化的程度而已。[①]

(二) 加重了法官的非司法性负担

当下中国法官负担过重是一个普遍性问题。除了法院案多人少之外,造成法官负担过重的另一个重要原因是,法院和法官需要承担大量的非司法性职能。参与社会管理创新这项政治任务,无疑也会进一步加重法官的非司法性负担。从自治型法律观来看,法律裁判应当与政治意志相分离,因为实在法所体现的准则是传统或宪法程序所证实的,不存在政治论中战的那些准则。[②] 相应地,法官的主要职责在于坐堂问案、定分止争,奉行"不告不理"原则,并对政治活动保持一种较为克制的态度。法院采用司法建议的方式助推社会管理创新的活动,是一种积极介入社会生活和行政权运作的活动。这在一定程度上与司法权的被动性相违背,或多或少带有主动为之的意味。在实践中,司法建议是需要耗费法官大量精力的。各级法院都对司法建议书的行文格式、内容、送达、归档管理、数据统计管理等作出了规定。有些法院为了强化参与社会管理创新的职能,采取了分任务、下指标的管控措施。例如,2010 年 5 月 13 日,广州市中级人民法院向广州市各基层人民法院下发了《关于进一步加强和规范司法建议工作的若干意见》。各基层人民法院均根据该意见的规定并结合本院实际,制定了相应的实施意见。该意见提出了明确的数量要求,即各基层人民法院全年至少发出 6 份司法建议,市中级人民法院各业务庭全年至少发出 3 份司法建议。这种量化要求势

---

① 参见刘思萱、李友根:《社会管理创新为何需要司法建议制度——基于司法建议案例的实证研究》,载《法学家》2012 年第 6 期。

② 参见〔美〕P. 诺内特、P. 塞尔兹尼克:《转变中的法律与社会:迈向回应型法》,张志铭译,中国政法大学出版社 2004 年版,第 63—64 页。

必会增加法院和法官的工作压力。

此外,有些地方法院甚至还将司法建议的反馈结果纳入绩效考核体系。尽管笔者收集的111份司法建议都取得了一定的积极效果,但是大量司法建议最终"石沉大海"。以北京市丰台区人民法院为例,该院2008年共发出55份司法建议,收到反馈的仅为9份。2009年,该院发出54份司法建议,收到反馈的也是9份。① 法院为了完成这项指标,往往会三番五次找相关行政机关或部门,敦促它们对司法建议的内容作出回应。有的法官甚至动用个人关系,让相关行政机关或部门出具一些宏观的、操作性不强的和无伤大雅的反馈意见。这些无疑极大地增加了法官的工作量。

(三) 法院权威进一步减弱

法院试图通过司法建议助推社会管理创新,但是对于到底在何处创新这一问题并不是十分明确。同时,这也在客观上加重了法院的非司法性负担。随之而来的是,法院权威进一步减弱。

首先,当下中国法院参与社会管理创新活动既是为了完成党和国家的政治任务,也是为了借助于司法权之外的其他力量,确保司法判决得以落实,从而解决执行难的问题。但是,无论是对政治"欲拒还迎"的态度,还是借助其他力量的实用主义态度,都会使法院的权威性受到损害。法院判决行政机关或部门败诉,本身就意味着行政机关或部门应当履行法院所确定的责任和义务。但是,当下法院需要通过道德劝说的方式引导行政机关或部门执行判决。这在客观上进一步证实了法院权威的缺失。

其次,案多人少、负担过重的现实导致法院提出的司法建议有时存在粗制滥造的现象,质量不高,影响了人们对法院工作水平的认识,而这直接影响到法院权威的生成。同时,法院在提出司法建议过程中回避正面冲击行政权的行动策略也会加深人们对法院权威缺失的印象。

最后,被建议行政机关或部门对待司法建议的态度与方式也会使法院权威减弱。尽管司法建议不具有强制性效力,法院还是会为被建议行政机

---

① 参见肖源:《司法建议陷入"石沉大海"窘境》,载《人民法院报》2010年8月30日第7版。

关或部门规定一个反馈期限,并想让其产生一定的效力。但是,从实践来看,一些被建议行政机关或部门面对司法建议往往会选择沉默。

五、回归司法逻辑的参与社会管理创新

尽管法院通过司法建议完成参与社会管理创新这一政治任务存在诸多问题,但是既不意味着法院不应当参与社会管理创新,也不意味着法院不应当承担一定的政治功能,更不意味着法院应当像自治型法治观所主张的那样完全独立于政治。即使从西方司法传统的形成来看,法院也从来没有完全脱离过政治。马丁·夏皮罗认为,在英国,无论司法独立的具体内容是什么,它绝对不能意指政治独立。① 在美国,尽管法官在一般情况下会采取法条主义的决策模式,但是法官的决策有可能忠实地反映某个政党的纲领,也有可能反映某种始终如一的政治意识形态。② 中国强大的政治结构绝不允许司法游离于政治结构之外。质言之,法院的发展与进步必须在中国现行政治体制、政治架构之内进行,并要自觉地接受中国现行政治意识形态的影响。法院应当积极参与社会管理创新,并努力推动中国社会秩序的形塑。笔者认为,法院应当按照司法逻辑参与社会管理创新。

(一) 法院参与社会管理创新的基本逻辑

所谓司法逻辑,是指法院以司法判决为核心,在审判活动中运用创造性的思维推动法律的发展与变革,从而通过判决的引领作用达致推动社会管理方式的创新与发展。就当下的司法建议而言,无论是个案衍生型、现象衍生型还是政府推动型,都更为强调借助外在力量确保法院判决得到相关行政机关或部门的认可和执行,而对于法律判决助推作为行政机关或部门行动依据而存在的法律制度的创新与发展则涉及较少或者几乎没有涉及。但

---

① 参见〔美〕马丁·夏皮罗:《法院:比较法上和政治学上的分析》,张生、李彤译,中国政法大学出版社2005年版,第91页。
② 参见〔美〕理查德·波斯纳:《法官如何思考》,苏力译,北京大学出版社2009年版,第8—9页。

是,这正是法院参与社会管理创新的关键所在。从本质上讲,判决的执行并不是司法裁判权需要解决的问题,而是行政权需要解决的问题。但是,由于各种利益的驱动,法院将判决执行权紧紧攥在自己手里。因此,回归司法逻辑的法院参与社会管理创新的实质,就是法院应当充分利用个案裁判,提升法院裁判对于法律发展的助推作用,以此实现其参与社会管理创新的目的。

其实,在西方法治较为发达的国家,法院就是采取这种方式推动社会管理创新的。在西方语境中,社会管理创新在很大程度上是社会管理过程中的依据特别是法律依据的不断更新与发展。因此,法院推动社会管理创新这一命题,可以被置换为法院推动法律的发展与更新。在卡多佐看来,社会关系的发展变化、法律空白地带的存在以及人的认知能力的有限性等诸多因素,使法官通过司法的方式推动法律的发展与更新变得非常必要。① 这也就意味着法院的司法活动并不是一个机械地适用法律的过程,而是不断挖掘实在法的深层含义,并以此给人们的行为带来一种稳定预期的活动。对此,卡多佐认为:"布鲁特也这样说:'因此,法律应用体系的一个沉重工作是这样构成的,即更深入地发掘实在法的深层含义。然而,更重要的工作是这个系统所服务的第二项工作,即填补那或多或少地见之于每一个实在法中的空白'。如果你愿意,也可以称这一过程为立法。但不管怎么说,还没有哪个成文法体系能一直摆脱对这一过程的需求。"②因此,法院的个案性司法活动既能推动一种新的社会秩序的形塑,也能在客观上起到推动社会管理创新的作用。在此基础上,卡多佐提出,法官可以在个案中运用哲学的、历史的、传统的和社会的四种方法影响法律的成长,从而最终助推新的社会秩序的形塑。至于在具体的案件中到底采取哪种方法,则在很大程度上取决于将因此得以推进或受到损害的诸多社会利益的相对重要性。③

---

① 参见〔美〕本杰明·N.卡多佐:《法律的成长 法律科学的悖论》,董炯、彭冰译,中国法制出版社 2002 年版,第 87—92 页。
② 〔美〕本杰明·卡多佐:《司法过程的性质》,苏力译,商务印书馆 1998 年版,第 5 页。
③ 同上书,第 69 页。

(二) 法院参与社会管理创新的方式和态度

基于西方法院参与社会管理创新的经验,笔者认为,中国法院要按照司法逻辑参与社会管理创新,就要重点做好以下几个方面的工作:

第一,高度重视个案判决的导向性。例如,近些年来,见危施救后反招责任的现象激增,致使很多人不敢见危施救。对于这种情况,法院应当在个案审判中运用司法方法。在"南京彭宇案"中,一审法院认为当事人双方均无过错。[①] 但是,按照公平原则,加害人对受害人的损失应当给予适当补偿。在笔者看来,此判决结果是有问题的。因为在民事案件中,我们奉行的是平等原则和"谁主张,谁举证"原则。在该案中,原告无法举出被告撞人的证据,被告也无法举出其没撞人的证据。一审法院的这个判决会导致很多想见危施救的人不敢见危施救,因为害怕"做好事落不是"。但是,法院如果判决彭宇无责任,就会在客观上鼓励人们见危施救。这样,即使真的放纵了肇事者,被撞者也有可能及时获得救助。

第二,法院通过个案判决参与社会管理创新重在说明创新的道理,而社会管理部门到底创不创新是另一个问题。社会管理创新以及新的社会秩序的形成是多个部门或单位以及个人共同努力的结果。法院参与社会管理创新绝不等于社会管理就一定会创新,社会管理部门对于法院参与的认可度非常重要。因此,法院需要加强在个案判决中的说理。同时,我们也不应当将相关单位或部门的反馈意见当作衡量法院参与社会管理创新水平的指标,即不能加重法院因司法而引起的行政负担。

第三,法院在参与社会管理创新过程中,需要保持适度的司法节制。司法节制原则是司法权运作中必须坚持的一项基本原则。法院在通过个案审理助推社会管理创新过程中,要对专业性较强、技术性较高的问题保持节制的态度。因为法院没有能力把握这些问题。1877 年,法官在 United States v. Moore 案中指出,应当尊重行政机关在某些特定领域的法律解释。如果法官没有强有力的理由,就不应该推翻这些法律解释,因为相关的行政官员

[①] 参见(2007)鼓民一初字第 212 号南京市鼓楼区人民法院民事判决书。

通常是这方面的专家。① 例如,在核电管理、环境监测、风险监测、风险评估等专业领域,法院不能通过对实质问题作出判断以推进社会管理创新。

六、司法建议制度设计认知偏差的校正

在当下中国的特定语境下,司法建议制度还是有其存在的合理性和必要性的,只是制度设计者在认知上的偏差导致其实践效果不佳。因此,要想使法院提出的建议真正发挥作用,就必须校正既有认知上存在的诸多偏差。

(一) 司法建议的基础:从回应型司法到自治型司法

既有司法建议制度的设计者将司法建议误认为法院和法官进行回应型司法的一种形式。这种观点忽视了当下中国司法发展的主要任务是建立一种自治型司法模式。改革开放以后,商品经济发展所形成的独特的商业文化给传统政治领域、经济领域和文化领域的"大一统"格局带来了巨大冲击,民众的价值观念和意识形态结构不断趋于丰富和多元化。在这个过程中,外来文化的传播使中国社会异质化的进程进一步加快。社会异质化导致的直接结果就是社会分化。在卢曼看来,社会系统的异质化会打破社会系统原有的稳定结构,不断破坏社会系统的平衡性,并时刻对社会系统的生存构成威胁,导致社会系统在功能上的层层分化,从而最终形成各个次系统。② 法律系统也要从中逐步分离出来,形成独立的子系统,即应当成为一种由专门的、相对自治的法律机构运作的体系。在这种法律体系下,法律与政治是分立的,法官应当以"规则模型"限制法律机构的创造性,从而减少法律系统对政治领域的"侵入"。③ 当下中国亟须建立的就是这种与政治系统相分离的自治型司法模式。具体来讲,这种自治型司法模式强调在实证法律规范

---

① See United States v. Moore, 95 U. S. 760, 763 (1877).
② 参见焦瑶光、吕寿伟:《复杂性与社会分化——卢曼社会系统理论研究》,载《自然辩证法研究》2007年第12期。
③ 〔美〕参见 P. 诺内特、P. 塞尔兹尼克:《转变中的法律与社会:迈向回应型法》,张志铭译,中国政法大学出版社2004年版,第59—60页。

方面呈现体系的封闭性,在司法组织方面呈现独立性,在法律职业者方面呈现技术特殊性。① 因此,笔者认为,中国应当将司法建议制度建立在自治型司法的基础上。

首先,将司法建议制度建立在自治型司法的基础上,有助于法院在司法建议过程中占据主导地位。在实践中,法院司法建议的对象往往是那些党和政府高度关注的热点问题,而不是或者不主要是法律适用和法律理解的难点问题,有时甚至是法院应当直接作出司法判裁的案件。建立在自治型司法基础上的司法建议制度强调的则是,法院提出司法建议的案件应当在法律适用上具有较强的典型性,在法律理解上具有较大的模糊性。在这个过程中,法院居于主导地位。

其次,将司法建议制度建立在自治型司法的基础上,有助于防止司法活动以结果主义为基本指向。从理论上讲,回应型司法具有强烈的结果指向性。在结果指向的影响下,法律规则和程序极有可能仅仅被当作工具。② 就当下法院提出的具体司法建议而言,许多司法建议并不是从法律的内在目的或直接目的出发作出的。相反,法院在提出司法建议过程中,为了一个外在目的或间接目的,往往会放弃法律的内在目的或直接目的,突破已有的法律规则和程序。有学者指出,法院在行政诉讼过程中提出的有些司法建议已经大大突破了现行法律文本的规定,成为法院在行政审判实践中缺失法律依据情况下的"合法行为"。③ 建立在自治型司法基础上的司法建议制度遵循的是规则指向的基本原则。法院从法律规则和法律的内在目的出发,对其他行政机关或部门提出司法建议,从而让这些行政机关或部门进一步明确法律规则和程序的具体内容,以防止发生类似的法律争议,节省司法资源。

最后,将司法建议制度建立在自治型司法的基础上,有助于法院和法官

---

① 参见鲁楠、陆宇峰:《卢曼社会系统论视野中的法律自治》,载《清华法学》2008年第2期。
② 参见〔美〕P. 诺内特、P. 塞尔兹尼克:《转变中的法律与社会:迈向回应型法》,张志铭译,中国政法大学出版社2004年版,第87—93页。
③ 参见许宏波:《对我国司法建议制度的反思与重构——以构建和谐社会为视角》,载《法律适用》2008年第1期。

保持一定的节制性。回应型司法要求法院更多地回应社会需求,即"回应型司法要求司法在一定程度上对社会的变化作出反应,以此更有效地解决社会纠纷,并避免陷入僵化,其寻求扩大的自由裁量权,但是对目的负责"①。在这个过程中,法院往往忽视司法节制原则。具体到司法建议领域,法院往往会对某些行政机关或部门有一定判断余地的行为提出司法建议。将司法建议制度建立在自治型司法的基础上,有利于法院树立"有所为,有所不为"的观念,也有助于纠正法院发布司法建议愈多愈好这种错误想法。

具体来讲,中国司法建议制度要想实现从回应型司法向自治型司法转换,需做到以下几点:

第一,坚持法院在提出司法建议过程中的独立性。在自治型司法模式下,法院应当强调其自身独特的法律的、非政治性的功能,法官应当表现出更为自信和自觉的创造力。② 法院的功能独特性和法官的创造性主要源自司法的独立性。作为司法活动附带产品而存在的司法建议也应当以法院的独立司法为前提。因此,法院在提出司法建议时,不能用政治判决来代替法律判决,不能用政治思维、经济思维来代替法律思维。

第二,坚决杜绝以司法建议代替法院判决的行为。独立行使司法审判权既是法官的一项权力,也是法官的一项义务。法官在任何情况下都不得以任何形式拒绝对案件进行受理或作出裁判。例如,《法国民法典》第 4 条规定:"法官借口法律无规定、规定不明确或不完备而拒绝审判者,得以拒绝审判罪追诉之。"在当下中国的司法实践中,有些地方法院打着"回应型司法"或"能动型司法"的幌子,以司法建议的方式代替裁判,从而避免司法责任。对此做法,法律必须有明确的态度,当判则判,当劝才劝,不可模糊两者之间的界限。③

第三,淡化法院内部司法建议的反馈和落实工作。按照自治型司法的

---

① 高志刚:《回应型司法制度的现实演进与理性构建》,载《法律科学》(西北政法大学学报)2013 年第 4 期。
② 参见〔美〕P. 诺内特、P. 塞尔兹尼克:《转变中的法律与社会:迈向回应型法》,张志铭译,中国政法大学出版社 2004 年版,第 55—56 页。
③ 参见李红勃:《在裁判与教谕之间:当代中国的司法建议制度》,载《法制与社会发展》2013 年第 3 期。

基本理念,社会合理分工和分权是司法权运作的一个前提。因此,能否得到有力执行并不是司法裁判公正与否的衡量标准。同理,司法建议工作的质量高低并不取决于其能否得到采纳,而在于其运用法律思维和法治方式的程度。让承办人员跟踪了解司法建议的落实情况,无疑是法院的一种越权行为。因为司法建议本身只是一种"建议"而已,是否采纳司法建议的主动权不在法院而在被建议对象手中。

(二) 司法建议权的性质:从司法裁判权到公共政策形成权

在实践中,法院往往将司法建议权定性为司法裁判权的一种行使方式,认为法院可以用司法建议来弥补司法裁判的不足,补充司法判决的说服效力,加强司法判决的执行力,从而最大限度地保护当事人的利益。裁判补充型司法建议就是这方面的典型,①并且在法院发布的司法建议中占相当大的比重。但是,将司法建议权定性为司法裁判权,既无法解释纠纷预防型司法建议存在的合理性,也在理论上误解了司法裁判权的本真。具体来讲,这种误解主要体现在以下几个方面:

第一,忽视了司法裁判权的时间要素和空间要素。司法裁判权是在特定的时间和空间运作的。司法裁判权的时间要素体现为司法活动必须按照法律规定的时序和时限进行,空间要素则体现为司法活动必须在特定的地点即法院内完成。② 裁判补充型司法建议虽然可能补足司法裁判的效力,但是忽视了司法裁判权的时间要素和空间要素。

第二,忽视了司法裁判权范围的有限性。"司法机关受理案件后,其审理的范围必须以起诉的内容为限,必须在当事人诉求的范围内作出裁决,不能超出起诉的范围去主动审理未经指控的人和事。"③然而,中国设置司法建议制度的初衷在于强调案件审理之后的社会效果。这显然不属于司法裁判权直接作用的范围,而是司法裁判权的一种延伸和补充,属于一种辅助性质

---

① 参见章志远:《我国行政诉讼司法建议制度之研究》,载《法商研究》2011年第2期。
② 参见张文显主编:《法理学》(第三版),高等教育出版社、北京大学出版社2007年版,第180页。
③ 姚建宗主编:《法理学》,科学出版社2010年版,第422页。

第四章　法院社会管理创新的参与功能

的职权。①

第三,忽视了司法裁判权的强制性。司法建议不具有直接的约束力,这是理论界和实务界公认的事实。司法裁判权的行使会形成一个确定的结果,并且当事人必须接受这个结果。因此,用司法裁判权来定性司法建议权无法解释司法建议的效力问题。

其实,司法建议权是法院公共政策形成权的一种表现形式。在现代法治社会,法院就公共政策问题作出决策的行为会直接或间接地改变社会的利益分配格局,并对政府的行为、相关产业的发展以及当事人的利益产生重要影响。从这个角度讲,现代法院都享有一定的公共政策形成权。② 近些年来,司法建议盛行的一个重要原因是法院试图通过司法建议推动社会管理创新,而推动社会管理创新的实质在于促进社会(包括政府)形成体现现代法治理念和法治精神的公共政策。③ 社会(包括政府)在司法建议的指引下,积极采取改进措施,提升管理水平,形成新的公共政策。因此,笔者认为,法院应当将重心放在预防型司法建议上。这类司法建议并不是为了解决个案问题提出的,而主要针对的是社会存在的普遍性问题。例如,2009年至2011年6月,上海市第二中级人民法院共审结一审侵犯国有资产犯罪案件126件。2011年11月1日,该院针对侵犯企业国有资产犯罪现象日益严重,造成国有资产大量流失,向上海市国有资产监督管理委员会发送了司法建议。④ 2011年,江苏省江阴市人民法院共审理网吧、网站经营企业被诉侵犯影视作品信息网络传播权案件62件。为减少此类纠纷的发生,该院向江阴市网吧协会发出了司法建议。⑤ 这些司法建议就是预防型司法建议的典型。

---

① 参见施新洲:《司法权的属性及其社会治理功能》,载《法律适用》2014年第1期。
② 参见张友连:《论最高人民法院公共政策创制的形式及选择》,载《法律科学》(西北政法大学学报)2010年第1期。
③ 2007年《最高人民法院关于进一步加强司法建议工作为构建社会主义和谐社会提供司法服务的通知》强化了司法建议的重要性,并从提高社会管理水平的角度进行了论证。2012年,最高人民法院从参与社会管理创新角度出发,进一步加强了对司法建议工作的管理。
④ 参见沈言:《遏制侵犯国有资产犯罪　推动国有经济健康发展》,载《人民法院报》2012年2月16日第5版。
⑤ 参见黄剑、王芳:《发挥行业协会作用　重视知识产权保护》,载《人民法院报》2012年3月22日第5版。

法院将司法建议的重点放在这类司法建议上,既能够确保法院在司法裁判活动中的主体性,又能够充分发挥法院预防社会纠纷和推进社会管理创新的功能,还能够避免外界对法院越权建议的质疑。

(三) 司法建议书的制作主体:从主审法官到审判委员会

由于法院往往将司法建议权定性为司法裁判权,并将司法建议的重点放在裁判补充型司法建议上,主审法官自然就成为司法建议书的制作主体。2012年《最高人民法院关于加强司法建议工作的意见》规定:"个案、类案司法建议书由所涉案件审判业务部门负责起草,综合司法建议书可以由有关综合性部门或者审判业务部门负责起草。"但是,从实践来看,凡需要向相关机关或部门提出司法建议的,都是先由主审法官起草初稿交合议庭讨论,合议庭讨论后提出修改思路,再由主审法官具体负责修改,然后报主管院长审核签发。签发后,主审法院还要负责追踪司法建议的落实情况。因此,司法建议书的制作工作最终还是落到主审法官身上。司法建议书的制作有较为严格的格式要求,一般包括首部、主文和尾部三部分。其中,主文包括:在审理和执行案件中或者相关调研中发现的需要重视和解决的问题,对问题产生原因的分析,依据法律法规及政策提出的具体建议,以及其他需要说明的事项等。从这一意义上讲,制作一份优秀的司法建议书的工作量不亚于制作一份优秀的司法裁判书。在当下案多人少、法官的非司法性负担过重的现实情况下,承办案件的法官往往既没有时间、精力也没有动力制作司法建议书。因此,笔者主张,应当由审判委员会担任司法建议书的制作主体。具体理由如下:

首先,审判委员会有制作司法建议书的权力。《人民法院组织法》第36条第1款规定,"各级人民法院设审判委员会"。第37条第1款规定:"审判委员会履行下列职能:(一) 总结审判经验;(二) 讨论决定重大的、疑难、复杂案件;……(四) 讨论决定其他有关审判工作的重大问题。"我们可以从中推导,立法机构已经赋予审判委员会制作司法建议书的权力。司法建议在本质上是法院根据审判经验,发现行政机关、企事业单位或个人存在亟须改进的问题后,向这些机构或个人提出的整改意见。在这个过程中,审判委员会运用的不是审判权,而是公共政策形成权,即在总结审判经验后形成一种规范性的法律文件。

其次,审判委员会具有制作司法建议书这类法律文件的能力和经验。长期以来,审判委员会承担着制定司法解释和规范性文件、讨论决定对审判工作具有指导意义或参考意义的案例等重要职责。这些职责的履行不但需要审判委员会具有丰富的法律业务能力,还需要其具有敏锐的政治觉察力和社会认知能力。这些能力的积累为审判委员会制作司法建议书提供了智力支持。

最后,审判委员会具有制作司法建议书的便利条件。按照《人民法院组织法》,审判委员会的职能之一是讨论决定重大、疑难、复杂案件的法律适用。这些案件中,政治和社会影响较大的案件、利害关系复杂的案件往往也是法院需要提出司法建议的对象。审判委员会能够掌握更多有关这些案件的信息,有利于确保司法建议的准确性和科学性。此外,审判委员会可以根据相关案件提请审判委员会讨论的频次判断是否有提出司法建议的必要。

(四) 司法建议的动力:从外在激励到内在自觉

尽管享有一定的公共政策形成权,但是法院行使此项权力的空间是有限的。其原因在于:一方面,法官和法院具有一定的背离民主的倾向;另一方面,法官的知识结构较为单一,他们大都缺乏行政管理经验,也缺乏行政管理方面的业务培训,特别是对一些专业性和技术性较强的行政管理事务更是如此。同时,作为公共政策形成权的一种表现形式而存在的司法建议权也应遵循司法克制原则。因此,法院提出司法建议并不是数量愈多愈好。在提出司法建议之前,法院应当对是否必须提出司法建议和是否有能力提出司法建议这两个问题进行充分的论证;否则,不仅违背司法克制原则,而且在条件尚未成熟时就形成公共政策,很可能催生"恶法"。从这种意义上说,司法建议体现的是法官和法院的一种内在自觉的社会担当,是法官和法院在精力和能力富足的情况下进行的一种额外工作。换言之,司法建议本身是法官和法院的一种延伸性职能。我们不能简单地用"胡萝卜+大棒"这种激励机制来提升法院开展此项工作的积极性。①

因此,中国在完善司法建议制度时,应当强化法院的自觉意识,淡化考核这种外在激励机制,特别是要取消未完成司法建议的相关指标就要扣分这类制度。2014年12月23日下午,最高人民法院党组书记、院长周强主持召开党组会议,听取最高人民法院研究室、审判管理办公室关于案件质量评估工作和审判绩效考评工作运行情况的汇报。在这次会议上,最高人民法院决定取消对全国各高级人民法院的考核排名。按照会议基本精神,司法建议不应当成为衡量法院工作的约束性指标。这为司法建议制度的发展与完善提供了一个契机。在此,需要强调的是,尽管中国"以党领政""高位推动"的执政理念要求法院积极参与社会管理创新活动,但是法院要坚决从思想上摒弃"应景"式或"比附"式的司法建议。因为这些司法建议在本质上违背了法院的自觉意识。具体来讲,法院应当自觉地总结和提炼司法审判中经常遇到的带有普遍性的问题,并从司法审判的基本规律出发,向相关机关或部门提出法律上的整改建议。在这个过程中,法院应当秉持的是一种超然的态度。

---

① 广州市中级人民法院就简单地使用了这种激励方式,该院在《关于进一步加强和规范司法建议工作的若干意见》中明确规定:"为鼓励司法建议工作的开展,全市法院将司法建议的工作情况纳入调研工作年度考核。各基层法院全年至少发出6篇司法建议,市中院各业务庭全年至少发出3篇司法建议。每发出一篇司法建议计1分;建议被受建议单位采纳而向法院反馈意见的,每篇加1分;建议得到省市领导批示的,每篇加2分。未完成全年司法建议任务数量的,在调研工作年度考核中倒扣2分。对开展司法建议工作成绩突出的单位和个人,给予表彰和奖励。"

第五章

法院公共政策的执行功能

在现代司法理论上,法院不仅具有适用法律解决纠纷的功能,而且具有根据具体情势准确、恰当地适用法律,从而推进公共政策执行的功能。但是,从政府话语体系下的公共政策到现实形态的司法政策目标的转化过程并非一个简单的"比附"过程。该转化过程既要防止公共政策可能存在的"非公共化"寻租,又要防止司法保守性可能带来的公共政策执行失真或不执行。如何将公共政策转化为司法政策,从而既推进政策的有效实施,又保证司法的基本公理得到坚守,是司法政策学研究的重点课题之一。

对于法院与公共政策之间的关系这一问题的研究起源于20世纪二三十年代,卡多佐是这方面的先驱。他认为,"法院的职能并不是必然接受那些100年前或150年前被认定为是政策规则的东西,而是要以一种为情况许可的、最接近精确的方式来确定,什么是适合目前时代的政策规则"[①]。自此以后,西方围绕法院与公共政策之间的关系这一问题的讨论经历了法律现实主义、批判法学和新法律现实主义三个阶段。

在法律现实主义阶段,该研究以卢埃林和弗兰克为代表。他们从研究法律制度和法律程序的运作环境入手,认为司法的运作深受政治、社会和心理等方面的影响,法官实际上是在根据政策和标准价值观创造法律。因此,对法律的解释可能因人而异。

---

① 〔美〕本杰明·卡多佐:《司法过程的性质》,苏力译,商务印书馆1998年版,第59页。

在批判法学阶段,这方面的研究秉承了法律现实主义的怀疑态度,指出美国法律制度表面上是"中立的"或"非政治性"的,但是其本质只不过是穿着制服的政治,而司法机关也只不过是披着永恒真理外衣的非正义的权力机关。司法机关是政治机关实现公共政策的工具。[①] 莫顿·J.霍维茨、罗伯特·昂格尔是持这种观点的代表。[②] 这种观点强调公共政策对法律的影响,并认为法官事实上是根据政策和标准价值观创造法律,因此不同的人会对法律有不同的解释。对法律与公共政策的这种混淆认知有可能导致过分强调政治对法律的作用,从而放弃法治。[③]

自20世纪末开始,新法律现实主义逐渐兴起。[④] 在相关学者看来,"进入20世纪,我们又一次开始考虑特殊利益,国家的公共利益及其在法律方面的体现。结果法官在包括我们过去称之为'私人的'整个范围内的法律关系中又一次成为了公共政策的执行者并同时也作为私人争议的裁决者"[⑤]。他们把法院不仅看作受外部政治世界影响的正式法律机构,而且看作州和国家政治的重要和有机组成部分。因此,他们从司法政治学而非法律的角度理解法院。[⑥] 波斯纳甚至认为,在美国,尽管法官在一般情况下会采取法条主义的决策模式,但是法官的决策有可能忠实地反映某个政党的纲领,也有可能反映某种始终如一的政治意识形态。[⑦] 这种观点认为,司法与公共政策之间并不存在绝对的界限,但是法律绝对不是公共政策的附属品。[⑧] 因此,在他们看来,司法与公共政策的关系问题可以转化为司法在多大程度上是

---

① 参见张文显:《二十世纪西方法哲学思潮研究》,法律出版社2006年版,第290—291页。
② 莫顿·J.霍维茨认为,在沃伦法院的最后几年,犯罪率上升、民权运动、反战运动等因素致使其事实上放弃了"米兰达规则",并导致"明显具有报复性"的反犯罪法的通过。参见〔美〕莫顿·J.霍维茨:《沃伦法院对正义的追求》,信春鹰、张志铭译,中国政法大学出版社2003年版,第165—167页。罗伯特·昂格尔认为,在后福利法时期,法治理想被推回到官僚法的方向。参见〔美〕R.M.昂格尔:《现代社会中的法律》,吴玉章、周汉华译,译林出版社2001年版,第193页。
③ See Stewart MacAulay, John Kidwell, William C. Whitford, Contracts: Law in Action, 2nd Edition, Lexis Nexis Matthew Bender, 2003, pp.6-7.
④ 参见范愉:《新法律现实主义的勃兴与当代中国法学反思》,载《中国法学》2006年第4期。
⑤ 参见〔美〕马丁·夏皮罗:《法院:比较法上和政治学上的分析》,张生、李彤译,中国政法大学出版社2005年版,第95页。
⑥ See Henry R. Glick, Courts, Politics, and Justice, McGraw-Hill Book Company, 1988, p.18.
⑦ 参见〔美〕理查德·波斯纳:《法官如何思考》,苏力译,北京大学出版社2009年版,第8—9页。
⑧ 格里克认为,尽管司法受到外界因素的影响,但是政府的公共政策并没有对法院产生直接压力。See Henry R. Glick, Courts, Politics, and Justice, McGraw-Hill Book Company, 1988, p.265.

第五章　法院公共政策的执行功能

自治的这一问题。

近些年来,中国法学界开始对法院如何执行公共政策这一问题予以关注并产生了一些研究成果。① 宋亚辉、张友连等从社会转型、制定法的局限、社会非常态应对等方面分析了公共政策进入司法裁判的理论空间。② 季卫东从防止少数意见转变为多数意见的角度论述了最高人民法院应当适当发挥积极的政治功能。在他看来,"如果不承认最高法院适当发挥积极的政治功能,司法体制改革难免胎死腹中或者遭遇夭折的命运。这并不是说审判权必须介入政治性决策,更不意味着把'司法政治化、政治司法化'作为法院发展的方向,而仅仅强调法院特别是最高法院在审理具体案件的过程中有可能及时洞察某些少数意见将转变为多数意见的社会趋势,从而可以提前在制度框架中表达这种少数意见,促进对少数意见的政治认知,使公共决策更加明智而富有弹性,避免多数派的专制和僵化以及代议机构因讨价还价的妥协而造成的盲点"③。左卫民等学者从法官参与政治和发展法律的角度

---

① 近些年来,国内这方面的研究主要有贺卫方:《论最高法院》,载《人民法院报》2002 年 8 月 23 日;苏力:《中国司法改革逻辑的研究——评最高法院的〈引咎辞职规定〉》,载《战略与管理》2002 年第 1 期;苏力:《司法解释、公共政策和最高法院——从最高法院有关"奸淫幼女"的司法解释切入》,载《法学》2003 年第 8 期;傅郁林:《论最高法院的职能》,载《中外法学》2003 年第 5 期;袁明圣:《公共政策在司法裁判中的定位与适用》,载《法律科学》(西北政法学院学报)2005 年第 1 期;蒋大兴:《法院如何实现公共政策——围绕法[2002]21 号之检讨》,载《华东政法学院学报》2005 年第 4 期;丁以升、孙丽娟:《论我国法院公共政策创制功能的建构》,载《法学评论》2005 年第 5 期;赵信会:《法院的公共政策形成功能:比较与定位》,载《河南省政法管理干部学院学报》2006 年第 6 期;季卫东:《最高人民法院的角色及其演化》,载许章润主编:《清华法学》(第七辑),清华大学出版社 2006 年版;宋亚辉:《公共政策如何进入裁判过程——以最高人民法院的司法解释为例》,载《法商研究》2009 年第 6 期;张友连:《法院为何要创制公共政策——法理视角的分析》,载《浙江学刊》2009 年第 1 期;张友连:《公共政策与最高人民法院的角色——以关于汶川、玉树和舟曲的通知为分析对象》,载《法律科学》(西北政法大学学报)2011 年第 5 期;黄韬:《中国式的公共政策法院——以我国法院对金融案件的处理为例》,载《社会科学研究》2011 年第 6 期;左卫民等:《最高法院研究》,法律出版社 2004 年版;侯猛:《中国最高人民法院研究——以司法的影响切入》,法律出版社 2007 年版;侯猛:《最高法院公共政策的运作:权力策略与信息选择》,载《北大法律评论》编辑委员会编:《北大法律评论》(第 7 卷·第 1 辑),北京大学出版社 2006 年版;等等。

② 这方面的代表性成果有:宋亚辉:《公共政策如何进入裁判过程——以最高人民法院的司法解释为例》,载《法商研究》2009 年第 6 期;张友连:《公共政策与最高人民法院的角色——以关于汶川、玉树和舟曲的通知为分析对象》,载《法律科学》(西北政法大学学报)2011 年第 5 期;雷新勇:《公共政策的司法分析》,南京师范大学 2007 年博士学位论文;等等。

③ 季卫东:《最高人民法院的角色及其演化》,载许章润主编:《清华法学》(第七辑),清华大学出版社 2006 年版,第 20 页。

分析了公共政策形成功能是最高法院的一项重要功能,并从与域外最高法院比较的角度对中国最高人民法院的地位与功能、组织体系、法官制度、权力体系、案件处理机制以及发展与改革等若干基本理论问题作了较为详细的论述。其结论是:违宪审查已逐渐成为最高法院公共决策功能最主要的生成机制。① 侯猛从成本—收益的角度指出,最高法院政策对社会经济的影响越来越大,但是由此可能导致的后果越来越难以预期。一些政策已经出现了利益保护失衡,甚至损害了所保护弱势群体的利益,这表明最高法院政策的成本计算还包括预期不到的后果成本。②

从整体上讲,当前国内学者的研究成果是富有价值且充满启发性的,尤其是对公共政策应当进入司法裁判的原因进行了比较深入的分析。不过,这些研究成果也存在以下几个方面的问题:

第一,这些研究还停留在应然层面,即公共政策应不应当进入司法裁判、公共政策进入司法裁判应不应当存在限制这样一些较为抽象和宏观的问题,而忽视了当下中国这样一种社会结构对公共政策实际进入司法系统有何影响,法院是否应当采取一定的策略以防止公共政策可能的"非公共化"寻租给司法造成负面影响,以及法院采取了何种防范策略等问题。

第二,这些研究主要是以英美法系发达国家特别是美国的联邦最高法院作为参照系或是最理想的蓝本,分析中国最高人民法院的公共政策创制功能。因此,这些研究无法从"系统—环境"进路研究司法与公共政策的关系这一问题,从而具有一种将政府话语体系下的公共政策转化为现实形态的司法政策目标的过程理解为直线运动过程的倾向。

第三,受制于第二点的影响,这些研究往往将司法的自治与开放理解为司法在多大程度上是自治的,从而减弱了"司法开放性"的理论意义。"系统—环境"进路是卢曼提出的研究法律自治与开放问题的进路。卢曼根据社会型构之次系统的不同原则,将社会分化分为区隔分化、阶层分化和功能分化三种:区隔分化形成平等的次系统,阶层分化按照等级高低划分社会次

---

① 参见左卫民等:《最高法院研究》,法律出版社2004年版,第 页。
② 参见侯猛:《最高法院公共政策的运作:权力策略与信息选择》,载《北大法律评论》(第7卷·第1辑),北京大学出版社2006年版,第115—130页。

系统,功能分化依据特定的社会功能划分社会次系统。在复杂性不断增加的现代社会,功能分化成为主要的社会分化形式,因为它增加了高速生产的可能性,并因此增加了选择的机会及压力,使较高的社会复杂性能够在其中得以组织。①

从本质上讲,功能分化既是功能特定化的结果,又会进一步增强功能特定化,没有哪个功能系统能够代替另一个功能系统。因此,各个功能系统应当进行自治,并且一个次系统与其他次系统构成的是一种系统与环境的关系。信息在本质上是系统内部自身建构的产物,并不能穿越系统的边界。系统将外在环境的噪音有选择地识别为信息,并为系统运作所利用。法律系统就是以功能分化为主的现代社会所形成的独立的社会功能次系统。因此,法律绝不能离开社会、个人或者我们这个星球上特定的物理和化学条件而存在。但是,这种与环境的联系是建立在法律系统内部有效运作基础上的。②

然而,社会系统的自治与封闭并不意味着它不对环境保持开放。为了说明这个问题,卢曼提出了"自我指涉"和"外部指涉"两个概念。其中,自我指涉强调的是社会系统通过自我进行再生运作,外部环境只对其提供一些可能的自我确认方式;只有当系统接受了这些提示,并将其纳入自我再生运作中时,这些外部环境才具有意义。③ 外部指涉不仅是系统运作的前提,而且使得系统对环境保持认知开放。认知开放是指系统在外部指涉的情形下生产相关信息,并且将信息与环境的差异联系起来的过程。具体来讲,卢曼认为系统与环境之间并不存在直接的因果关系,即环境对系统变化的影响并不是直接的。这种开放是指在外部环境改变时系统通过外在认知获得的信息进行内部组织的调整,而不是外部环境对系统的一种单线的规定。因此,社会系统对环境的开放可以分为通过外部指涉的认知开放和在认知开

---

① See NiklasLuhmann, *A Sociological Theory of Law*, China Social Sciences Publishing House, 1999, p.110.
② See Niklas Luhmann, The Unity of Legal System, in Gunther Teubner(ed.), *Autopoietic Law—A New Approach to Law and Society*, Walter de Gruyter, 1987.
③ 参见丁东红:《卢曼和他的"社会系统理论"》,载《世界哲学》2005年第5期。

放提供的相关信息的提示下进行自我指涉两个环节。从这种意义上讲,系统对环境的开放具有一定的偶在性。在社会系统对外在环境保持开放的过程中,卢曼用"自我指涉"的概念取代了"主体",用沟通取代了行动。因此,在这一过程中,人是作为社会系统的环境而出现的,在一定程度上去主体化了,不再是社会系统的支配者。①

法律系统是一个在规范上封闭而在认知上开放的系统。卢曼认为:"法律系统是一个自创生系统,它在规范上是封闭的。只有法律系统自身才能够授予其元素以法律的规范性,并把它们作为元素建构起来。……与这种封闭相联系的是,法律系统也是一个在认知上保持开放的系统。……通过程式,它使其自身依赖于事实,并且在一定条件下也能够改变这一程式。因此,法律的任何一个运作,信息的每一个法律处理,都同时采取了规范和认知两种取向。但是,法律系统的规范性取向服务于系统的自创生,并在与环境的区分中自我存续。认知性取向则服务于这一过程与系统和环境之间进行的调和。"②在"系统—环境"进路中,社会功能分化是法律系统与行政系统、政党系统等次系统形成的前提条件;各个次系统自身运作的规范与程式是其维持独立自主性的保障;各个次系统之间的相关影响则是其发展与更新的动力。下文拟采取这种进路分析法院如何执行公共政策这一问题。

在此,需要说明的是,笔者所使用的"公共政策"主要包括以下几个方面的因素:"(一)公共政策为政治体系或政府的决策,而非个人或私人团体的决策。个人和私人团体也面临着大量的决策问题,但它们不构成公共政策。(二)公共政策以政治体系的力量和组织为后盾,由政治体系负责贯彻,有公共权威作保障。(三)公共政策包蕴着目标、目的和具体策略设计,用以解决政治共同体或政治体系面临的政策问题和矛盾。(四)公共政策意味着对某种利益的正式承认。政治体系力图通过自己的决策来促使这些利益能够得

---

① 人的去主体化并不意味着人不重要,因为有机体系统和意识系统都与社会系统具有结构耦合关系,人在其中发挥着重要作用。参见肖文明:《观察现代性——卢曼社会系统理论的新视野》,载《社会学研究》2008 年第 5 期。

② Niklas Luhmann, The Unity of Legal System, in Gunther Teubner (ed.), *Autopoietic Law—A New Approach to Law and Society*, Walter de Gruyter, 1987, p.   .

以实现或维持。(五)公共政策标志着政治体系的一种价值选择。"①因此,本书所说的"公共政策"主要包括行政机关和中国共产党制定的一切战略、规划、计划、条例、规章、政令、声明、指示、管理办法、实施细则等,还体现为政府机关或执政党的一般性文件,如通知、决定、宣言、声明等。②但是,本书所使用的"公共政策"并不包括法律和法规。

一、最高人民法院司法文件中的公共政策因素

自 2008 年国际金融危机爆发以来,党中央、国务院制定了一系列的公共政策,积极应对国际金融危机对中国经济、社会发展的影响。在这种背景下,最高人民法院紧紧围绕党中央、国务院关于积极应对国际金融危机的重大战略决策,及时制定并发布了一系列司法解释、工作指导意见和司法政策性文件,以指导各项审判、执行工作。③

表 5-1 最高人民法院自国际金融危机爆发以来发布的主要文件

发布时间	司法文件名	主要亮点
2008 年 12 月 3 日	关于为维护国家金融安全和经济全面协调可持续发展提供司法保障和法律服务的若干意见	保障金融安全;保障企业发展;稳定大局
2009 年 5 月 25 日	关于应对国际金融危机做好当前执行工作的若干意见	坚持和谐执行原则;坚持区别对待原则;帮助困难企业渡过难关
2009 年 6 月 12 日	关于正确审理企业破产案件为维护市场经济秩序提供司法保障若干问题的意见	努力配合政府做好企业破产案件中的维稳工作;注重保障民生;积极有效挽救仍具发展前景的企业

---

① 王沪宁:《比较政治分析》,上海人民出版社 1987 年版,第 142 页。
② 参见张友连:《最高人民法院公共政策创制功能研究》,吉林大学 2009 年博士学位论文。
③ 参见刘岚:《最高人民法院出台一系列应对金融危机司法意见回顾》,载《人民法院报》2009 年 8 月 17 日第 4 版。

(续表)

发布时间	司法文件名	主要亮点
2009年6月19日	关于当前形势下进一步做好涉农民事案件审判工作的指导意见	关注返乡农民工的生活；人民法庭应当加大巡回办案力度；为农民工返乡创业、就地就业创造有利司法环境；推进城乡经济社会发展一体化
2009年6月26日	关于当前形势下做好行政审判工作的若干意见	引导群众以理性合法的方式表达利益诉求；贯彻落实"三保"政策
2009年7月6日	关于当前形势下做好劳动争议纠纷案件审判工作的指导意见	尽量维护劳动合同的效力；妥善处理四类劳动争议纠纷案件
2009年7月7日	关于当前形势下审理民商事合同纠纷案件若干问题的指导意见	慎重适用情势变更原则；依法合理调整违约金数额；正确把握法律构成要件；正确适用强制性规定；合理适用不安抗辩权规则；贯彻落实"三保"政策
2009年7月9日	关于当前形势下进一步做好房地产纠纷案件审判工作的指导意见	贯彻落实"三保"政策；切实保护国家投资基础设施建设拉大内需政策的落实；综合考虑连锁案件的整体情况；依法稳定房屋交易市场；妥善审理房地产案件
2010年6月29日	关于为加快经济发展方式转变提供司法保障和服务的若干意见	保持经济平稳较快发展；研究加快经济发展方式转变对审判工作提出的新问题、新任务、新要求；妥善审理各类案件；认真贯彻"调解优先、调判结合"司法工作原则

从上表可以发现，最高人民法院在相关的司法文件中吸纳了保障金融安全、保持经济平稳发展、保障民生、正确合理适用法律四个方面的公共政策因素。

(一)保障金融安全的公共政策因素

最高人民法院2008年12月3日发布的《关于为维护国家金融安全和经济全面协调可持续发展提供司法保障和法律服务的若干意见》和2009年5月25日发布的《关于应对国际金融危机做好当前执行工作的若干意见》等司

法文件一再强调运用司法手段保障金融市场的重要性。在最高人民法院看来,金融是国家的经济命脉,国有银行是金融的重心。因此,人民法院要承担起最大限度地保障国有金融债权和努力防止国有资产流失的重任。其背后的司法政策导向是,各级人民法院要在法律和司法解释范围内,在合同效力、诉讼时效等重要方面,最大限度地保护国有金融债权。例如,最高人民法院规定,全国各级人民法院对金融资产管理公司申请财产保全的,如金融资产管理公司与债务人之间债权债务关系明确,可以不要求金融资产管理公司提供担保。这里的"财产保全"显然包括诉前保全和诉中保全两类。但是,2007年修正的《民事诉讼法》第93条第1款规定:"利害关系人因情况紧急,不立即申请财产保全将会使其合法权益受到难以弥补的损害的,可以在起诉前向人民法院申请采取保全措施。申请人应当提供担保,不提供担保的,驳回申请。"因此,最高人民法院出台的司法文件事实上改变了2007年《民事诉讼法》规定的诉前保全的适用条件。

为了最大限度地保障金融市场的稳定,最高人民法院要求各级人民法院配合金融监管部门,严厉打击和制裁各种扰乱金融秩序的违法和违规行为。从法院适用法律的角度来讲,法院所要追究的主要是违法行为,特别是违反强行性或禁止性法律规范的行为。但是,最高人民法院发布的《关于为维护国家金融安全和经济全面协调可持续发展提供司法保障和法律服务的若干意见》将对违规行为的查处也纳入法院管辖范围,事实上扩大了司法的外延。

(二)保持经济平稳发展的公共政策因素

最高人民法院出台的上述应对金融危机的司法文件多次提到了"三保"政策。例如,最高人民法院《关于应对国际金融危机做好当前执法工作的若干意见》指出,"在金融危机冲击下,为企业和市场提供司法服务,积极应对宏观经济环境变化引发的新情况、新问题,为保增长、保民生、保稳定'三保'方针的贯彻落实提供司法保障"。其中,保持经济增长排在第一位。为了充分发挥人民法院保持经济平衡快速发展的政治职能,最高人民法院又提出了帮助困难企业渡过难关、积极有效挽救仍具发展前景的企业、推进城乡经济社会发展一体化、拉大内需政策的落实、稳定房屋交易市场、保持经济平稳较快发展等一系列公共政策。例如,最高人民法院《关于应对国际金融危机做好当前执行工作的若干意见》规定:"对于因资金暂时短缺但仍处于正常生产经营状态、有发展前景的被执行人企业,慎用查封、扣押、冻结等执行措施和罚款、拘留等强制措施,多做执行和解工作,争取申请执行人同意延缓被执行企业的履行期限,以维持企业正常运转,帮助困难企业渡过难关。"最高人民法院《关于正确审理企业破产案件为维护市场经济秩序提供司法保障若干问题的意见》规定:"对于虽然已经出现破产原因或者有明显丧失清偿能力可能,但符合国家产业结构调整政策、仍具发展前景的企业,人民法院要充分发挥破产重整和破产和解程序的作用,对其进行积极有效的挽救。"最高人民法院《关于当前形势下进一步做好房地产纠纷案件审判工作的指导意见》规定:"切实依法保护国家投资基础设施建设拉大内需政策的落实。要依照法律规定,结合国家政策,妥善审理好涉及国家重大工程、重点项目的建设工程施工合同纠纷案件;要慎用财产保全措施,尽可能加快案件审理进度,发挥财产效益,为重点工程按期完工提供司法保障。"这些意见都要求司法机关慎用执行措施和强制措施,重视和解在债务执行和企业破产案件中的作用。

从这些政策中不难发现,人民法院采取的是司法能动主义策略,以最大限度地确保企业破产数、合同不履行数降至最低。在这种司法能动主义哲学的影响下,法院作出判决或决定的过程不仅是对相关事实和证据进行法律审查和逻辑审查的过程,还是对相关事实进行价值判断的过程。同时,这种价值判断具有极强的功利主义色彩,即以大多数人的最大利益作为价值判断的基础。

(三)保障民生的公共政策因素

民生问题在国际金融危机爆发之前就得到党和政府的高度关注。可以这样说,关注民生已经成为新时代党中央领导集体为建设和谐社会而定下的基本方略和表明执政党依法执政的新的执政宣言。① 特别是在国际金融危机的影响下,企业的生存压力愈来愈大。在这种情势下,劳动者与用人单位在订立、履行、变更、解除或者终止劳动合同过程中产生的纠纷急剧增多。在最高人民法院看来,劳动报酬权是劳动者最为基本的人权,其实现与否直接关系到劳动者生存权的实现与否。因此,最高人民法院《关于加快经济发展方式转变提供司法保障和服务的若干意见》强调"依法审理劳动者与用人单位在订立、履行、变更、解除或者终止劳动合同过程中产生的各类纠纷,切实保障劳动者的劳动报酬权益"。

在中国,农民工在企业用工市场上占有相当大的比重,特别在劳动密集型产业中。农民工并不享有稳定的社会保险金和失业保障金,其社会保险和失业保障主要依靠土地实现。然而,在金融危机发生后,有相当一部分农民工选择了返乡务农,其中有些农民工在进城务工之前已将土地承包经营权转让给了第三人。此时,合同自由权与生存权发生了冲突。最高人民法院出于维稳和保障民生的考虑,将生存权置于合同自由原则之上,《关于当前形势下进一步做好涉农民事案件审判工作的指导意见》明确要求:"对返乡农民工因土地承包经营权流转费用明显偏低或者返乡后流转合同期限尚未届满而引发的纠纷,特别是返乡农民工因此陷于生活困难的案件,要在当地党委领导、政府支持下,加大调解力度,多做对方当事人的工作,努力实现双方当事人利益的平衡。调解不成的,应当根据当事人和案件的具体情况,按照公平原则妥善处理,以最大限度避免返乡农民工因生活无着而引发新的社会问题。"

(四) 正确合理适用法律的公共政策因素

面对国际金融危机给中国经济带来的不利益以及中国在调控经济方面出现的政策失灵,民众心理上出现了顿挫感,即对于以形式主义法治实现个人自由发展的目标愈来愈怀疑。在这种背景下,最高人民法院愈来愈认识

---

① 参见付子堂、常安:《民生法治论》,载《中国法学》2009 年第 6 期。

到通过司法途径应对金融危机的过程绝非一个正确运用法律制度解决金融危机中出现的各类社会纠纷的过程,而是需要合理地适用法律。因此,最高人民法院认为,在纠纷解决过程中,既要注重合法性,也要注重合理性;既要强调形式合法性,也要强调实质合理性。唯有这样,人民法院才能实现社会效果与法律效果的统一。例如,最高人民法院《关于应对国际金融危机做好当前执行工作的若干意见》规定:"对于被执行人为国有大中型企业、金融机构、上市公司或国有控股上市公司,对其资产采取强制执行措施可能导致其破产或影响社会稳定的,可主动与其国有资产管理部门、监管部门进行沟通协调,争取其通盘考虑,帮助企业解决债务问题,防止影响企业的平稳和长远发展。"2017年修正的《民事诉讼法》第256条第1款规定:"有下列情形之一的,人民法院应当裁定中止执行:(一)申请人表示可以延期执行的;(二)案外人对执行标的提出确有理由的异议的;(三)作为一方当事人的公民死亡,需要等待继承人继承权利或者承担义务的;(四)作为一方当事人的法人或者其他组织终止,尚未确定权利义务承受人的;(五)人民法院认为应当中止执行的其他情形。"第257条规定:"有下列情形之一的,人民法院裁定终结执行:(一)申请人撤销申请的;(二)据以执行的法律文书被撤销的;(三)作为被执行人的公民死亡,无遗产可供执行,又无义务承担人的;(四)追索赡养费、扶养费、抚育费案件的权利人死亡的;(五)作为被执行人的公民因生活困难无力偿还借款,无收入来源,又丧失劳动能力的;(六)人民法院认为应当终结执行的其他情形。"

最高人民法院通过对人民法院认为应当中止执行和终结执行的情形进行扩大解释,从而将可能导致上述公司或企业破产或影响社会稳定的情形纳入中止执行和终结执行的范围内。在最高人民法院看来,这种将合理性因素与法律的"兜底条款"相结合的方法能够让法律保持一定的开放性,从而实现法律的形式合法性与实质合理性的统一。最高人民法院的这种公共政策主要体现为慎重适用情势变更原则、依法合理调整违约金数额、合理适用不安抗辩权规则、妥善审理房地产案件等。

二、功能分化不充分社会中法院对公共政策的执行

最高人民法院发布的一系列应对国际金融危机的公共政策对于保障公民生存权的确起到了重要的作用,并以实际行动践行了能动主义的司法哲学,有助于发挥其对社会发展的推动作用。但是,这种能动主义产生的动力主要还是源自执政党和行政机关。我们甚至可以发现,最高人民法院制定的应对国际金融危机的司法文件与国务院办公厅制定的相关文件呈现出亦步亦趋的特点,即国务院办公厅制定了什么文件,最高人民法院也就相应地制定什么文件。事实上,这种一一映射式的陈述模式是建立在社会功能分化不充分基础上的。

(一) 映射型陈述模式

这种陈述模式最大的特点是,言说者对于作为映射对象而存在的话语保持一种直接作出反应的态度。就最高人民法院一系列应对国际金融危机的公共政策而言,往往是在国务院办公厅下发相关文件之后再制定并发布的。例如,国务院办公厅下发《关于切实做好当前农民工工作的通知》后,最高人民法院制定并发布《关于当前形势下进一步做好涉农民事案件审判工作的指导意见》;国务院办公厅下发《关于进一步明确融资性担保业务监管职责的通知》后,最高人民法院制定并发布《关于人民法院为防范化解金融风险和推进金融改革发展提供司法保障的指导意见的通知》等。就具体的公共政策而言,最高人民法院也直接映射着国务院的相关规定或意见。例如,国务院提出要推行"汽车摩托车下乡""家电下乡"等政策,最高人民法院也在发布的指导意见中提出要为"汽车摩托车下乡""家电下乡"等工作提供良好的法律保障。国务院提出支持中小企业发展的政策,最高人民法院也在发布的指导意见中明确提出要"尽可能维持有发展前景的困难企业、劳动密集型中小企业的生存"等。

表 5-2　国务院办公厅自国际金融危机爆发以来下发的主要文件

发布时间	文件名	主要政策
2008年12月8日	关于当前金融促进经济发展的若干意见	落实适度宽松的货币政策;支持符合国家产业政策的产业发展;支持中小企业发展;加大对农村金融政策支持力度;稳步发展与住房、汽车消费等相关的保险;大力推动贸易投资便利化
2008年12月20日	关于切实做好当前农民工工作的通知	促进民生;促进农民工就业;维护农民工的劳动保障权益;做好返乡农民工的社会保障和公共服务;切实保障返乡农民工土地承包权益
2009年2月3日	关于进一步明确融资性担保业务监管职责的通知	建立融资性担保业务监管部际联席会议;制订促进融资性担保业务健康发展、缓解中小企业贷款难担保难的政策措施
2009年6月3日	关于转发发展改革委等部门促进扩大内需鼓励汽车家电以旧换新实施方案的通知	结合产业调整和振兴规划,落实"汽车摩托车下乡""家电下乡"等政策
2009年9月30日	关于应对国际金融危机保持西部地区经济平稳较快发展的意见	加强基础设施建设;调整产业结构;加强民生工程建设;加快社会事业发展,提高基本公共服务水平;开展对外经济交流与合作

有人认为,这种一一映射式的陈述模式是由当时所要解决的主要问题决定的。这种观点显然忽视了司法运作的基本规律。就现代司法运作而言,的确需要回应社会现实,但是回应方式并非这种线性的方式。在这种线性的回应方式中,司法事实上混淆了法律的直接目的与间接目的。换言之,公共政策目标的实现在任何情况下都不可能是司法的直接目标。倘若将公共政策目标的实现定位为司法的直接目标,实际上也就使司法本身失去了独特性,并将司法机关和工作人员所从事的本职工作的范围等同于相应的

政府之职责范围。① 因为法院执行公共政策的过程是行政系统的公共政策在遵循基本法律程序的前提下,经由法官或法院的自由裁量权的使用,逐步生成司法系统裁判的适用依据的过程。在这个过程中,行政系统的公共政策有可能适用,也有可能不适用。从这种意义上讲,法院对于公共政策的执行是一种事后评价意义上的执行,而非事实性预设的执行。因此,法院对于公共政策的执行事实上也就转换为法院最后是否执行以及在多大程度上执行公共政策,而非法院一定要执行以及应当如何执行公共政策。

(二) 公共政策执行的中国经验

最高人民法院在司法文件中对国务院相关政策采取这种一一映射式的回应方式,在很大程度上是由中国独特的公共政策执行方式决定的。就公共政策的执行而言,中国需要防止纵向上"条条分割"带来的政策失真和横向上"块块分割"带来的合作困境。②

就防止"条条分割"而言,中央政府凭借在财政权和人事权上的优势,通过纵向的"高位推动",能够较好地动员下级政府执行政策。为了防止政策在落实过程中失真,中央政府一方面通过巡视、监督和检查等"身体治理"手段,以保证中央权力在地方政府执行场域的"在场"。另一方面,充分发挥省、市、县这些中间层级的作用也是保证公共政策得到一致性执行的重要途径。党中央充分发挥中间层级党委的组织优势和动员优势,不断让其动员各级干部认真领会党中央和国务院的指示精神,保证中间层级的政策精神与中央保持一致,从而强化了以党领政的政治格局。其实,中华人民共和国刚刚成立时,党还是很重视"党政分离"的,并倾向于回避对政府部门的影响。1953年,在修正国家税制等重大问题上,中央政府并未事先请示党中央。在党中央看来,这种做法削弱了其权威,因此开始强调要加强对政府部门的领导。随后,党中央出台了《中共中央关于加强中央人民政府系统各部门向中央请示报告制度及加强中央对于政府工作领导的决定(草案)》。根

---

① 参见姚建宗:《法律的政治逻辑阐释》,载《政治学研究》2010年第2期。
② 参见贺东航、孔繁斌:《公共政策执行的中国经验》,载《中国社会科学》2011年第5期。

据这一决定,工作中的重大事项均须事先请示党中央,政府各部门的党组工作直接接受党中央的领导。自此,中国开启了行政机关向同级党委负责、党委通过部门内的党组向行政机关发出指示以及各行政部门通过党组向党委报告和请示的机制。① 在这个过程中,各个中间层级均采取与中央相类似的建制,形成了地方政府对地方党委负责、地方党委向中央党委负责、下级党组织严格执行上级党组织决定的格局。因此,党在公共政策执行中起着"高位推动"的作用,以有效防止公共政策执行失真的问题。贺东航、孔繁斌认为,在这种社会结构中,中国的公共政策执行发生在一个"以党领政"、党和国家相互"嵌入"的独特结构和政治生态中。也就是说,在公共政策执行中,由于中国共产党在国家中的特殊地位,形成了中国特色的党主导下的公共政策执行机制。同时,这种机制呈现出"高位推动"的特点。②

就防止"块块分割"而言,中央政府也充分利用了党的协调优势,积极推动各部门之间的信任与合作。党为了加强对社会生活的协调,按照行政机关内部的具体事务,成立了财经、政法、外事、农林、劳动、文教等小组,各由专人负责、分口领导。这些小组直属中央政治局和书记处,直接向其报告工作。这样,大政方针在中央政治局,具体部署在书记处,具体执行和细节决策属政府机构及其党组。③ 同时,党为了推动某项重大公共政策的执行,往往会采取党组挂帅、政府负责、司法配合、群众参与的模式。这种聚合模式能够最大限度地调动所有力量,充分体现了"社会主义制度集中力量办大事"的优势。

这种公共政策执行方式在本质上体现了中国社会具有功能分化不充分的特点。所谓功能分化,是指社会依据特定的社会功能分化为各个社会次系统,并且这些次系统都有各自独特的看待事物的符码。改革开放以前,中国社会在政治领域、经济领域和文化领域形成了很强的同质性,并且这种同质性通过国家对社会采取的具有强制性的高度政治整合得到巩固。例如,公安、法院、检察院的着装、设施配备、运作模式都具有极强的相似度,被统

---

① 参见贺东航、孔繁斌:《公共政策执行的中国经验》,载《中国社会科学》2011 年第 5 期。
② 同上。
③ 同上。

称为"政法机关",共同肩负着巩固社会主义政权这一使命。尽管中国也存在诸多部门,并且在党的统领下的确有效地缓解了"块块分割"带来的许多合作困境,但是这些部门在职能上的分化并不是十分充分,而且它们并没有形成自身独特的看待事物的符码。因此,这些部门之间的界限并不是十分清楚,甚至有可能因职能界定不清而产生"多头管理"的难题。

(三) 政法传统与法院公共政策的执行

从"系统—环境"进路来看,最高人民法院对国家最高行政机关发布的公共政策进行这种简单的一一映射是建立在中国社会尚未完全进行功能分化基础上的。在功能尚未完全分化的社会中,司法机关是一种重要的行政机关,而不是一个独立的机构。相应地,法律并没有形成自己合法/违法的二元符码,政治系统的有权/无权直接代替司法,道德领域的合乎道德/不合乎道德也成为法律的符码。法律的社会作用是力求塑造万能的"青天父母官",而不是提供给人们稳定的合法预期,因此预期目的不一样,最终社会效果也完全不同。法院与政府功能尚未完全分化导致的一个重要后果是政法传统的持续。同时,就力量对比而言,中国自古以来就是行政权大于司法权。中华人民共和国成立以来,特别是改革开放以后,司法机关的权力得到了一定的加强,但是司法权在很大程度上还是依赖于行政权。长期以来,司法是实现党和国家政策目标的工具,不仅主导了中国司法制度的设计,而且主导了具体的司法政策实践。每年一度的全国人民代表大会,最高人民法院向大会所做的工作报告的主要内容是,汇报整个法院系统在一年的工作中贯彻落实党和国家中心任务的情况。政治工作的中心决定司法工作的中心。①

在政法传统中,最高人民法院及其所属的各级法院系统,"必须积极地为政治服务,必须与当前的政治中心任务与群众运动相结合"②。为了防止

---

① 参见张友连:《公共政策与最高人民法院的角色——以关于汶川、玉树和舟曲的通知为分析对象》,载《法律科学》(西北政法大学学报)2011年第5期。
② 周天度编:《沈钧儒文集》,人民出版社1994年版,第661页。

中央政策在执行中出现"条条""块块"的问题,党中央在各级法院机关内部设立了党委,以确保法院系统严格遵从党中央的意见,并利用"党管干部"原则在事实上掌控法院系统。

具体而言,政法传统主要体现在以下几个方面:第一,坚持走群众路线。群众路线是党的根本工作路线,是指"一切为了群众,一切依靠群众,从群众中来,到群众中去"。毛主席认为:"在我党的一切实际工作中,凡属正确的领导,必须是从群众中来,到群众中去。这就是说,将群众的意见(分散的无系统的意见)集中起来(经过研究,化为集中的系统的意见),又到群众中去作宣传解释,化为群众的意见,使群众坚持下去,见之于行动,并在群众行动中考验这些意见是否正确。然后再从群众中集中起来,再到群众中坚持下去。如此无限循环,一次比一次地更正确、更生动、更丰富。"[①]第二,司法政策化。法院运行的主要目的之一就是实现统治者的意志,确保公共政策的运转。在改革开放之前,司法是阶级斗争的工具,承担着巩固社会主义政权的重任。改革开放之后,司法主要承担的是为经济发展服务的重任。第三,汇报请示制度。从本质上讲,政法传统体现的是一种科层制的管理模式,它需要上级对下级的工作提供指导,而下级应该对上级负责。相应地,汇报请示制度是确保这种指导与负责实施的重要制度。

最高人民法院出台的一系列应对国际金融危机的司法文件充分体现了政法传统的承续。例如,最高人民法院《关于为维护国家金融安全和经济全面协调可持续发展提供司法保障和法律服务的若干意见》规定:"人民法院的各项审判工作与国民经济发展、社会稳定大局密切相关,在当前国际、国内宏观经济环境变化、社会矛盾增多的情况下,为维护国家金融安全和经济平稳较快发展提供司法保障和法律服务,是当前和今后一个时期人民法院贯彻党的十七届三中全会精神,学习实践科学发展观,坚持'三个至上'指导思想的重要任务。"一方面,最高人民法院将国务院制定的应对国际金融危机的相关公共政策与党的基本主张结合起来,从而在根本上强调党委领导、党政合作对这方面公共政策的实施所具有的"高位推动力",并主动自觉地

---

① 《毛泽东选集》(第三卷),人民出版社1991年版,第899页。

与党中央、国务院保持一致。另一方面,最高人民法院也意识到有效应对国际金融危机是一项复杂的工作,单凭法院一己之力是不够的。只有党委高度重视,国务院制定具体应对方案以及牵头推进,并由金融管理机构、商务部、财政部、法院等相关职能部门进行配合,才能够有效缓解公共政策多重属性带来的困境,达到有效治理的结果。①

三、功能分化社会中法院对公共政策的执行

随着改革开放的深入,中国社会的异质化程度愈来愈高,并在政治、经济和文化三大领域呈现出分化趋势。在这种情况下,以党委领导、党政合作为基础的"高位推动"式的政策执行方式愈来愈难以奏效。因为异质化给社会带来了功能分化,而功能分化在提高社会整体效能的同时,也增加了社会整合的难度。

(一) 异质化与社会的功能分化

改革开放以后,伴随商品经济发展所形成的独特的商业文化给传统政治领域、经济领域和文化领域的"大一统"格局带来了巨大冲击,民众的价值观念和意识形态结构不断趋于丰富和多元化。在这个过程中,外来文化的传播使中国社会异质化的进程进一步加快。社会异质化导致的直接结果就是社会分化。在卢曼看来,社会系统的异质化会打破社会系统原有的稳定结构,不断破坏社会系统的平衡性,并时刻对社会系统的生存构成威胁,导致社会系统在功能上的层层分化,从而最终形成各个次系统。这种功能分化不仅标示出系统与环境的差异,同时也使分化作用于已标示出来的系统之中,使系统之内再一次分化出系统与环境,不断引发社会系统的层级化和社会结构的变化,实现社会的进化。② 各个次系统不但具有自己独特的功

---

① 参见贺东航、孔繁斌:《公共政策执行的中国经验》,载《中国社会科学》2011年第5期。
② 参见焦瑶光、吕寿伟:《复杂性与社会分化——卢曼社会系统理论研究》,载《自然辩证法研究》2007年第12期。

能,而且具有自己独特的看待事物的二元符码。例如,政治系统的符码是有权/无权,经济系统的符码是赚钱/赔本,道德系统的符码是合乎道德/不合乎道德,法律系统的符码是合法/违法,教育系统的符码是成绩合格/不合格,等等。

在异质化不断增强的当下中国,行政机关与人民法院的职能分化愈来愈明显。1989年3月29日,任建新在七届全国人大二次会议上所作的《最高人民法院工作报告》中指出:"党的十三大明确提出'改善执法活动,保障司法机关依法独立行使职权',七届全国人大常委会工作要点中提出,人大常委会通过法律监督,要保证审判机关依法独立行使职权。人民法院依法独立审判的宪法原则愈来愈多地为社会各界所认识,人民法院的执法活动得到更多的尊重和支持。"1999年3月10日,肖扬在九届全国人大二次会议上所作的《最高人民法院工作报告》中指出司法改革的重点是:"改变长期存在的审判工作行政管理模式,建立符合审判工作规律,具有审判工作特点,适应审判工作需要的法院管理机制;改革法官人选的考试考核办法,建立从社会高层次法律人才中公开招考法官的制度和在经过基层锻炼与考验的司法人员中逐级选拔法官的制度,把好进人关,提高法官素质;完善人民陪审员制度,继续积极探索人民陪审员的推荐、任职等方面的改革,充分发挥人民陪审员在审判工作中的作用;改变长期存在的'重实体、轻程序'的现象,严格按照诉讼程序办案;调整人民法庭设置,加强人民法庭建设,充分发挥基层人民法院派出机构的职能;积极探索法院体制改革,确保人民法院依法独立公正行使审判权。"在这些重要文件的指引下,人民法院的主要职能愈来愈被定位为依照法律定分止争。相应地,合法/违法、权利/义务、程序正义/实质正义等逐步成为人民法院系统的符码。人民法院通过这些符码的编排,日益形成一种独特的法律思维方式,即按照法律的逻辑,包括法律的规范、原则和精神,观察、分析和解决社会问题的思维方式。其内容包括:以权利与义务分析为线索、合法性优于客观性、形式合理性优于实质合理性、普遍性优于特殊性、程序问题优于实质问题、理由优于结论等。[①]

[①] 参见郑成良:《论法治理念与法律思维》,载《吉林大学社会科学学报》2000年第4期。

（二）对法院执行公共政策的检讨

最高人民法院下发了一系列应对国际金融危机的司法文件，充分发挥了司法能动性，从而有力地执行了国务院制定的相关公共政策。但是，在此过程中，人民法院理应具有的有别于行政机关职能的独特职能并未发挥出来。具体而言：

第一，人民法院系统内部的符码错乱。前已叙及，社会功能分化的一个重要表现就是符码分化。但是，在最高人民法院发布的应对国际金融危机的相关意见或政策中，有许多地方存在符码错乱的情况。例如，2009年3月30日，最高人民法院发布了《关于审理涉及金融不良债权转让案件工作座谈会纪要》。该纪要对于不良债权转让合同有效性的审查设置了十分严苛的标准，其中绝大多数标准并非来自现行法律或行政法规的明确规定，而是由司法部门依据民意作出的。该纪要中不仅有条款涉及不良债权转让的程序要件（如债权转让未按规定办理报批、备案、登记等手续），更有内容直接指向债权转让价格是否"低估、漏估"等。之所以这样要求，最高人民法院相关负责人的解释是："数以万亿元的国有金融债权的剥离与处置，绝不仅仅是简单的商事主体之间的私权处分，而是巨额国有资产的流动与利益再分配问题。这种流动能否在公开公平公正的程序下进行，事关全体国民和国家的利益，事关人民对党和政府的基本信心，事关我国金融体制改革乃至国有资产管理体制改革目的能否顺利实现，这是我国当前非常重要的社会公共利益之一。"①同时，最高人民法院使用的并不是合法/违法、权利/义务等符码，而是使用了一些明显具有政治倾向的符码。又如，对于返乡农民工违反土地承包经营权流转合同的，最高人民法院并不是从规范层面而是从道德层面处理，即"要在当地党委领导、政府支持下，加大调解力度，多做对方当事人的工作"。法院系统内部符码错乱导致的结果是，法院往往把司法的间接目的等同于直接目的。其实，人民法院应对国际金融危机是在建构社会

---

① 转引自黄韬：《中国式的公共政策法院——以我国法院对金融案件的处理为例》，载《社会科学研究》2011年第6期。

主义和谐社会这一政治背景之下展开的,并且把有关案件的处理当作其参与和谐社会构建工作的一部分。但是,最高人民法院并没有通过一定的"解码"和"译码"程序,将这种政治话语转化为法律符码,而是采取一一映射的方式,让法律话语硬生生地"比附"政治话语,从而导致司法的独立功能难以发挥出来。

第二,法院防止公共政策非公共化的功能没有发挥出来。以党委领导、党政合作为基础的"高位推动"能够有效缓解公共政策多重属性带来的"囚徒困境",但是要保证这种受"高位推动"的公共政策自身具有合法性。"根据公共选择学派的观点,政府对社会和经济生活的种种调节和干预中暗含着租金,在'理性经济'的驱动下,公共政策的制定必然是在所有相关'经济人'的压力下完成,围绕着'租'这个超额利润,在利益冲突过程中进行的公共选择——是政府与个人之间进行的一场政治交易。政府的决策过程成为利益的交换过程,公共政策就是交易中讨价还价的结果。因为不同的个体对于政府影响力大小的不同,在任何时候,公共政策代表的都是影响力相对较强的那部分个体的利益。"[1]尽管公共选择学派的观点有些偏激,但是的确指出了公共政策存在"非公共化"这种可能性。法院通过制度化的运作,能够有效防止公共政策非公共化的出现。这也是法院的一项重要政治功能。就前述应对国际金融危机的相关司法文件来看,最高人民法院实质上起到的是一种传达中央政府文件的作用。这种强调司法能动性的立场在一定程度上忽视了司法应当保持适度的克制,其背后所预设的是一个全知全能的、不会犯错的政府的存在。

第三,这种公共政策执行方式还是建立在社会功能分化不充分基础上的。在社会功能分化不充分的情况下,良心和是非观念是公共政策自身是否具有合法性的判准。因为功能分化不充分的社会往往是一个文化同质性较高的社会,在这种社会,基于文化多元性的数种评判事物的二元符码并未出现。随着具有单一性的文化理想与某种固定的社会秩序图像的同一,道德愿望和审美愿望被转化并代之以支持那些确定的社会惯例和社会安排的

---

[1] 陈国权、付旋:《公共政策的非公共化:寻租的影响》,载《中国行政管理》2003年第1期。

详尽规定。① 因此,如果公共政策与社会通行的道德愿望和审美愿望相一致,那么公共政策就具有合法性。在最高人民法院看来,政府制定的应对国际金融危机的相关政策具有较高的道德愿景,是构建社会主义和谐社会的一部分。社会主义和谐社会是一个法治社会,更是一个道德社会,是一个充满人情味的社会。因此,政府制定的防止形式主义给道德社会带来冲击的一些政策具有合法性。相应地,人民法院也应当从道德角度看待司法问题。例如,最高人民法院出台的相关文件中多处使用"尽量""慎重""合理""帮助""妥善"等极富道德色彩的词语,并且一再强调"各级法院增强服务大局意识,合理把握涉企业债务案件的审判尺度,注意利益平衡,多适用调解、和解和司法重整等法律调节手段,妥善处理涉企业诉讼案件"②。然而,经过改革开放四十多年的洗礼,民众价值观念和意识形态结构的丰富和多元造成社会分化已是不争的事实。虽然以党委领导、党政合作为基础的"高位推动"能够有效缓解公共政策多重属性带来的"囚徒困境",但是并不能解决民众对公共政策执行结果的接受问题。近些年来出现的群众上访和群体性事件就充分说明了这一点。

四、法治国家中法院对公共政策的执行

法律系统应当是社会功能分化的一个独立的次系统,其运作应当是一个相对封闭的内部过程。但是,这并不意味着法律系统不与政治、经济、宗教、科学等其他社会功能次系统发生关联。其实,法律系统与其他社会功能次系统互为系统与环境的关系,它们之间是一种结构耦合关系。因此,对法院执行公共政策的理解也只能从法律系统与行政系统结构耦合的意义上进行。

---

① 参见〔美〕P. 诺内特、P. 塞尔兹尼克:《转变中的法律与社会:迈向回应型法》,张志铭译,中国政法大学出版社 2004 年版,第 54 页。
② 刘岚:《最高人民法院出台一系列应对金融危机司法意见回顾》,载《人民法院报》2009 年 8 月 17 日第 4 版。

(一) 法律的自治与开放

在现代社会,行政系统与法律系统分化是一个客观事实。法律系统主要运用合法/违法、权利/义务、程序正义/实质正义等符码,对社会事实进行识别,从而调整社会关系。在卢曼看来,合法/违法、权利/义务、程序正义/实质正义等符码是法律系统内部进行沟通的系统构成要素。每个社会功能子系统都凭借自身具有的二元符码进行沟通与识别。卢曼将系统内部的沟通描述为信息、表达和理解三阶段的选择过程,并且每个信息都是在一个可能性领域中所作的选择。因此,不同的系统之间是无法沟通的。换言之,"这种系统的运作既不是由(外部)环境所输入的,也不把这些运作向(外在)环境输出"①。就法律系统与行政系统之间的关系而言,它们之间不存在投入—产出的联系,而是通过递归的、自我指涉的运作,自己生产和再生产构成自身的要素。法律系统无法解决行政系统的核心问题,行政系统也无法解决法律系统的核心问题。因此,法律系统和其他系统一样,都是有其边界的,并且这种边界通过规范性界定,从而确保了法律的自治性。② 这也正如赫格特所评价的:"卢曼的理论和凯尔森的纯粹法学有着极为相近的一面。他们都将法律过程进行'纯粹化',排除了法律对其他因素在任何程度上的依赖。"③

然而,法律系统在认知意义上具有开放性。这种开放性是系统对其存在环境的开放性。④ 在卢曼看来,法律运作的自治性并不意味着系统与外界

---

① Niklas Luhmann, The Unity of the Legal System, in Gunther Teubner (ed.), *Autopoietic Law—A New Approach to Law and Society*, Walter de Gruyter, 1987, p. 18.
② 参见〔德〕贡塔·托依布纳:《法律:一个自创生系统》,张骐译,北京大学出版社 2004 年版,第 28 页。
③ James E. Herget, *Contemporary German Legal Philosophy*, University of Pennsylvania Press, 1996, p. 91.
④ 所谓系统的环境,是指一个系统之外的一切与它相关联的事物构成的集合。系统与环境之间的相互联系、相互作用通过物质、能量、信息的交换实现。系统能够与环境进行交换的属性被称为"开放性"。参见〔德〕贡塔·托依布纳:《法律:一个自创生系统》,张骐译,北京大学出版社 2004 年版,第 11 页。

环境是隔离的,相反,恰恰是系统与外界环境的相互影响构成了事物功能的进化。因为如果没有来自环境的干扰,系统自身的运作就无法继续下去。也就是说,尽管系统是自主的,但它并不是自足的。因此,在封闭的同时,系统也是开放的,它必须对环境保持开放,接受环境中的各种干扰,并通过自身的运作化约环境带来的各种复杂性。① 但是,法律系统对外在环境的开放并不是一一对应的关系,这种开放建立在系统对于环境具有高度选择性的基础上。卢曼称之为"结构耦合"。在法律系统与其他功能次系统结构耦合的过程中,"法律系统对于外部环境的信息有一个选择与过滤的过程,就像细胞只选择钠离子或者钙离子而排除铯离子或锂离子通过其细胞膜一样"②。这种对外部环境信息的选择与过滤确保了法律系统在自治基础上的开放。

(二) 法院执行公共政策的西方经验

西方社会深受"三权分立"思想的影响,往往强调司法权在独立于行政权的基础上进行运作,并在此基础上形成了具有强烈的法律职业主义色彩的法律共同体。这一共同体在法律系统内部运用法律符码进行沟通,从而将一切外在因素隔离在法律系统之外。但是,这并不意味着司法不受行政机关的影响,也不意味着法院不承担一部分执行公共政策的功能。其实,西方一直将法院特别是最高法院视为"政策法院"。但是,西方法院是在法律系统的自治与开放的结构耦合意义上执行公共政策的。在西方国家,"(宪法)从政治的层面看,乃是对一个国家或者社会整个公共权力及其制度架构的框架结构的造型,它不仅为一个国家或者社会的政治制度及其体制、经济制度及其体制、文化制度及其体制、社会制度及其体制定下了基调、设计了蓝图,而且也为公民的基本权利和义务的原则与制度体系作了明确宣示"③。

---

① 参见杜健荣:《法律与社会的共同演化——基于卢曼的社会系统理论反思转型时期法律与社会》,载《法制与社会发展》2009 年第 2 期。
② See Niklas Luhmann, *Law as a Social System*, Oxford University Press, 2004, p.382.
③ 姚建宗:《法律的政治逻辑阐释》,载《政治学研究》2010 年第 2 期。

因此,法律通过宪法与政治系统形成了结构耦合,而"违宪审查"机制是判断公共政策是否具有合法性的重要机制。

同时,法院会利用利益衡量方法来处理公民权利与公共利益之间的关系问题。在美国,合同自由原则是法律的基本原则。当合同自由与公共政策发生冲突时,法院需要考虑以下两个方面的问题:其一,合同当事人所违反的公共政策是否为具有管制目的之公共政策。其二,当该政策属于管制性的公共政策时,还需要将否定合同执行力的利益与肯定合同执行力的利益进行比较和权衡。只有当拒绝强制执行的利益明显超过予以强制执行所获得的利益时,法院才能基于公共政策而否定合同自由。①

此外,法院认为政治问题与社会管理问题往往牵扯的利益主体多,涉及多方主体之间利益的分配与博弈,应当由议会通过立法方式解决。因为在"三权分立"的体制下,立法的功能主要就是通过法定的程序确定利益的边界。同时,现代立法是一项具有强烈民主色彩的活动,它能够有效地应对公共政策"非公共化"。从这个意义上说,立法机关通过内部系统对作为环境而存在的行政系统的信息进行选择与过滤,从而确保了立法机关的自治与开放。司法活动是精英化的活动,没有克制的司法能动往往会对民主带来冲击。因此,法院在应对政治问题与社会管理问题时往往表现出一种保守的形象。

行政机关内部能够较好地解决政策执行的问题。具体而言,它们主要通过联邦制、单一集权制或单一分权制确保政策得以执行。无论是联邦制、单一集权制还是单一分权制,都极为强调法治和财政控制在解决"条条"问题上的作用。"西方国家中央和地方关系不仅都建立在明确而广泛的宪法和法律基础之上,而且都努力通过法律化、制度化、程序化的手段来协调中央与地方的关系和矛盾。这就使中央和地方关系能在法律基础上保持相对稳定。西方各国中央政府还建立一套比较完整的'财政制约和推动机制'来调控地方财政和行政,并引导地方政府的决策。这一机制以中央政府通过

---

① 参见黄忠:《合同自由与公共政策——〈第二次合同法重述〉对违反公共政策合同效力论的展开》,载《环球法律评论》2010年第2期。

分税制控制一部分收入,然后通过财政拨款、财政补贴来推动地方政府执行国家政策和宏观协调社会发展。"①因此,它们无须通过纵向上依靠党委的"高位推动"和中间层级的协调,以达到层级性治理的目的。在这种情况下,行政机关很少借助司法机关的力量防止公共政策在层级性治理中的失真。

(三) 中国法院对公共政策执行的完善

中国社会与西方社会之间存在的一个重大区别就是,中国社会是一个功能分化不充分的社会。这种功能分化不充分主要体现为立法权、行政权和司法权没有适度分化,各权力部门之间符码错乱的现象时有发生。问题在于,行政权与司法权之间的功能分化是防止公共政策非公共化的一个重要途径。笔者在此需要强调的是,行政权与司法权的功能分化并不是西方"三权分立"意义上的权力分化。在当下中国,中国共产党的政治纲领和严密的组织结构已经使其影响力渗透到社会的各个层面。因此,中国共产党不仅是领导当代中国各方面事业的核心力量,而且是当代中国社会各阶层和各种政治力量的一个组织、动员、整合和表达机制。②同样,这种影响力也渗透到行政机关和司法机关。所以,在当下中国的政治结构中,行政权、司法权都不是独立的权力形态,它们都需要接受党的领导。相应地,任何试图脱离中国共产党而建构司法自治与开放的理论都只能说是"一厢情愿"。因此,笔者认为,中国应当在坚持中国共产党领导的前提下,实行行政机关与司法机关的功能分化。

首先,行政机关与司法机关的功能分化是"管事"上的分化。行政机关要管的是经济、社会、文化、教育等方面的事情;而司法机关要管的主要是社会纠纷,而且基本上是诉至法院的纠纷。司法机关职能被限定在解决社会纠纷,特别是诉至法院的纠纷上,其原因主要有二:一是法院自身职业化的需要;二是法院人力、财力等方面的限制。

---

① 杨小云、邢翠微:《西方国家协调中央与地方关系的几种模式及启示》,载《政治学研究》1999年第2期。
② 参见苏力:《中国司法中的政党》,载苏力主编:《法律和社会科学》(第一卷),法律出版社2006年版,第275页。

其次，坚持中国共产党对行政机关与司法机关的领导。一方面，中国共产党是有党纪的，而且党纪与法律具有一致性。如果违反法律、党纪的领导干部干涉行政、司法，则行政、司法机关可以拒绝。还有一种情况，即党似乎以某种方式"干预"司法，如对某些社会热点问题的处理作出批示。但是，即使没有党的这一批示，相关司法部门也完全有可能依据法律作出大致相同的处理。这时，某些情形看似党的"干预"，往往只是党的一种必要政治策略，只是为了回应民众的呼声，以增强自己的合法性和代表性。[①] 另一方面，坚持中国共产党的领导有利于对行政机关与司法机关的职能进行有效整合。因为社会分化导致的专门化可以提高社会管理的专业化程度，但是其负功能是会增加社会整合的难度。分化程度越高，协调的任务越重，协调难度越大，协调要求越高，而中国共产党在整合方面具有优势。

最后，行政机关与司法机关可以将自己的意见向党反映，从而使党加以重视，以"高位推动"的方式使各部门加以重视，并让各部门用自己的符码来应对。在这个过程中，行政机关与司法机关并不是机械地"复写"党的意志，而是能够促使党形成新的意志。

综上所述，就政府公共政策的执行而言，法院应当首先保持一种较为克制的态度，并通过宪法这一结构耦合机制形成司法在自治前提下的开放性。具体而言，法院要充分考量这些公共政策与宪法之间的关系，判断这些政策的合宪性。只有基于合宪性这个前提条件，法院才能够考量如何通过法律的符码（合法/违法、程序正义/实质正义、权利/义务等）将公共政策转化为司法裁判的依据。这也就意味着，法院要注意区分合乎宪法的公共政策所要达致的目的或目标是法律的直接目的或目标还是间接目的或目标。[②] 当然，由于受制于中国当下宪法体制的原因，这种合宪性审查只能是一种宪法

---

① 参见苏力:《中国司法中的政党》，载苏力主编:《法律和社会科学》（第一卷），法律出版社2006年版，第265页。

② 对此问题，姚建宗以"和谐司法"为例进行了较为精辟的论述。他认为，任何社会纠纷一旦成为法律纠纷，实际上就已经表明纠纷各方的利益对立已经不可能心平气和地加以"和谐"解决了。因此，在这个意义上，"和谐司法"就如"圆的方"或者"方的圆"一样，本来就是一个伪命题。司法只是而且也不能不是达到真正的社会和谐的一种手段。对于司法而言，"和谐"只可能是其间接的目标与目的，而且在任何情况下都绝对不可能是其直接的目的与目标。参见姚建宗:《法律的政治逻辑阐释》，载《政治学研究》2010年第2期。

第五章　法院公共政策的执行功能

文本意义上的审查。但是,这并不意味着政府不能够对法院形成影响。政府既可以将其制定的公共政策通过法律途径上升为国家法律,也可以利用党"高位推动"的优势,并在遵守党的纪律的前提下,有效整合司法资源,促进政府合乎宪法的公共政策得以实施。

第六章

法院裁判规则的形成功能

一、法院司法解释的形成功能

自1979年《人民法院组织法》第33条和1981年6月10日通过的《全国人民代表大会常务委员会关于加强法律解释工作的决议》(以下简称《关于加强法律解释工作的决议》)赋予最高人民法院就审判工作中具体应用法律、法令的解释权以来,最高人民法院已经发布了上千个司法解释,废止了上百个司法解释。这些司法解释在一定程度上约束着法官自由裁量权的行使。在实践中,各级人民法院都会自觉地将司法解释作为裁判案件的根据,甚至有些法官认为"司法解释比立法还好使"。因此,最高人民法院事实上具有裁判规则形成功能。

学术界主要从最高人民法院具有裁判规则形成功能的原因这一角度对此问题进行分析。在学者们看来,中国社会的急剧转型需要法律在变动性与稳定性之间作出有力的平衡,这是最高人民法院具有裁判规则形成功能的重要原因。但是,这些分析对以下重要问题存在一定的忽视或误解:第一,这些分析只是回答了社会转型为什么需要最高人民法院形成裁判规则这一问题,而没有回答最高人民法院形成的裁判规则如何应对社会转型这一问题。第二,最高人民法院在应对社会转型而发挥裁判规则形成功能时,到底应当采取何种立场与方式?第三,最高人民法院坚持目的论和主动性的立场,采取抽象型裁判规则形成方式是否就一定违宪?第四,当下最高人民法院在发挥裁判规则形成功能过程中到底存在哪些问题？如何采取有效方式进行弥补？为了分析的方便，本章选取了最高人民法院1981—2011年出台的439个民事司法解释作为分析对象。①

（一）改革开放以来民事司法解释的整体描述

尽管中国在改革开放之初就赋予最高人民法院司法解释权，但是由于缺乏具体的操作规定，司法解释以多种形式出现。在1997年《最高人民法院关于司法解释工作的若干规定》发布之前，常见的形式有"意见""解释""解答""批复""函""复函""答复""通知""规定""纪要"等；在该规定发布后，司法解释的形式有"解释""规定""批复"三种。② 1981—2011年，最高人民法院在民事领域共出台了439个司法解释，涉及综合，婚姻，继承，抚养、收养、扶养，房地产，名誉权，劳动争议，侵权责任，知识产权，合同，金融，破产改制，公司、证券、期货，担保，涉外经济，海商、海事，诉讼时效17个领域。具体而言，各个领域的司法解释数量如下：综合方面7个，婚姻方面24个，继承方面16个，抚养、收养、扶养方面9个，房地产方面53个，名誉权方面9个，劳动争议方面12个，侵权责任方面32个，知识产权方面51个，合同方面75个，金融方面10个，破产改制方面41个，公司、证券、期货方面22个，担保方面37个，涉外经济方面7个，海商、海事方面19个，诉讼时效方面15个。对这些民事司法解释进行整体性解读可以发现，改革开放以来，最高人民法院裁判规则的形成呈现出偏重抽象型司法解释、忽视具体解释，偏重政府主导型司法解释、忽视法院自发型司法解释，偏重推理启动型司法解释、忽视经验启动型司法解释的特点。

1. 偏重抽象型司法解释

通过对这439个司法解释的分析可以发现，最高人民法院的司法解释分

---

① 本书对民事司法解释数量的统计以及具体分析的样本来自中国法制出版社2012年出版的《新编中华人民共和国司法解释全书》。
② 《最高人民法院关于司法解释工作的若干规定》第9条第2—4款规定："对于如何应用某一法律或者对某一类案件、某一类问题如何适用法律所作的规定，采用'解释'的形式。根据审判工作需要，对于审判工作提出的规范、意见，采用'规定'的形式。对于高级人民法院、解放军军事法院就审判工作中具体应用法律问题的请示所作的答复，采用'批复'的形式。"

为针对具体案件进行的解释和针对法律规范本身进行的解释两种基本类别。例如,1995年《最高人民法院关于因第三人的过错导致合同不能履行应如何适用定金罚则问题的复函》、2003年《最高人民法院关于可否将航道养护费的缴付请求列入船舶优先权问题的批复》、2003年《最高人民法院关于对甘肃省高级人民法院甘高法[2003]183号请示的答复》等就属于针对具体案件进行的解释。1998年《最高人民法院关于民事经济审判方式改革问题的若干规定》、1999年《最高人民法院关于适用〈中华人民共和国合同法〉若干问题的解释(一)》、2009年《最高人民法院关于当前经济形势下知识产权审判服务大局若干问题的意见》等属于针对法律规范本身进行的解释。按照金振豹的观点,针对法律规范本身进行的司法解释"并非西方传统意义上的司法解释(judicial inter-pretation, Rechtsauslegung),即法院在审理具体案件的过程中对相关法律规范所作的解释,而是由最高人民法院制定并颁布的所有具有规范效力的文件的总称"[①]。因此,这种司法解释是一种抽象型司法解释。这种抽象型司法解释在民事司法解释中占有相当大的比重。最高人民法院在民事司法解释中偏重抽象型司法解释主要有以下两方面的原因:

第一,深受苏联司法解释方式的影响。苏联最高法院可以作为第一审法院审理特殊重大案件,复审各共和国法院作出的决定和判决,有权向苏联最高苏维埃提出有关修改或废除某些法规的建议,并有权对执法过程中出现的问题提出指导性意见。[②] 1979年通过的《苏维埃社会主义共和国联盟最高法院组织法》第3条规定:"苏联最高法院研究和总结审判实践,分析司法统计材料,就审理案件过程中发生的适用法律问题,向各级法院作指导性说明。苏联最高法院全会的指导性说明,对于适用该项被说明的法律的各级法院、其他机关和公职人员,都必须遵守。"为了进一步明确最高法院的司法解释权,该法第18条规定:"苏联最高法院全会有权审议总结审判实践的材料和司法统计材料,以及苏联总检察长和苏联司法部长的报告,并就适用法

---

① 金振豹:《论最高人民法院的抽象司法解释权》,载《比较法研究》2010年第2期。
② 参见杨绍恸:《苏联司法机关的结构和职能》,载《苏联问题参考资料》1987年第2期。

律的问题向各级法院作指导性的说明。"从这些规定中不难看出,苏联最高法院享有一种抽象的司法解释权。1981年,中国第五届全国人民代表大会常务委员会作出《关于加强法律解释工作的决议》,参考了苏联的做法。

第二,法律需求与法律供给之间的矛盾要求最高人民法院更为强调抽象型司法解释。改革开放初期,各种社会新生事物纷纷出现,新发生的或可预测发生的矛盾与纠纷也日趋增多,法律需求急剧增加。但是,由于各种原因的限制,中国的法律供给不足。当时,中国采取的是"立法宜粗不宜细"这一指导原则。面对这种现实情况,全国人大常委会赋予最高人民法院司法解释的权力。① 然而,针对具体案件进行的司法解释往往涉及面窄并具有事后性,从而无力应对社会转型的需要。抽象型司法解释则可以有力弥补针对具体案件进行司法解释的不足,从而在一定程度上缓解法律需求与法律供给之间的矛盾。例如,随着社会经济的发展,夫妻财产关系愈来愈复杂。但是,夫妻财产中涉及股票、债券、投资基金份额等权益的分割问题在《婚姻法》中并没有规定,这给司法实践带来了巨大的难度。2003年《最高人民法院关于适用〈中华人民共和国婚姻法〉若干问题的解释(二)》通过抽象解释的方式解决了这类权益的分割问题。

2. 偏重政府主导型司法解释

在法律发展过程中,中国与西方发达国家有一点不同,那就是政府在其间所发挥的作用。在西方发达国家,法律发展往往伴随着市场经济的发展和市民社会的成熟,自下而上自然而然地实现,政府在其间扮演的是一种消极角色。在中国法律发展过程中,政府担负着引导法律发展走向的责任。学者们将这种法律发展道路叫作"政府推动型"或"政府主导型"。② 政府主导性在最高人民法院出台的一系列司法解释中也得到了充分体现。

如前所述,国际金融危机爆发以后,党中央、国务院制定了一系列公共政策以积极应对国际金融危机对中国经济、社会发展的影响。在这种背景下,最高人民法院紧紧围绕党中央、国务院关于积极应对国际金融危机的重

---

① 参见金振豹:《论最高人民法院的抽象司法解释权》,载《比较法研究》2010年第2期;陈兴良:《司法解释功过之议》,载《法学》2003年第8期。
② 参见姚建宗主编:《法理学》,科学出版社2010年版,第363页。

大战略决策，及时制定并发布了一系列司法解释以指导各项审判执行工作。在具体的司法解释制定过程中，甚至出现了最高人民法院"比附"国务院相关规定的做法。例如，国务院下发了《国务院办公厅关于切实做好当前农民工工作的通知》后，最高人民法院就发布《关于当前形势下进一步做好涉农民事案件审判工作的指导意见》；国务院下发了《国务院办公厅关于进一步明确融资性担保业务监管职责的通知》后，最高人民法院就发布《关于人民法院为防范化解金融风险和推进金融改革发展提供司法保障的指导意见的通知》等。又如，2004年8月23日，国务院召开全国清理拖欠工程款和农民工工资电视电话会议，并于10月29日下发了《国务院办公厅转发建设部等部门关于进一步解决建设领域拖欠工程款问题意见的通知》。相应地，最高人民法院于2004年12月21日发布《最高人民法院关于集中清理拖欠工程款和农民工工资案件的紧急通知》。该通知从法院审理此类案件的指导思想、程序、实体权利以及证据认定等角度落实国务院下发的解决建设领域拖欠工程款的通知。

尽管最高人民法院也会根据具体的个案，结合自身工作经验，作出一些具有自生自发意义的司法解释，并以"批复""答复""函"等形式发出，但是这些司法解释往往篇幅较小且简单地就事论事，并没有形成类型化的判例制度。直到2011年12月20日，最高人民法院才发布了第一批4个指导性案例。[1] 这些案例选取的标准之一就是"注重关注和保障民生"[2]。这在一定程度上回应了政府关注民生问题和建设社会主义和谐社会的主张，体现了政府主导性的特色。

---

[1] 这4个指导性案例分别是："上海中原物业顾问有限公司诉陶德华居间合同纠纷案""吴梅诉四川省眉山西城纸业有限公司买卖合同纠纷案""潘玉梅、陈宁受贿案""王志才故意杀人案"。

[2] 这次发布的4个指导性案例体现出以下几个特点："一是注重关注和保障民生，促进二手房交易市场中介服务的公平竞争，平等保护房屋购买者和中介服务者的合法权益；二是充分尊重当事人的诉讼权利，督促和教育当事人自觉履行约定义务，倡导恪守规则、诚实信用的市场经济道德；三是准确认定新类型受贿犯罪，积极回应人民群众对依法严厉惩治贿赂犯罪的期待，推进反腐倡廉建设；四是正确贯彻宽严相济刑事政策，在依法惩治犯罪的同时，着力化解社会矛盾，保障和促进社会和谐。"参见张先明：《最高人民法院发布第一批指导性案例》，载《人民法院报》2011年12月21日第1版。

3. 偏重推理启动型司法解释

一个司法解释的出台首先要进行立项。立项所要解决的是最高人民法院需要针对哪些法律条文和哪些具体个案启动司法解释这一前提问题。陈甦依据司法解释判断材料来源、形成方式特点和决定依据选择的不同,将司法解释的启动机制分为"推理启动"和"经验启动"两类。

推理启动是指,"当一部具体法律生效后,通过对法律文本的分析,发现其中的模糊而不清晰、抽象而不可操作、简约而不周延、疏漏而成适用空白、错误而不能实施之处,并对这些文本局限可能造成的司法困扰进行评估,认为其足以严重影响法律的司法应用时,决定启动司法解释的制定过程"①。换言之,推理启动型司法解释强调的是法院在逻辑上的一种推理能力,往往是在问题没有发生但有可能发生的情况下作出的,因而具有一种预先性。具体而言,推理启动型司法解释往往直接针对某项立法进行整体性解释,涉及的法律条文较多,作出的解释规定也较多,颇具立法色彩。这种司法解释经常在单行法律颁布施行不久后就会出台。根据陈甦的研究,2004年以后,几乎在每一部重要的商事单行法颁布一年之内,最高人民法院就会出台与之配套的司法解释。② 例如,《最高人民法院关于审理买卖合同纠纷案件适用法律问题的解释》《最高人民法院关于贯彻执行〈中华人民共和国继承法〉若干问题的意见》《最高人民法院关于适用〈中华人民共和国婚姻法〉若干问题的解释(一)》《最高人民法院关于审理涉及农村土地承包纠纷案件适用法律若干问题的解释》等就属于此类。其中,《最高人民法院关于审理买卖合同纠纷案件适用法律问题的解释》篇幅较长,分8个部分,总计46个条文。这种推理启动型司法解释具有法律的形式外观。

经验启动是指,"当一部具体的法律生效后,通过对该法律在司法审判实践中应用状况的总结,在积累了大量与适用该法律有关的经验案例后,形成法律文本转化为法律秩序的实际司法过程是否顺畅得当的分析与判断,当认为法律文本转化为法律秩序的实际司法过程存在的障碍主要是法律文

---

① 陈甦:《司法解释的建构理念分析——以商事司法解释为例》,载《法学研究》2012年第2期。
② 同上。

本局限造成的,决定启动司法解释的制定过程"①。它更为强调的是对法院和法官在具体司法实践中所遇到问题的解决,因而往往具有一种事后性。在实践操作中,经验启动型司法解释往往是针对法律适用过程中出现的个别语词的模糊不清而作出的解释。例如,1988年《最高人民法院关于保险金能否作为被保险人遗产的批复》是针对具体司法实践中"遗产"的概念不清作出的。1988年《最高人民法院民事审判庭关于田海和诉田莆民、田长友扶养费一案的电话答复》是针对"收养关系"作出的。这类司法解释直截了当,条文较少,针对性较强。但是,最高人民法院在形成裁判规则时往往会偏重推理启动型司法解释,而忽视了经验启动型司法解释的重要性。

(二) 裁判规则形成与社会转型

如上文所述,社会的急剧转型带来了各种新生事物,并产生了新的矛盾与纠纷,从而加剧了法律需求与法律供给之间的矛盾。与此同时,中国单一制国家结构形式决定了立法、执法和司法的统一性。然而,各地区之间发展不平衡、司法资源分配不均衡等客观因素需要最高人民法院充分发挥主观能动性,针对法律文本的模糊之处和具体案件适用法律情况作出具有指导意义的司法解释,从而有力约束法官自由裁量权,以确保国家司法权的统一。因此,最高人民法院享有的裁判规则形成权是中国社会转型的客观要求。学者们大多是从这一角度分析最高人民法院裁判规则形成功能的,而很少从实证角度分析最高人民法院在形成裁判规则过程中是如何应对社会转型这一问题的。这一问题对于我们认识最高人民法院裁判规则形成功能具有重要意义,因为理论的逻辑推演是一回事,具体的司法实践是另一回事。

1. 用举证责任倒置来回应社会转型

在社会转型过程中,农民工问题、医患关系问题、商品房买卖问题、贫富差距问题等愈来愈成为严重的社会问题,党和国家对这些问题愈来愈重视。因此,最高人民法院出台了一些司法解释以对这些问题进行回应。例如,最

---

① 陈甦:《司法解释的建构理念分析——以商事司法解释为例》,载《法学研究》2012年第2期。

高人民法院 2006 年 8 月公布的《最高人民法院关于审理劳动争议案件适用法律若干问题的解释(二)》针对解决劳动争议进行了规定。其中,值得注意的是规定了举证责任倒置,使用人单位与劳动者之间在解决劳动争议过程中达致平衡,从而维护弱者的利益。该解释第 1 条规定:"人民法院审理劳动争议案件,对下列情形,视为劳动法第八十二条规定的'劳动争议发生之日':(一) 在劳动关系存续期间产生的支付工资争议,用人单位能够证明已经书面通知劳动者拒付工资的,书面通知送达之日为劳动争议发生之日。用人单位不能证明的,劳动者主张权利之日为劳动争议发生之日。(二) 因解除或者终止劳动关系产生的争议,用人单位不能证明劳动者收到解除或者终止劳动关系书面通知时间的,劳动者主张权利之日为劳动争议发生之日。(三) 劳动关系解除或者终止后产生的支付工资、经济补偿金、福利待遇等争议,劳动者能够证明用人单位承诺支付的时间为解除或者终止劳动关系后的具体日期的,用人单位承诺支付之日为劳动争议发生之日。劳动者不能证明的,解除或者终止劳动关系之日为劳动争议发生之日。"用人单位与劳动者之间形成的是一种雇佣劳动合同关系,在形式上,双方地位是平等的。但是,信息不对称、身份差异等因素造成双方在雇佣关系上和权利救济过程中的实质不平等。加重用人单位的举证责任在一定程度上可以改变这种实质不平等,从而回应了中国社会转型的现实。

2. 用强化债权来回应社会转型

中国社会转型的过程是一个从传统社会向现代社会、从农业社会向工业社会、从封闭性社会向开放性社会的社会变迁和发展的过程。① 经济市场化和政治民主化是中国社会转型的两大基本目标。在经济市场化过程中,人们基于信用而形成的债权关系愈来愈具有重要地位。日本著名学者我妻荣从所有权的发展历史与支配作用角度指出,在现代市场经济社会,所有权色彩愈来愈弱,而债权色彩愈来愈强。因为人类在仅依物权形成财产关系、仅以物权作为财产客体的时代,可以说只能生活在过去和现在。但是,经济价值不是暂时静止地存在于物权,而是从一个债权向另一个债权不停地移

---

① 参见陆学艺、景天魁主编:《转型中的中国社会》,黑龙江人民出版社 1994 年版,第 35 页。

动。承认了债权制度,就可以使将来的给付预约变为现在的给付对价价值。因此,债权在现代法律中具有优越地位。① 这种优越性主要体现为:物的担保制度非常发达;有价证券、银行、证券交易所等制度的创立;保有货币所有权的弱化,货币的单纯请求权的强化;抵押权具有流通性;等等。为了回应中国市场经济发展的需要,最高人民法院在司法解释中强化了对债权的规范和保护。具体而言,这种强化主要体现在以下几个方面:

第一,从整体上看,与合同法相关的司法解释及其条文数量在民事司法解释中占有相当大的比重。据笔者统计,合同法方面的司法解释数量在17类民事司法解释中居于首位,并且房地产、金融、海商、海事、涉外经济、担保、公司、证券、期货,以及知识产权等方面的司法解释也会涉及对合同法相关条文的解释。婚姻家庭以及所有权归属方面的司法解释则较少。从立法技术上讲,中国合同法享有"世界上最先进的合同法"之美誉。从1993年由专家学者提出"立法方案"开始,到1999年出台实施,历时将近6年。具体而言,该法历经了1995年1月"建议草案"(第1稿)、1995年10月"草案试拟稿"(第2稿)、1996年6月"草案试拟稿"(第3稿)和1997年5月"草案征求意见稿"(第4稿),及至1998年9月形成并公布《中华人民共和国合同法(草案)》(包括截至1998年12月21日全国人大常委会对该草案形成的三次审议稿)。然而,中国社会的急剧转型使这部先进的法律仍存在着模糊、缺漏之处。② 因此,最高人民法院通过加大对合同法的解释力度以实现债权保护,这本身就是积极回应社会转型的表现。

第二,以信用为基础的司法解释条文大量出现。把交易风险降到最低是市场经济有效运作的一个重要条件,而诚实信用又能有效降低交易风险。因此,在中国社会转型过程中,提高社会的诚实信用水平具有重要意义。基于此,最高人民法院出台了一些强调诚实信用的司法解释。例如,在市场经济发展初期,国家往往会作为借款合同的保证人参与交易活动。但是,这违背了国家的性质。因此,《中华人民共和国担保法》(以下简称《担保法》)第8

---

① 参见〔日〕我妻荣:《债权在近代法中的优越地位》,王书江、张雷译,谢怀栻校,中国大百科全书出版社1999年版,第6—7页。

② 参见李萌:《中国〈合同法〉先进性世界领先》,载《中国经济周刊》2005年第38、39期。

条规定:"国家机关不得为保证人,但经国务院批准为使用外国政府或者国际经济组织贷款进行转贷的除外。"倘若国家的机关担保行为无效且不必承担相应担保责任,那么国家的信用和银行的利益都难以获得保障。因此,最高人民法院在司法解释中规定:国家机关的担保行为无效,但保证条款被确认无效后,如借款人无力归还银行贷款,给国家造成经济损失的,作为保证人的国家机关应承担相应的赔偿责任。① 这一规定既维护了交易关系人之间的信用关系,又维护了国家法律的权威。2014年修正的《最高人民法院关于适用〈中华人民共和国公司法〉若干问题的规定(三)》更是强化了资本信用的基本理念。例如,该规定第2条、第3条规定了公司设立阶段的合同义务承继。根据第2条的规定,发起人为设立公司以自己名义签订合同的,由发起人承担责任。公司成立后对此合同予以确认,或者已经实际享有合同权利或者履行合同义务的,合同相对人也可以请求公司承担责任。根据第3条的规定,发起人以设立中公司名义对外签订合同,公司成立后应当履行合同义务。同时,该规定第3条、第7条规定了资本善意取得制度。即出资人以不享有处分权的财产出资的,"人民法院可以参照物权法第一百零六条的规定予以认定",该出资有效,公司可以善意取得该财产。由于善意取得的要件之一是有偿,因此无权处分人也会获得对应的股权。

第三,反映物权债权化趋势的司法解释条文大量出现。所谓物权债权化,是指物权逐渐具有债权的某些性征,强调的是物权由归属向利用的转变。具体而言,物权债权化有以下几个方面的表现形式:其一,担保物权具有债权性,其效力附从于所担保的债权的效力,其转让受债权制约。其二,物权的证券化。不动产、仓单、提单、商品券、抵押证券化等都是其表现。其三,分期付款买卖、融资租赁、租买以及让渡担保等交易关系中受让人所享有的物权系基于合同产生,其内容、效力由合同决定,而非法律的直接规定。② 建立一个开放、竞争、诚实信用的经济市场,首先需要解决的是资本的

---

① 参见1989年《最高人民法院经济审判庭关于国家机关作为借款合同保证人应否承担经济损失问题的电话答复》。
② 参见余能斌、王申义:《论物权法的现代化发展趋势》,载《中国法学》1998年第1期;温世扬、武亦文:《物权债权区分理论的再证成》,载《法学家》2010年第6期。

问题。传统物权法所保护的是财产的"静的安全",这显然不利于社会财富的增加,因为财产只有在流动中才能增值。债权法则更强调财产的"动的安全",即交易安全。强调物权债权化的一个重要意义在于将物的交换价值激发出来,从而实现社会财富的增加。最高人民法院出台的大量司法解释就反映了物权债权化的发展趋势。例如,2000年《最高人民法院关于购买人使用分期付款购买的车辆从事运输因交通事故造成他人财产损失保留车辆所有权的出卖方不应承担民事责任的批复》规定:"采取分期付款方式购车,出卖方在购买方付清全部车款前保留车辆所有权的,购买方以自己名义与他人订立货物运输合同并使用该车运输时,因交通事故造成他人财产损失的,出卖方不承担民事责任。"又如,2000年出台的《最高人民法院关于适用〈中华人民共和国担保法〉若干问题的解释》第77条的规定具有以下两个方面的突破:一是突破了抵押权消灭上的附从性;二是在一定程度上打破了抵押权实现的顺序升进主义原则,为中国日后推行抵押权证券化铺平了道路。①

3. 用强化和解来回应社会转型

在社会转型过程中,中国遭遇了1997年和2008年两次大的金融危机。党中央、国务院制定了一系列公共政策,积极应对国际金融危机对中国经济、社会发展的影响。在这种背景下,最高人民法院紧紧围绕党中央、国务院关于积极应对国际金融危机的重大战略决策,及时制定并发布了一系列司法解释、工作指导意见和司法政策性文件,以指导各项审判执行工作。②最高人民法院出台的上述应对国际金融危机的司法文件中多次提到"三保"政策,如"在金融危机冲击下,为企业和市场提供司法服务,积极应对宏观经济环境变化引发的新情况、新问题,为保增长、保民生、保稳定'三保'方针的贯彻落实提供司法保障"③。其中,保持经济增长排在第一位。为了充分发

---

① 《最高人民法院关于适用〈中华人民共和国担保法〉若干问题的解释》第77条规定:"同一财产向两个以上债权人抵押的,顺序在先的抵押权与该财产的所有权归属一人时,该财产的所有权人可以以其抵押权对抗顺序在后的抵押权。"
② 参见刘岚:《最高人民法院出台一系列应对金融危机司法意见回顾》,载《人民法院报》2009年8月17日第4版。
③ 最高人民法院《关于应对国际金融危机做好当前执行工作的若干意见》。

第六章 法院裁判规则的形成功能

挥人民法院保持经济平衡快速发展的政治职能,最高人民法院提出了帮助困难企业渡过难关、积极有效挽救仍具发展前景的企业、推进城乡经济社会发展一体化、拉大内需政策的落实、稳定房屋交易市场、保持经济平稳较快发展等一系列公共政策。例如,最高人民法院《关于应对国际金融危机做好当前执行工作的若干意见》规定:"对于因资金暂时短缺但仍处于正常生产经营状态、有发展前景的被执行人企业,慎用查封、扣押、冻结等执行措施和罚款、拘留等强制措施,多做执行和解工作,争取申请执行人同意延缓被执行企业的履行期限,以维持企业正常运转,帮助困难企业渡过难关。"最高人民法院《关于正确审理企业破产案件为维护市场经济秩序提供司法保障若干问题的意见》规定:"对于虽然已经出现破产原因或者有明显丧失清偿能力可能,但符合国家产业结构调整政策、仍具发展前景的企业,人民法院要充分发挥破产重整和破产和解程序的作用,对其进行积极有效的挽救。"最高人民法院《关于当前形势下进一步做好房地产纠纷案件审判工作的指导意见》规定:"切实依法保护国家投资基础设施建设拉大内需政策的落实。要依照法律规定,结合国家政策,妥善审理好涉及国家重大工程、重点项目的建设工程施工合同纠纷案件;要慎用财产保全措施,尽可能加快案件审理进度,发挥财产效益,为重点工程按期完工提供司法保障。"这些意见都要求司法机关慎用执行措施和强制措施,重视和解在债务执行和企业破产案件中的作用。

从这些政策中不难发现,人民法院采取的是司法能动主义策略,以最大限度地确保企业破产数、合同不履行数降至最低。在这种司法能动主义哲学的影响下,法院作出判决或决定的过程不但是对相关事实和证据进行法律审查和逻辑审查的过程,还是对相关事实进行价值判断的过程。同时,这种价值判断具有极强的功利主义色彩,即以最大多数人的最大利益作为价值判断的基础。

(三)最高人民法院裁判规则形成权的性质

通过上文的分析可以发现,最高人民法院根据社会发展情势和自身政治地位,从技术(如举证责任倒置)和理念(如强化债权)两个层面形成裁判规则,以适应社会转型的需要,这也在客观上推动了中国法律特别是民商事法律制度的发展。① 然而,有些学者认为,最高人民法院的裁判规则形成功能超越了司法权行使范围,从而出现了严重的错位。② 这种理论认知与实践操作上的巨大反差需要我们进一步追问最高人民法院裁判规则形成权的性质。

1. 技术论抑或目的论

有些学者之所以批评最高人民法院当下形成裁判规则的做法,其原因主要在于最高人民法院对法律的解释偏离了技术解释的层面,而去寻求一种理念的发展与完善。所谓"技术解释",是指在司法解释的形成过程中,应当偏重于法律文本的技术完善,即利用法律技术手段使现有法律的规范内容清晰、利益处置得当、调整功能有效、实施机制顺畅,以便于在司法审判实践中充分有效地应用法律。③ 因此,技术论的解释往往具有规范主义的色彩,即"强调法律解释不能超越立法者厘定的语义基本范围与立法意图,不能进行明显的造法和法律背后价值的考虑,而是以具体化或完善立法表述为目的"④。目的论的解释强调的是对法律目的和价值的一种阐释,并用这种扩张了或限缩了的目的和价值来弥补成文法的缺陷与不足。那么,最高人民法院享有的裁判规则形成权到底是一种技术论的形成权还是一种目的论的形成权? 其实,抽象地回答这一问题的意义并不大,因为无论是技术论

---

① 柳经纬通过对中国当代民商事司法解释的实证分析,指出:"在私法制度构建的层面,司法解释所起的作用有二:一是司法解释'先行'于立法,为私法的制度构建奠定基础。二是司法解释进一步充实私法制度,其本身成为私法制度的组成部分。"柳经纬:《当代中国私法进程中的民商事司法解释》,载《法学家》2012 年第 2 期。

② 例如,袁明圣认为,最高人民法院也由原来单纯地、就事论事式地解释某一具体的法律条文,向越来越经常性地对法律文本进行系统性甚至是整体性解释的方向拓展,形成了最高人民法院这样"一个权力相对薄弱的法院却拥有世界上最为广泛的法律解释权"的奇异景观。参见袁明圣:《司法解释"立法化"现象探微》,载《法商研究》2003 年第 2 期。魏胜强认为,"最高人民法院的实际做法也不是严格按法律规定进行的,导致我国当前的司法解释违背了法律的初衷,出现了严重的错位,具体表现为司法解释的'立法化''集权化''泛滥化'等方面"。参见魏胜强:《司法解释的错位与回归——以法律解释权的配置为切入点》,载《法律科学》(西北政法大学学报)2010 年第 3 期。

③ 参见陈甦:《司法解释的建构理念分析——以商事司法解释为例》,载《法学研究》2012 年第 2 期。

④ 王旭:《解释技术、实践逻辑与公共理性——最高人民法院行政法解释考察》,载葛洪义主编:《法律方法与法律思维》(第 6 辑),法律出版社 2010 年版,第 117 页。

还是目的论都有优点,也都存在不足。因此,我们必须在具体的语境中寻求答案。在笔者看来,最高人民法院当下所享有的裁判规则形成权既是一种技术论的形成权,又是一种目的论的形成权,而且在一定期限内,目的论的裁判规则形成权处于偏重地位。原因主要有以下几个方面:

首先,中国法院履行政治功能的方式需要最高人民法院在裁判规则形成过程中偏重目的论的司法解释。长期以来,司法是实现党和国家政策目标的工具,不仅主导了中国司法制度的设计,也主导了具体的司法政策实践。每年一度的全国人民代表大会,最高人民法院向大会所作的工作报告的主要内容是,汇报整个法院系统在一年的工作中贯彻落实党和国家中心任务的情况。政治工作的中心决定司法工作的中心。[1]最高人民法院履行政治功能的方式是,将政治目的平移为法律目的,然后将这个新的法律目的与具体的法律规则进行对照,从而检验这些法律规则是否有利于这个新的法律目的实现。就技术解释而言,它是以既有法律条文为前提的。尽管技术解释也非常重要,但是由于各种原因,法律规范并不健全,不能充分反映国家和党的政治目的。同时,政治目的或政策与法律目的或法律并不总是一致的。因此,中国所奉行的实用主义发展立场需要最高人民法院不断将政治目的或政策与法律目的或法律进行比较,并用政治目的或政策去丰富和发展法律目的或法律,并以此形成新的裁判规则。

其次,中国法律职业化程度不高、运用技术的方式发现法律规则的能力不足等现实导致最高人民法院难以用技术论的司法解释来回应社会转型。通过具有整合性的司法解释将法律的规范含义与不断变化的现实结合起来是回应社会转型的理想方式。换言之,理想的回应社会转型的方式是在综合考虑时代发展的前提下,运用语法解释、逻辑解释、系统解释等技术,揭示法律规范的应有之义,从而将法律规则的妥当性置入法律的确定性之中。这种理想的解释就是德沃金所说的"整合法学"(law as integrity)的"建构性解释"(constructive interpretation)。[2] 但是,一些法官驾驭语法解释、逻辑

---

[1] 参见张友连:《公共政策与最高人民法院的角色——以关于汶川、玉树和舟曲的通知为分析对象》,载《法律科学》(西北政法大学学报)2011年第5期。

[2] 参见〔美〕德沃金:《法律帝国》,李常青译,中国大百科全书出版社1996年版,第七章。

解释、系统解释的能力尚显不足,难以将法律规范的应有之义解释出来。因此,为了应对社会转型的现实,最高人民法院往往会选择确立一个新的、即刻实现的目的,然后出台新的规定这样一种策略。

最后,既有法律的开放性不足,需要最高人民法院采取目的论的司法解释。法官进行技术解释的前提是法律应当具有一定的开放性、严密性和体系性。然而,中国法律发展在很大程度上是一个"摸着石头过河"的过程,并且中国的立法深受实用主义影响。因此,既有法律在体系上存在一定的混乱性,在内容上存在诸多的不周延性,在适用上缺乏可操作性,对于社会的未来发展也缺乏一定的预见性。从这个意义上讲,既有法律的开放性是不足的。在这种情况下,最高人民法院难以用技术论的司法解释方法来回应社会转型。

2. 主动性抑或被动性

从最高人民法院的具体实践来看,司法解释的启动机制主要包括推理启动和经验启动两种基本类型。推理启动往往具有一定的主动性,经验启动则具有一定的被动性。司法权是一种具有被动性的权力,因此最高人民法院裁判规则的形成功能为一些学者所诟病。在他们看来,最高人民法院司法解释中的绝大部分内容都是脱离具体案件和法律条文进行的全面、系统且抽象的解释。为了克服现有司法解释的弊端,唯有从抽象解释转向具体的案例指导。① 也就是说,最高人民法院的裁判规则形成权只有针对现实生活中存在的具体疑难案件或具有代表性的案件才能被动启动。这种观点的确具有一定的说服力,但在很大程度上立基于西方司法经验和理论,忽视了当下中国的权力格局。这些学者认为,司法权与立法权是分立的,法院采取主动性的推理方式启动裁判规则形成权有可能僭越国家立法权。这种观点忽视了中国立法机关与司法机关的关系结构不同于西方,虽然中国的立法机关与司法机关"分工不同、职责不同,但都是在中国共产党领导下、在各自职权范围内贯彻落实党的路线方针政策和宪法法律,为建设和发展中国

---

① 参见陈林林、许杨勇:《司法解释立法化问题三论》,载《浙江社会科学》2010年第6期。

第六章　法院裁判规则的形成功能

特色社会主义服务"①。面对社会的急剧转型,中国共产党即刻出台了许多方针政策,并通过"高位推动"的优势,使分工相对明确的权力迅速聚合,从而确保这些方针政策在各个领域得到贯彻执行。从这个意义上讲,最高人民法院在一年一度的工作报告中结合党和国家的政策,报告司法解释情况,在一定程度上表明人民法院向党和国家负责。倘若最高人民法院完全采取被动性的经验启动型裁判规则形成策略,必然会使法院系统在回应社会转型、贯彻执行党和国家政策方面"慢半拍",显然与"全国上下一盘棋,拧成一股绳"的意识形态不符。

最高人民法院不但具有纠纷解决的功能,而且具有统一法律的功能。在中国官方意识形态里,确保国家权力下沉到基层社会是巩固政权和治理国家的首要前提。只有将国家权力下沉到基层社会,改变清末、民国政府乃至国民政府时期的多元权力格局并存局面,才是建立一个合理化的、能对社会与全体民众进行有效动员与管控的政府或政权体系的基础。② 确保作为统治阶级意志体现的法律的统一性是实现国家权力下沉,维护中央权威的体现。为了实现这一目的,中国形成了独具特色的案件汇报和请示制度。最高人民法院结合自身工作经验,就这些案件作出了一些司法解释,并冠以"批复""答复""函"等名称。这在一定程度上确保了上层意志在下级法院得到贯彻实施。但是,以这种方式实现国家权力下沉的力度毕竟有限,因为这种汇报与请示要靠下级法院的自觉。同时,大量需要处理的都是一些细枝末节的事情,其示范效应并不强。此外,下级法院对中央权威和国家权力缺乏敏锐的观察力,较难把握社会发展方向。这在一定程度上影响到了国家法律在地方的实施效果,从而影响到了国家权力的下沉。面对这种现实情况,最高人民法院需要主动地行使裁判规则形成权,用逻辑推理的方法来揭示法律文本的意义,丰富法律的目的,甚至制定新的法律规范。

---

① 张文显:《充分认识人民代表大会制度与西方议会制度的本质区别》,载《人民日报》2009年3月12日第11版。

② 参见郑智航:《新中国成立初期人民法院的司法路线——以国家权力下沉为切入》,载《法制与社会发展》2012年第5期。

3. 抽象型抑或个案型

笔者在前文已经提到，抽象型司法解释并不是针对法律中某一条款或用语进行具体释义，而是对某些法律条文、某种案件或某类疑难问题作出解释。因此，这种司法解释方式往往具有集中性、系统性和全面性的特点。在行为方式上，制定者也会模仿成文法的立法模式，采取规范化、条文化的表述方式。这种司法解释在民事司法解释中占有相当大的比重。有些学者对这种解释的合法性提出了质疑，认为其侵犯了立法权。[①] 在他们看来，这种抽象型司法解释并非严格意义上的司法解释，而是一种法律解释。根据《宪法》的规定，只有全国人民代表大会常务委员会才有解释法律的权力。从这种意义上讲，最高人民法院的抽象型司法解释有违宪之嫌。《关于加强法律解释工作的决议》和《人民法院组织法》也只规定了最高人民法院对于在审判过程中如何具体应用法律、法令的问题具有解释权。2007年《最高人民法院关于司法解释工作的规定》规定，司法解释的形式分为"解释""规定""批复""决定"四种，最高人民法院发布的司法解释具有法律效力。从最高人民法院的相关界定来看，"解释"和"批复"都是针对在审判工作中如何具体应用法律这一问题展开的，"决定"主要适用于修改或者废止司法解释。因此，以"解释"方式出台的抽象型司法解释并不存在违宪的问题；而"批复"是个案性的司法解释，是一种公认的司法解释类型。现在需要解决的问题是，"规定"形式的司法解释是否存在合宪性。根据《最高人民法院关于司法解释工作的规定》，"规定"的形式主要适用于根据立法精神，对审判工作中需要制定的规范、意见等所作的司法解释。从"解释""批复""规定"的着眼点来看，"解释"和"批复"主要针对的是现行法律的模糊性，"规定"针对的是现行法律的漏洞。就法律漏洞而言，需要法院和法官进行弥补。甚至有学者认为，当下各国都在更多地强调法官的职能和立法者的职能之间的类似之处，在一定程度上都承认"法官造法"具有合法性。法官在发现法律过程中必须进行的研究与立法者自身职责所要求的研究非常类似。法院与立法者之间乃是一种"同情式的携手合作"。当然，法官在对法律漏洞进行填补时，

[①] 参见张勇：《规范性司法解释在法律体系实施中的责任和使命》，载《法学》2011年第8期。

要"受到立法评价和调整目的的约束,他们是服务于立法或者法律秩序的助手,而不是主人"。① 因此,最高人民法院以"规定"方式出台的司法解释在本质上并不违反宪法。从这种意义上讲,判断最高人民法院出台的司法解释是否具有合宪性,并不是要看其采取了抽象型司法解释还是个案型司法解释,而是要看其规定的内容是否具有合宪性。

(四) 对最高人民法院裁判规则形成功能的反思与完善

笔者认为,最高人民法院面对剧烈的社会转型,在裁判规则形成过程中是采取技术论还是目的论、主动性还是被动性、抽象型司法解释还是个案型司法解释等,并不能成为人们反对最高人民法院享有裁判规则形成功能的理由。更进一步讲,用最高人民法院裁判规则形成权与立法权违反"三权分立"原则来证成其不享有该项权力,无论是在理论上还是实践中都是站不住脚的。但是,这并不意味着最高人民法院在发挥裁判规则形成功能过程中不存在问题。明确最高人民法院裁判规则形成功能的限度是完善最高人民法院司法解释制度的一个前提。

1. 对最高人民法院裁判规则形成功能的反思

通过对最高人民法院发布的439个民事司法解释的分析,笔者发现最高人民法院在发挥裁判规则形成功能过程中主要存在以下几个方面的问题:

第一,可操作性不强。根据全国人大常委会《关于加强法律解释工作的决议》和《最高人民法院关于司法解释工作的规定》,司法解释主要是解决司法实践工作中如何适用法律的问题。② 常见的难以适用法律的情形主要包括法律存在模糊性和法律存在漏洞两种。司法解释主要解决的就是这两种问题,从而使法律更具操作性。然而,最高人民法院出台的大量司法解释的条款存在过于原则性、模糊性和操作性不强的缺陷。例如,1993年《最高人

---

① 参见赵钢、王杏飞:《论民事司法权中的司法规则创制权》,载《中国法学》2011年第3期。
② 全国人大常委会《关于加强法律解释工作的决议》指出:"第五届全国人民代表大会第二次会议通过几个法律以来,各地、各部门不断提出一些法律部问题要求解释。同时,在实际工作中,由于对某些法律条文的理解不一致,也影响了法律的正确实施。为了健全社会主义法制,必须加强立法和法律解释工作。"

民法院关于审理名誉权案件若干问题的解答》规定,"文章的基本内容失实,使他人名誉受到损害的,应认为侵害他人名誉权"。对于"文章的基本内容失实",不同的法官有权作不同的解释。许多情况下,法官把这一要件理解成"只要与事实有出入就是内容失实"。又如,2014年修正的《最高人民法院关于适用〈中华人民共和国公司法〉若干问题的规定(三)》第17条的规定直接指向存在出资瑕疵的违法情形,表面上似乎弥补了《公司法》第35条的缺陷。但是,该条款也不具有操作性。① 2002年《最高人民法院〈关于审理企业破产案件若干问题的规定〉》第95条、2007年《最高人民法院关于审理涉外民事或商事合同纠纷案件法律适用若干问题的规定》第7条等都存在具有模糊性和操作性不强的问题。

第二,个案解释的开放性不够。中国个案解释与西方判例的一个重要区别在于,前者往往是就事论事,缺乏开放性。例如,《最高人民法院关于王水泉诉郑戴仇名誉权案的复函》中仅就郑戴仇是否损害王水泉的名誉权进行了回答,《最高人民法院关于继父母与继子女形成的权利义务关系能否解除的批复》中仅就双方是否存在权利义务关系进行了回答,《最高人民法院关于提单持有人向收货人实际取得货物后能否再向承运人主张提单项下货物物权的复函》中仅对双方是否成立海上货物运输合同关系和承运方是否负有凭正本提单交付货币的义务进行了回答,等等。在这些个案解释中,最高人民法院通常会使用"经研究,我们认为"字样,而对作出这种解释的理由殊少说明,对案件事实的描述也较少。从普通法的实际运作来看,判例通常由本案事实、判决理由和附带说明组成。其中,判决理由是判例的核心,蕴含着法律规则以及传承中的法律观念和社会道德因素。因此,判例对以后案件的开放性并不在于判决结果,而在于判决理由所蕴含的法律规则和法律观念。这正是最高人民法院个案解释中所缺乏的。

第三,克减公民权利。最高人民法院出台的司法解释中存在的另一个

---

① 这条规定主要存在以下两个方面的问题:其一,对收益权进行限制需要由公司采取措施,在多数股东都存在出资瑕疵的情形下无法启动;其二,所谓"合理"乃一区间,难免存在不确定性。参见郭雳:《论我国公司资本制度的最新发展——〈公司法司法解释(三)〉之解读》,载《法商研究》2012年第4期。

问题就是对公民权利的克减。就笔者所分析的民商事司法解释而言,克减公民权利主要表现为以下几种情形:(1) 改变时效以克减公民权利。例如,《担保法》中对保证期间只有两种规定:一是当事人明确约定保证期间的,按双方约定;二是当事人没有约定保证期间的,保证期间为六个月。但是,《最高人民法院关于适用〈中华人民共和国担保法〉若干问题的解释》第32条规定"约定不明"情形下的保证期间为"二年"。(2) 克减公民的诉权。例如,《最高人民法院〈关于审理企业破产案件若干问题的规定〉》规定,在企业有转移、隐匿财产和巨额财产下落不明的情况时,对其破产申请,人民法院不予受理。其实,企业能否破产主要取决于其偿债能力以及继续存在是否对市场有害。又如,《最高人民法院关于当事人达不成拆迁补偿安置协议就补偿安置争议提起民事诉讼人民法院应否受理问题的批复》也克减了当事人的诉权。虽然拆迁补偿安置协议属于民事诉讼的范围,但是该批复规定:"拆迁人与被拆迁人或者拆迁人、被拆迁人与房屋承租人达不成拆迁补偿安置协议,就补偿安置争议向人民法院提起民事诉讼的,人民法院不予受理……"(3) 克减公民的实体性权利。例如,最高人民法院《关于处理涉及汶川地震相关案件适用法律问题的意见(二)》规定:"因抗震救灾需要采取的排险、抢修、拆除等紧急避险行为造成公民人身或者公民、法人财产损害的,行为人不承担民事责任或者承担适当的民事责任。"因抗震救灾需要采取的排险、抢修、拆除等紧急避险行为损害他人财产的,就本质而言,是一种行政征用或公用征用行为,应当给予被征用者公正合理的补偿。但是,该意见对于行为人是否承担责任的规定模棱两可,从而在事实上克减了公民、法人的实体性权利。

第四,法律直接目的与间接目的的混同。前文已经提到,最高人民法院的司法解释往往受政府主导。甚至在某些场合,最高人民法院会直接"比附"党和政府的相关政策,作出具有平衡性的司法解释。最高人民法院之所以这样做,除了党和政府的"高位推动"外,另一个重要原因就在于它混同了法律的直接目的与间接目的。其实,司法对于公共政策目标的实现在任何情况下都只可能是其间接目的。倘若将司法对于公共政策目标的实现这一目标定位为司法的直接目的,实际上也就使司法本身失去了独特性,同时将司法机关和司法官员所从事的本职工作的范围等同于相关政府的职责范围。① 维护社会稳定、促进社会转型、构建社会主义和谐社会都只是法律的间接目的。但是,最高人民法院出台的许多司法解释将这些间接目的等同于法律的直接目的。除了在司法解释开头对这些目的进行强调外,最高人民法院还在行文中强调这些目的。例如,最高人民法院出台的相关司法解释中多处使用"尽量""慎重""合理""帮助""妥善"等极富道德色彩的词语,并且一再强调"各级法院增强服务大局意识,合理把握涉企业债务案件的审判尺度,注意利益平衡,多适用调解、和解和司法重整等法律调节手段,妥善处理涉企业诉讼案件"②。这种混同带来司法解释的可操作性下降、公民权利在某些场合被克减等后果。

2. 尊重法律的司法解释③

司法解释与立法的一个重要区别在于,司法解释是一种在既有法律规则、法律原则和法律理念指导下进行的法律意义澄清和漏洞补足活动,而立法是一种在宪法指引下创立法律规则、法律原则和发展法律理念的活动。因此,尊重法律是司法解释的首要原则。在判例法国家,司法解释也是在尊重法律即先例的前提下进行的。正如美国大法官卡多佐所说:"即使法官是自由的时候,他也仍然不是完全自由。他不得随意创新。他也不是一位随意漫游、追逐他自己的美善理想的游侠。他应从一些经过考验并受到尊重的原则中汲取他的启示。他不得屈从于容易激动的情感,屈从于含混不清且未加规制的仁爱之心。他应当运用一种以传统为知识根据的裁量,以类比为方法,受到制度的纪律约束,并服从'社会生活中对秩序的基本需要'。"④在实践操作中,美国形成了自己的"裁判规则形成的法律模式"。在该模式中,法治或法律是关键变量。从理论上讲,我们可以把这种法律解释和法律推理的基本模式描述为以遵循先例原则为特征的过程,并将此过程

---

① 参见姚建宗:《法律的政治逻辑阐释》,载《政治学研究》2010年第2期。
② 刘岚:《最高人民法院出台一系列应对金融危机司法意见回顾》,载《人民法院报》2009年8月17日第4版。
③ 这一观点深受胡玉鸿教授相关研究的影响。参见胡玉鸿:《尊重法律:司法解释的首要原则》,载《华东政法大学学报》2010年第1期。
④ 〔美〕本杰明·卡多佐:《司法过程的性质》,苏力译,商务印书馆1998年版,第88页。

分为以下三个步骤:(1)对比先例案件和需要解决的案件之间的异同;(2)宣布先例案件背后的法律规则;(3)将先例案件的法律规则适用于后面需要解决的案件。① 大陆法系国家也强调尊重法律在司法解释中的重要地位。例如,《意大利民法典》规定:"法律解释,必须根据条文之间的联系和立法者的意图,通过探讨条文的真实意思以弄清楚法律的含义而不得添附其他意义。"它要求法官在适用法律时,应遵循法律的直接意思;如果法律条文的意思不明确,法官就应参照立法机构制定法律的意图进行司法解释。在具体的操作中,大陆法系国家的法官一般会通过语法分析和逻辑分析对法律文本进行解释。如果通过语法分析和逻辑分析不能解决问题,法官就会寻找原立法者的意图、目的和精神。② 具体而言,尊重法律有以下几个方面的要求:一是司法解释要以推定法律的合宪性为首要规则;二是不应通过司法解释宣布法律无效;三是司法解释的首要任务在于阐释法律;四是法律解释需要服从法律效力位阶原则等。③

在此,需要强调的是如何看待尊重法律与禁止拒绝裁判原则之间的关系这一问题。所谓禁止拒绝裁判原则,是指法院不得以法律无规定、规定不明确或不完善为由而拒绝受理相关案件。④ 这也就意味着,法官在一定条件下拥有创设具体法律规则的权力。一方面,司法解释需要尊重法律;另一方面,司法解释可以创设法律规则。这是否存在矛盾与冲突? 其实,禁止拒绝裁判原则所强调的"法律无规定"主要是指民事法律没有规定,并且只是指规则层面没有规定,而不是指法律原则和法律理念层面没有规定,更不是指宪法规则和宪法原则层面没有规定。换言之,法官创设民事法律规则是在法律原则、宪法规则和宪法原则的指引下进行的。因此,作为一项基本的民

---

① See Tracey E. George, Lee Epstein, On the Nature of Supreme Court Decision Making, *American Political Science Review*, 1992, 86(2).
② 参见刘星:《大陆法系、英美法系和我国司法解释方法比较》,载《比较法研究》1989年第2期。
③ 参见胡玉鸿:《尊重法律:司法解释的首要原则》,载《华东政法大学学报》2010年第1期。
④ 《法国民法典》第4条规定:"法官借口法律无规定、规定不明确或不完备而拒绝审判者,得以拒绝审判罪追诉之。"谢怀栻认为:"人民发生任何民事纠纷,法院均应受理。法院(法官)即使在法律对该项案件无规定、规定不明确或不完备的情况下,也不得拒绝受理案件。"谢怀栻:《大陆法国家民法典研究》,中国法制出版社2004年版,第15页。

事裁判原则而存在的禁止拒绝裁判原则与尊重法律是一致的。

3. 有限的建议

通过理论上的厘清和对具体实践的反思,笔者认为,对最高人民法院裁判规则形成功能的完善,不能像有的学者所主张的那样取消最高人民法院所享有的抽象解释权,而是要从增强裁判规则的可操作性、增加个案解释的开放性、确保公民权利以及区分法律直接目的与间接目的的角度着手。

第一,司法裁判规则需要回归宪法和法律。既然尊重法律是司法裁判规则形成的首要原则,而最高人民法院的一些司法解释又背离了宪法和法律的精神,那么回归宪法和法律是完善最高人民法院裁判规则形成功能的当务之急。政治目的是法律的间接目的,法律目的与政治目的是通过宪法这一结构耦合机制打通的。法院要充分考量政治目的和宪法之间的关系,判断政治目的的合宪性,并在此基础上将政治目的转换为法律目的。因此,区分法律的直接目的与间接目的是明确司法解释尊重法律的重要保障。同时,最高人民法院在裁判规则形成过程中,也要服从权利推定和法律效力位阶两个基本原则。就民事司法解释而言,需要坚持"法无明文禁止即自由"的权利推定原则。当宪法没有明文规定某项主张是不是权利时,最高人民法院需要识别这项主张属不属于未列举权利的范畴,并在此基础上进行证成。至于遵守法律效力位阶,则要求司法解释不得违反宪法、法律、法规以及立法解释。为了确保司法解释不违反宪法和法律,可以建立司法解释备案制度。全国人大常委会有权对司法解释进行审查,并有权撤销不合法的司法解释。

第二,建立抽象型与个案型并重的裁判规则形成体系。如上文所述,中国社会转型带来的法律需求与法律供给之间的矛盾决定了最高人民法院出台抽象型裁判规则的合理性。但是,最高人民法院也应当注意到个案型裁判规则所具有的重要意义。有的学者甚至认为,中国可以将个案型裁判规则形成制度发展为案例指导制度,从而取消抽象型裁判规则形成制度。这种观点尽管忽视了抽象型裁判规则形成制度的现实合理性,但是提出了一个完善个案型裁判规则形成机制的重要思路,即强化案例指导制度在个案型裁判规则形成机制中的作用。从现实角度来讲,中国应当承认最高人民法院发布的指导性案例具有法律效力,并强化指导性案例中的说理成分。[①]

第三,强化司法裁判规则形成的技术性。具体而言,就是要在司法裁判规则形成过程中广泛运用类推解释、反对解释、语法解释、逻辑解释、历史解释、体系解释、目的解释等方法。从本质上讲,最高人民法院形成司法裁判规则是在尊重法律原则的指引下,消除法律条文的模糊性、弥补法律漏洞的活动。因此,法院形成司法裁判规则具有极强的技术性。就笔者所分析的439个民事司法解释而言,《最高人民法院关于适用〈中华人民共和国合同法〉若干问题的解释(二)》中所包含的司法解释技术最高。例如,该解释第2条关于合同成立的解释采用了目的论指导下的扩张解释,第6条关于格式条款的解释采用了限缩解释,第19条关于明显不合理的低价的解释采取了历史的解释方法和一般法律原则的解释方法,第29条关于违约金的解释采取了一般法律原则的解释方法。

二、法院指导性案例的生成功能

最高人民法院在2005年10月26日印发的《人民法院第二个五年改革纲要(2004—2008)》中明确提出要建立和完善案例指导制度,并就指导性案例的编选标准、编选程序、发布方式、指导规则等内容进行了规定。2010年,《最高人民法院关于案例指导工作的规定》和《最高人民检察院关于案例指导工作的规定》颁布施行。这些规定强调,只有最高人民法院和最高人民检察院确定并统一发布的案例才对全国法院和检察院的司法活动具有指导性作用。2010—2013年,最高人民法院陆续发布了五批指导性案例。[②] 案例指导制度在实践层面的实施直接推动了法学界对此制度的学术研究。从既有的相关研究来看,法学界主要采取了以下几种进路研究案例指导制度:第一种是价值论的进路。这种进路主要是从应然的、抽象的层面对中国建立案

[①] 参见张勇:《规范性司法解释在法律体系实施中的责任和使命》,载《法学》2011年第8期。

[②] 本书成稿后,最高人民法院又发布了多批指导性案例,但是这些指导性案例并不影响本书的观点。因此,本书没有具体涉及第六批及之后的指导性案例中的个案。

例指导制度的必要性、可行性和具体制度构想进行分析。① 第二种是反思性的进路。采取这种进路的学者认为,中国当下的案例指导制度并不像有的学者所论证的那样美好,而是可能存在诸多"瓶颈"。因此,中国当下应当理性地评估案例指导制度的价值,谨慎地对待案例指导制度。② 第三种是案例分析的进路。这种进路主要从具体的指导性案例出发,对指导性案例与司法解释的关系、指导性案例的约束力、指导性案例的技术性细节、指导性案例的适用分类等问题进行较具实证色彩的研究。③ 这些研究进路对于推进法学界有关案例指导制度研究确实起到了重要的推动作用,并对案例指导制度的实践起到了积极的促进作用。但是,这三种进路都存在一定的问题。具体来讲,第一种进路具有强烈的理想主义色彩,并且在具体的论述过程中往往会忽视中国案例指导制度运行的具体场境,从而使这些研究或多或少带有想象成分。第二种进路在一定程度上构成了对第一种进路的反驳,有助于我们全面和深刻地认知当下中国的案例指导制度。第三种进路则具有较强的实证色彩,并能够从指导性案例本身理性地认识案例指导制度。但是,后两种进路都未将案例指导制度放在社会转型的背景下考虑,也忽视了最高人民法院的政治属性,从而无法看到政治因素对中国指导性案例的生

---

① 采取这种研究进路的主要成果有:刘作翔:《我国为什么要实行案例指导制度》,载《法律适用》2006年第8期;孙谦:《建立刑事司法案例指导制度的探讨》,载《中国法学》2010年第5期;刘作翔、徐景和:《案例指导制度的理论基础》,载《法学研究》2006年第3期;陈兴良:《建立案例指导制度意义深远》,载《法制日报》2013年4月10日第12版;王显德、何志:《论我国案例指导制度的构建》,载《人民司法》2005年第10期;卞文斌:《我国应当建立案例指导制度》,载《中国改革报》2005年11月30日第6版;康为民:《中国特色社会主义司法制度的自我完善——案例指导制度的定位、价值与功能》,载《法律适用》2011年第8期;等等。

② 李仕春认为,学者们夸大了案例指导制度在填补法律漏洞方面的功能。其实,案例指导制度不必然能够实现同案同判,建立案例指导制度也不必然能够提高司法效率。参见李仕春:《案例指导制度的另一条思路——司法能动主义在中国的有限适用》,载《法学》2009年第6期。吴英姿认为,中国当下的案例指导制度在功能定位上侧重监督,可能偏离司法统一目标;在制度设计上存在路径依赖,可能重蹈司法解释覆辙;脱离制度环境,指导可能流于形式;指导机制的行政化,可能威胁指导性案例的稳定性,进一步削弱法官独立性。参见吴英姿:《谨防案例指导制度可能的"瓶颈"》,载《法学》2011年第9期。

③ 采取这种研究进路的主要成果有:王亚新:《一审判决效力与二审中的诉讼外和解协议——最高人民法院公布的2号指导案例评析》,载《法学研究》2012年第4期;周光权:《刑事案例指导制度:难题与前景》,载《中外法学》2013年第3期;资琳:《法治中国语境下指导性案例的分类适用》,载《法制与社会发展》2013年第5期;李友根:《指导性案例为何没有约束力——以无名氏因交通肇事致死案件中的原告资格为研究对象》,载《法制与社会发展》2010年第4期等。

第六章 法院裁判规则的形成功能

成所产生的影响。基于此,下文拟从最高人民法院发布的 22 个指导性案例出发,从最高人民法院所承担的政治功能和承担政治功能的方式角度揭示中国指导性案例的生成逻辑。

(一) 指导性案例法律解释技术运用的非典型性

中国的案例指导制度可以追溯到 20 世纪 80 年代中期。1985 年,最高人民法院在《最高人民法院公报》上选登了一些判决书,这被认为是最高人民法院公布指导性案例的最早尝试。1999 年,最高人民法院将构建案例指导制度纳入法院改革纲要之中。但是,这些案例对于法院判案尚不具有直接的指导力。[①] 2002 年,郑州市中原区人民法院出台了"先例判决"制度,天津市高级人民法院出台了"判例指导"制度。这些制度强化了指导性案例的约束力。[②] 自此以后,各地法院开始积极探索案例指导制度。为了规范案例指导制度,统一法律适用,《最高人民法院关于案例指导工作的规定》将指导性案例的发布权收归最高人民法院。因此,只有最高人民法院发布的指导性案例才能被叫作"指导性案例"。从 2010 年起,最高人民法院陆续发布了 5 批指导性案例,共有 22 个案例。这些指导性案例主要涉及合同法解释,诉讼外协议的效力,因恋爱、婚姻纠纷杀人的法律适用,行政许可,公司解散,没收财产的范围,当事人申请撤诉,毒害物质的范围,出借车牌号或容忍他人套用自己车牌号而发生交通事故后侵权责任的承担等问题。笔者通过对这 22 个指导性案例进行分类,发现最高人民法院发布的指导性案例主要涉及刑法、民法、商法、行政法和诉讼法等法律部门。其中,刑法领域的指导性案例有 6 个,民法领域的指导性案例有 5 个,商法领域的指导性案例有 4 个,行政法领域的指导性案例有 3 个,诉讼法领域的指导性案例有 4 个。

从制度创设的目的来看,最高人民法院之所以要出台案例指导制度,其重要原因是统一法律适用,规范法院自由裁量权的行使。从法律适用技术上讲,该制度就是要充分发挥最高人民法院通过个案解释法律的优势,推动

---

① 参见吴英姿:《谨防案例指导制度可能的"瓶颈"》,载《法学》2011 年第 9 期。
② 郑州市中原区人民法院提出,不参照"先例"作出的判决,如出现错判,可依相关规定按违法审判追究有关人员的责任。天津市高级人民法院要求,法官在审理与"判例"相类似的案件时,如果没有参照"判例"进行判决,应在案件判决后将判决情况向高级人民法院书面报告。

中国法律的统一。对此,张骐指出:"长期以来,通过个案解释法律,是最高人民法院进行法律解释的一种有效方式。这种以个案进行的法律解释以其比较强的针对性和与案件事实紧密联系的具体性,在司法实践中发挥了重要的作用。目前的指导性案例是以前就有的以个案进行的法律解释的一种自然发展。"①因此,从理论上讲,最高人民法院发布的指导性案例应当充分体现法院系统对于法律解释技术运用的娴熟性。然而,遗憾的是,如果我们对最高人民法院发布的这 22 个指导性案例作进一步深入的剖析,就很容易发现许多指导性案例对于法律解释技术的运用并不具有典型性。

这里以刑法领域的 6 个指导性案例为例。指导案例 3 号涉及的是受贿罪的认定问题。最高人民法院、最高人民检察院 2007 年发布的《关于办理受贿刑事案件适用法律若干问题的意见》第 3 条第 2 款明确规定:"国家工作人员利用职务上的便利为请托人谋取利益,以合作开办公司或者其他合作投资的名义获取'利润',没有实际出资和参与管理、经营的,以受贿论处。"指导案例 3 号只是将该条规定适用于具体的个案,并不涉及法律意义模糊或法律存在漏洞的问题,因而也就不存在法律解释的问题。

指导案例 4 号的裁判要点是:"因恋爱、婚姻矛盾激化引发的故意杀人案件,被告人犯罪手段残忍,论罪应当判处死刑,但被告人具有坦白悔罪、积极赔偿等从轻处罚情节,同时被害人亲属要求严惩的,人民法院根据案件性质、犯罪情节、危害后果和被告人的主观恶性及人身危险性,可以依法判处被告人死刑,缓期二年执行,同时决定限制减刑,以有效化解社会矛盾,促进社会和谐。"但是,这一裁判要点在进行法律解释时明显违背逻辑解释的基本方法。最高人民法院在 2010 年 2 月 8 日印发的《最高人民法院关于贯彻宽严相济刑事政策的若干意见》中规定,对于因恋爱、婚姻、家庭、邻里纠纷等民间矛盾激化等引发的犯罪,应酌情从宽处罚;在判处重刑尤其是适用死刑时应特别慎重,除犯罪情节特别恶劣、犯罪后果特别严重、人身危险性极大的被告人外,一般不应当判处死刑。对于被害人在起因上存在过错,或者是被告人案发后积极赔偿,真诚悔罪,取得被害人或其家属谅解的,应依法

---

① 张骐:《试论指导性案例的"指导性"》,载《法制与社会发展》2007 年第 6 期。

从宽处罚;对同时有法定从轻、减轻处罚情节的,应考虑在无期徒刑以下裁量刑罚。在该案中,王志才杀人是因恋爱矛盾激化引发的。事后,王志才服农药自杀未遂。归案后,王志才如实供述自己罪行,并与其亲属积极赔偿,但未与被害人亲属达成赔偿协议。王志才事后的一系列反应都能够证明其人身危险性不能被称为"极大"。同时,归案后坦白供述是个法定的从轻情节。案件争点在于如何看待受害人家属的态度。受害人家属的态度影响的是无期徒刑以下刑罚能否适用的问题。法院最终判处王志才死刑,缓期二年执行,同时决定对其限制减刑,这从法律解释技术上讲是有问题的。

此外,指导案例12号的裁判要点与《最高人民法院关于贯彻宽严相济刑事政策的若干意见》第3条的规定相一致。指导案例14号的裁判要点与最高人民法院等部门发布的《关于对判处管制、宣告缓刑的犯罪分子适用禁止令有关问题的规定(试行)》第4条第1项的规定完全一致。① 因此,指导案例12号、14号都没有涉及法律解释技术的运用问题。

就其他领域的指导性案例而言,有学者将指导案例1号、8号、9号、10号归为法律解释型指导性案例。② 不管这种分类在学理上能否成立,我们从这些法律解释型指导性案例内部来看,它们并不像有的学者盛赞的那样运用了较强的法律解释技术。例如,指导案例1号涉及的关键问题是对"跳单"行为的法律解释。从法源上讲,直接涉及"跳单"的是《中华人民共和国合同法》(以下简称《合同法》)第410条的规定:"委托人或者受托人可以随时解除委托合同。因解除合同给对方造成损失的,除不可归责于该当事人的事由以外,应当赔偿损失。"从这种意义上讲,"跳单"是一种解除居间合同的行为。这样,该案的核心问题就转化为陶德华实施解除居间合同的行为对当事人造成的损失是否属于应当归责于当事人的事由。上诉法院认为陶德华不存在"跳单"行为,事实上是错误地解释和理解了《合同法》第410条。③ 指

---

① 参见周光权:《刑事案例指导制度:难题与前景》,载《中外法学》2013年第3期。
② 资琳认为,最高人民法院发布的指导性案例可以分为漏洞补充型、法律解释型和权限宣告型三类。参见资琳:《法治中国语境下指导性案例的分类适用》,载《法制与社会发展》2013年第5期。
③ 参见隋彭生:《居间合同委托人的任意解除权及"跳单"——以最高人民法院〈指导案例1号〉为例》,载《江淮论坛》2012年第4期。

导案例8号中,法院认为公司组织机构内部运行混乱属于"公司经营管理发生严重困难"。这属于2008年《最高人民法院关于适用〈中华人民共和国合同法〉若干问题的规定(二)》第1条第1款规定的内容。因此,该案涉及的是法律适用的问题,而不涉及法律解释的问题。此外,指导案例9号、10号也或多或少存在司法解释技术运用不够的问题。

(二)指导性案例生成的中国路径

通过上文的实证分析,笔者发现,最高人民法院发布的相当一部分指导性案例运用法律解技术并不明确,弥补法律漏洞的情形也不多,在有些情况下还存在违反现行法律之嫌。那么,为什么这样一批案例会成为指导性案例?这需要我们进一步分析中国指导性案例生成的基本路径。

1. 案例选取的标准

从中国案例指导制度最初和直接的导因来看,近些年法院的判决中出现了比较多的同案不同判的情况,这对法制统一造成破坏。① 最高人民法院也在《最高人民法院公报》上陆续发布了大量的案例,但是并没有对案例选取的标准作出明确规定。1988年《最高人民法院工作报告》指出,最高人民法院正式发布的案例"主要是对一些重大的、复杂的刑事案件统一量刑标准;对一些新出现的刑事案件的定罪量刑问题提供范例;对审理一些在改革、开放中新出现的民事、经济案件提供范例"。我们从中似乎可以得知,最高人民法院发布的指导性案例更倾向于法律问题的解决。为了进一步规范案例指导制度,《最高人民法院关于案例指导工作的规定》第2条明确规定:"本规定所称指导性案例,是指裁判已经发生法律效力,并符合以下条件的案例:(一)社会广泛关注的;(二)法律规定比较原则的;(三)具有典型性的;(四)疑难复杂或者新类型的;(五)其他具有指导作用的案例。"该规定事实上构成了最高人民法院选取和发布指导性案例的基本标准。此时,最高人民法院指导性案例选取的标准似乎不但强调法律问题的解决、事实问题的认定,而且强调案件审理本身所具有的社会效应。因此,从这种意义上

---

① 参见刘作翔:《我国为什么要实行案例指导制度》,载《法律适用》2006年第8期。

讲,案例指导制度不单单强调法院所应承担的司法功能,也强调法院通过司法发挥相应的政治功能。

笔者的这一判断也得到了最高人民法院发布的指导性案例的支持。笔者通过对最高人民法院发布的指导案例1—12号的推选过程的研究发现,最高人民法院称选取条件符合条件"(二)法律规定比较原则的"有案例2号、3号、6号、8号,符合条件"(四)疑难复杂或者新类型的"有案例11号,符合条件"(五)其他具有指导作用的"有案例1号、4号、5号、6号、7号、9号、10号、12号。按照案例指导制度设计的初衷,最高人民法院应当主要围绕法律规定比较原则的、具有典型性的和疑难复杂或者新类型的这三个标准选取案例。但是,实践中却是其他具有指导作用的案例占了多数。当然,这里也涉及如何解释"其他"的问题。从形式逻辑上讲,"其他"肯定不包括"法律上具有指导作用"这种情形,因为这种情形在前面的条件(二)(三)(四)中已涵括。

表6-1 最高人民法院指导案例1—12号的选取理由

指导案例	选取理由
1号	对于处理类似案件具有一定指导意义①
2号	现行法律和司法解释对此问题没有明确规定,审判实践中又经常遇到②
3号	所涉问题在刑法和司法解释中尚未明确具体规定,具有一定代表性,同时出现在一个案例中很难得③
4号	贯彻了宽严相济刑事政策,对类似案件具有普遍指导意义④
5号	对于处理类似案件具有指导意义⑤

---

① 参见最高人民法院案例指导工作办公室:《指导案例1号〈上海中原物业顾问有限公司诉陶德华居间合同纠纷案〉的理解与参照》,载《人民司法》2012年第7期。
② 参见最高人民法院案例指导工作办公室:《指导案例2号〈吴梅诉四川省眉山西城纸业有限公司买卖合同纠纷案〉的理解与参照》,载《人民司法》2012年第7期。
③ 参见最高人民法院案例指导工作办公室:《指导案例3号〈潘玉梅、陈宁受贿案〉的理解与参照》,载《人民司法》2012年第7期。
④ 参见最高人民法院案例指导工作办公室:《指导案例4号〈王志才故意杀人案〉的理解与参照》,载《人民司法》2012年第7期。
⑤ 参见最高人民法院案例指导工作办公室:《指导案例5号〈鲁潍(福建)盐业进出口有限公司苏州分公司诉江苏省苏州市盐务管理局盐业行政处罚案〉的理解与参照》,载《人民司法》2012年第15期。

(续表)

指导案例	选取理由
6号	对行政处罚规定的较为原则的听证程序的适用范围进行了细化,准确把握了听证程序的立法原意适用原则,对处理类似案件具有一定指导意义①
7号	对于明确和完善民事抗诉案件的审查程序,进一步规范和统一民事抗诉案件的审理,具有重要意义②
8号	在法律适用上属于法律规定比较原则的情形③
9号	适用法律正确,对审理同类案件有指导作用④
10号	处理正确,明确了法院对可撤销的公司决议进行司法审查的界限,具有较强的指导意义⑤
11号	明确了土地使用权可以成为贪污罪的对象,对于依法惩治利用职权非法占有土地,深入推进反腐斗争具有指导意义⑥
12号	属于较先适用2011年修正后的《刑法》第50条判处死缓限制减刑的案例,贯彻了宽严相济的刑事政策和死刑政策,对审理类似案件具有指导意义⑦

实际上,即使从最高人民法院案例指导工作办公室所称的条件来看,这些案例也很难说符合这些条件。正如有的学者在批评《最高人民法院公报》发布的知识产权案例时所指出的:"《公报》案例在内容上并没有清晰的定位,各个类型的案例多因对成文法的'具体化'而入选《公报》,《公报》案例显得'杂'而'全',特点并不鲜明。从某种意义上讲,案例并非因'典型'而上

---

① 参见最高人民法院案例指导工作办公室:《指导案例6号〈黄泽富、何伯琼、何熠诉成都市金堂工商行政管理局行政处罚案〉的理解与参照》,载《人民司法》2012年第15期。
② 参见最高人民法院审判监督庭、最高人民法院案例指导工作办公室:《指导案例7号〈牡丹江市宏阁建筑安装有限责任公司诉牡丹江市华隆房地产开发有限责任公司、张继增建设工程施工合同纠纷案〉的理解与参照》,载《人民司法》2012年第15期。
③ 参见最高人民法院案例指导工作办公室:《指导案例8号〈林方清诉常熟市凯莱实业有限公司、戴小明公司解散纠纷案〉的理解与参照》,载《人民司法》2012年第15期。
④ 参见最高人民法院案例指导工作办公室:《指导案例9号〈上海存亮贸易有限公司诉蒋志东、王卫明等买卖合同纠纷案〉的理解与参照》,载《人民司法》2013年第3期。
⑤ 参见最高人民法院案例指导工作办公室:《指导案例10号〈李建军诉上海佳动力环保科技有限公司公司决议撤销纠纷案〉的理解与参照》,载《人民司法》2013年第3期。
⑥ 参见最高人民法院案例指导工作办公室:《指导案例11号〈杨延虎等贪污案〉的理解与参照》,载《人民司法》2013年第3期。
⑦ 参见最高人民法院案例指导工作办公室:《指导案例12号〈李飞故意杀人案〉的理解与参照》,载《人民司法》2013年第3期。

《公报》,而是因为上《公报》而'典型'。"① 以指导案例 11 号为例,该案主要涉及的是如何理解刑法中的贪污罪这一问题。杨延虎等人明知王月芳不符合拆迁安置条件,却利用杨延虎的职务便利,伙同被告人郑新潮、王月芳,通过将王月芳所购房屋谎报为其祖传旧房、虚构王月芳与王某祥分家事实,骗得旧房拆迁安置资格,骗取国有土地确权。这明显属于刑法上的贪污行为,故该案并不属于法律上的疑难案件。尽管学界对于什么是疑难案件存在较大争议,但是从法教义学的角度来讲,疑难案件应当存在数个可供适用的法律规范,从而可能形成数个裁判结论,或者特定的可供适用的法律规范有多种解释的可能。② 但是,就该案而言,控辩双方的争点在于国有土地使用权是否属于"公共财产"和利用职务上有隶属关系的其他国家工作人员的职务便利是否属于"利用职务上的便利"。就前者而言,根据《刑法》第 91 条第 1 款有关公共财产的规定,公共财产包括国有财产、劳动群众集体所有的财产以及用于扶贫和其他公益事业的社会捐助或者专项基金的财产。国有土地使用权当然属于"公共财产"的范畴。这属于法律的当然解释。就后者而言,下属之所以听从上级去为上级谋利,一个重要的原因就是上级职权的存在。因此,利用职务上有隶属关系的其他国家工作人员的职务便利本身就是一种利用职权的行为。在实践中,即使利用没有隶属关系的其他国家工作人员的职务便利谋取公共财产,也会被认定为贪污行为。据此,笔者认为,指导案例 11 号并不符合疑难案例的条件。

2. 文本的剪辑

就体例设计来讲,指导性案例主要包括裁判摘要或指导要旨(包括裁判理由或处理理由以及案件事实精要)和附具有既判力的案件判决书两部分。③ 因此,在生成指导性案例时,需要对初始的案例文本进行必要的剪辑。

---

① 袁秀挺:《我国案例指导制度的实践运作及其评析——以〈最高人民法院公报〉中的知识产权案例为对象》,载《法商研究》2009 年第 2 期。
② 参见王利明:《我国案例指导制度若干问题研究》,载《法学》2012 年第 1 期。
③ 刁岚松和冯兴吾认为,裁判摘要或指导要旨是指导性案例的主要部分,其构成要素应当包括:一是裁判理由或处理理由;二是案件事实精要。同时,在指导性案例中,应当对发生既判力的判决书进行全文载入。参见刁岚松、冯兴吾:《指导性裁判案例的生成》,载《中国检察官》2011 年第 8 期。

汤文平认为,"剪辑文本力求简约,是判例库为法律人共同体正确利用的必要前提;但是为了体现判例制度相对于成文法的优点,又必须为法律发现者提供完整的初始文本"①。之所以要强调剪辑文本需要力求简约,是为了节约司法成本,追求司法效率;之所以要强调初始文本,是因为人们应当对一切剪辑的文本保持一种怀疑的态度。为了证明这一点,汤文平从比较法的角度进行了论证。他发现,德国联邦最高法院各个机构判例集里的判例只经过小幅度的剪辑,主要除去的是当事人姓名(名称)和事实的猥杂之处,对于法律论证部分保留得相当完整。日本的判例除文首提取判例要旨之外,几乎保持了原貌,甚至还会附以原审未生效的判决。所以,连德国学者都惊叹于日本判例的完整:德国判例仅见判决的"外衣",日本判例则不仅可见"外衣",还可见其"裸体"。英美法更注重判例的原貌,所有判例基本上都保留了判决的原貌,而且对于建议性质的摘要极度谨慎,法院甚至会直截了当地要求对各类摘要保持警惕。②

中国当下的指导性案例文本主要包括"裁判要点""相关法条""基本案情""裁判结果"和"裁判理由"等部分。相比于司法解释而言,指导性案例更具有针对性、客观性和可操作性。但是,最高人民法院在裁判剪辑过程中过分强调简约,忽视了初始文本的完整性。具体来讲,这种倾向主要体现在以下几方面:

第一,指导性案例的裁判要点在内容和形式方面都只注重抽取和概括判决中抽象的判例规则,而有意省略了案件事实和法律推理的过程,判例规则仿佛可以离开案件事实而独立存在。其结果是,原本与司法解释不同的指导性案例除了多了后面鲜活的个案之外,和司法解释并无二致。③

第二,指导性案例往往强调的是法律规则的适用,而没有涉及认定案例事实的相关证据,甚至在文本剪辑过程中有意删除了证据认定的过程。这种做法虽然与当下中国法院判决书的写作有密切关系,但是证据对于案件

---

① 汤文平:《论指导性案例之文本剪辑——尤以指导案例1号为例》,载《法制与社会发展》2013年第2期。
② 同上。
③ 参见宋晓:《裁判摘要的性质追问》,载《法学》2010年第2期。

事实的认定具有重要意义,也是完整法律文本的一个重要方面。

第三,指导性案例往往会省略裁判主文原本征引的法律条文。以指导案例 1 号为例,原生效判决征引了《合同法》第 424 条、第 426 条第 1 款、第 427 条、第 45 条第 2 款等条款,发布文本悉数删除,而仅在文首法条处引用了《合同法》第 424 条。① 这种做法在最高人民法院发布的指导性案例中较为普遍。同时,在法律论证过程中,指导性案例也会省略很多应当适用的法条和法律解释。例如,指导案例 4 号涉及的法条和法律解释除了《刑法》第 50 条第 2 款外,还包括《最高人民法院关于死刑缓期执行限制减刑案件审理程序若干问题的规定》第 4 条等。但是,最高人民法院在发布指导性案例时只列举了《刑法》第 50 条第 2 款。

第四,指导性案例可能对原案判决进行修正。在指导性案例生成过程中,最高人民法院注重的往往是各该案例所具有的典型性和代表性。为了达致这一目的,最高人民法院会充分发挥其主观能动性,对原案判决进行加工和修正,从而使其典型性和代表性得到最大限度的凸现。

第五,指导性案例可能裁剪掉原案判决中的反对意见。英美法系国家历来强调在判决中列出各种不同的裁判意见,特别是反对意见,而且判决中列出的反对意见曾对普通法的发展起到重要的推动作用。但是,中国最高人民法院发布的指导性案例中并没有这方面的内容。②

3. 司法行政权与指导性案例的生成

通过对案例选取的标准和文本的剪辑进行分析可以看出,最高人民法院在发布指导性案例时往往会借助于司法外的行政权力,以使这些指导性案例具有法律上的权威性。从本质上讲,指导性案例应当是法院行使司法审判功能形成的"副产品",而不是法院行使司法行政管理权的一部分。换言之,指导性案例的生成依赖的是法院的说理,并在此基础上通过多个案件裁判相互"竞争"而形成一种自生自发的秩序状态。但是,当下中国指导性案例的生成则是借助于强大的司法外的行政权力,特别是最高人民法院居

---

① 参见汤文平:《论指导性案例之文本剪辑——尤以指导案例 1 号为例》,载《法制与社会发展》2013 年第 2 期。

② 参见王利明:《我国案例指导制度若干问题研究》,载《法学》2012 年第 1 期。

于一种地位上的优势而形成的纵向管理权。

在指导性案例发布权收归最高人民法院以前,承办法院通常自己决定某一案例是否具有指导性。有时,下级法院的法官也会向上级法院"请教"。不仅上级法院对一个案例是否具有指导性有发言权,同级法院的审判委员会对此也有很大的决定权。因此,有学者认为,中国法院科层制的审级结构对指导性案例的生成具有实际影响。① 从这种意义上讲,指导性案例是否具有指导性和约束力取决于该判决之外的因素。为了提高指导性案例的质量和权威性,防止各级司法机关因发布典型案例而导致案例指导的滥用和造成法律适用的混乱,②最高人民法院垄断了指导性案例的发布权。但是,这种垄断需要处理法院体系因其分散结构而无法垂直贯穿这一问题。根据宋晓的研究,当下中国多元分散的法院体系和两审终审制只会使下级法院接受自身所属上级法院发布的指导性案例的约束。最高人民法院重审和改判的案件比较少,绝大多数案件在中级人民法院和高级人民法院就终审结案了。从这个意义上讲,在中国两审终审的审级制度下,最高人民法院充其量只是名义上的最高法院。③ 这种现实直接影响着最高人民法院指导性案例的约束力。为了解决这一问题,最高人民法院进一步利用其司法行政权,通过自上而下的压力保障指导性案例的指导性。例如,最高人民法院在发布指导性案例时,会在序言部分使用"认真学习研究""深刻领会""正确把握""最高人民法院要求"等表述。在司法实践中,案例指导包含参照执行的意味,而参照执行即一般情况下要遵照执行,如不执行,应当书面提出意见,报法院院长或审判委员会决定。

(三) 指导性案例生成的行政化逻辑

中国指导性案例独特的生成方式导致最高人民法院发布的一系列指导性案例在法律解释技术运用上具有非典型性,从而使得指导性案例的实效

---

① 参见张骐:《指导性案例中具有指导性部分的确定与适用》,载《法学》2008年第10期。
② 参见胡云腾、于同志:《案例指导制度若干重大疑难争议问题研究》,载《法学研究》2008年第6期;孙谦:《建立刑事司法案例指导制度的探讨》,载《中国法学》2010年第5期。
③ 参见宋晓:《判例生成与中国案例指导制度》,载《法学研究》2011年第4期。

有待观察。进一步深入地分析其中原委,笔者认为,中国指导性案例在生成过程中遵循的是一套管控的行政化逻辑,而非法律化的技术治理逻辑。这套行政化的管控逻辑在形式上体现为指导性案例生成过程中坚持的是一种组织化的逻辑,在实质上体现为指导性案例生成过程中坚持的是一种政治化的逻辑。从理论上讲,指导性案例应当是最高人民法院行使司法权而形成的"副产品"。换言之,指导性案例应当是在最高人民法院进行司法活动过程中充分运用法律技术而形成的,它所遵循的是司法权的运作逻辑。但是,遗憾的是,中国指导性案例的发现和确定机制、指导效力的约束机制都具有极强的行政权运作逻辑的色彩,体现着当下中国行政权的组织化逻辑。[①] 具体来讲,指导性案例生成的行政化逻辑主要体现在以下几个方面:

第一,最高人民法院垄断了指导性案例的遴选权。尽管案例指导制度的发展与地方法院的司法实践和司法改革试验存在密切关系,但是为了防止各地方因司法标准不统一而破坏法制统一现象的发生,指导性案例的发布权收归最高人民法院。最高人民法院设立了案例指导工作办公室,具体负责指导性案例的遴选、审查和报审工作,再由院长或主管副院长将案例指导工作办公室报请的案例提交最高人民法院审判委员会讨论决定。因此,最高人民法院审判委员会是指导性案例生成的决策机构。为了加强指导性案例生成的民主性,《最高人民法院关于案例指导工作的规定》明确了地方各级人民法院和社会各界发现和推荐候选案例的路径。但是,这些案例最终是否能够成为指导性案例,还是取决于最高人民法院的意志。[②] 同时,最高人民法院在2013年设立案例指导工作专家委员会,聘任60位法学专家为委员。这些委员尽管都具有较强的法学理论素养,并且长期活跃在教学和科研第一线,但是他们在提高指导性案例民主性方面的作用尚待加强。事实上,这也就意味着,哪些案例能够成为指导性案例在相当程度上还是取决于最高人民法院的意志。

[①] 吴英姿认为,中国案例指导制度有明显的行政化色彩。这一点可以从《最高人民法院关于案例指导工作的规定》和相关负责人的解释中看出来。参见吴英姿:《谨防案例指导制度可能的"瓶颈"》,载《法学》2011年第9期。

[②] 参见吴英姿:《谨防案例指导制度可能的"瓶颈"》,载《法学》2011年第9期。

第二,中国指导性案例生成的目的在于限制法院和法官的自由裁量权,而非规范法院和法官自由裁量权的行使。由于立法者理性的有限性和社会情势的复杂多变性,法律会允许法院和法官在具体的司法活动中享有一定的自由裁量权。学者们从权力行使对证据制度的意义这一视角出发,将法官的自由裁量权分为开放型裁量权和封闭型裁量权。具体而言,开放型裁量权通常由立法者刻意规定在证据制度之中,法官在行使这种自由裁量权时,必须全面考虑采纳相关证据所要消耗的司法资源、是否违背诚信原则等诉讼内外的各种因素。封闭型裁量权的行使并不需要综合考虑诉讼证明以外的其他因素,仅需在几种备选方案中进行选择或澄清法律规定的模糊之处。因此,在规范法院和法官行使自由裁量权的过程中,对于开放型裁量权的监督应当侧重于对裁量权行使的程序进行审查,对于封闭型裁量权的监督则应当从形式与实质两个方面加以监督。① 但是,中国出台的一系列指导性案例往往将这两种自由裁量权混为一谈。同时,这些案例往往将法院和法官合理行使自由裁量权的行为简单地化约为破坏法制统一的行为。相应地,中国案例指导制度的功能在于,通过限制法院和法官的行为,确保下级法院与最高人民法院保持"步调一致"。

第三,中国指导性案例的生成体现了行政权的"高位推动"色彩。以最高人民法院发布的第一批4个指导性案例为例,它们体现了以下几个特点:"一是注重关注和保障民生,促进二手房交易市场中介服务的公平竞争,平等保护房屋购买者和中介服务者的合法权益;二是充分尊重当事人的诉讼权利,督促和教育当事人自觉履行约定义务,倡导恪守规则、诚实信用的市场经济道德;三是准确认定新类型受贿犯罪,积极回应人民群众对依法严厉惩治贿赂犯罪的期待,推进反腐倡廉建设;四是正确贯彻宽严相济刑事政策,在依法惩治犯罪的同时,着力化解社会矛盾,保障和促进社会和谐。"②从中不难发现,这在一定程度上回应了政府关注民生问题和建设社会主义和

---

① 参见陈桂明、纪格非:《证据制度中法官自由裁量权的类型化分析》,载《法学研究》2008年第3期。

② 张先明:《最高人民法院发布第一批指导性案例》,载《人民法院报》2011年12月11日第1版。

第六章 法院裁判规则的形成功能

谐社会的主张。最高人民法院之所以没有侧重于法律标准而是侧重于公共政策标准,一个重要的原因就在于中国特色的"高位推动"的公共政策执行机制的存在。就公共政策的执行而言,中国需要防止纵向上"条条分割"带来的政策失真和横向上"块块分割"带来的合作困境。① 为了防止"条条分割"的问题,各个中间层级采取与中央相类似的建制,形成了地方政府对地方党委负责、地方党委向中央负责、下级党组织严格执行上级党组织决定的格局。因此,党在公共政策执行中起着"高位推动"的作用,从而有效防止公共政策执行的失真问题。贺东航、孔繁斌认为,在这种社会结构中,中国的公共政策执行处于一个"以党领政"、党和国家相互"嵌入"的独特结构和政治生态中。也就是说,在公共政策执行中,由于中国共产党在国家中的特殊地位,形成了中国特色的党主导下的公共政策执行机制,呈现出"高位推动"特点。② 这种"高位推动"在本质上体现了行政权运作的基本逻辑。

第四,中国指导性案例控制机制的行政化。刘作翔认为,中国实行案例指导制度是一个折中的制度选择。"它既表达了我们所欲实行的是一种'案例'指导制度,而不是完全的'判例'指导制度,同时,也表明我们同过去有不同,要将'案例'上升到能够'指导'以后法院审判工作的地位,而不是过去的仅仅是起到'参考'的作用。这种'提升'的主要标志就是指导性案例可以进入判决书,可以作为后案审判的辅助性援引。因此,案例指导制度是一种有创新的制度,但不是一种新的'法官造法'制度。"③从这个意义上讲,最高人民法院希望指导性案例具有正式法源的地位,但是不得不面对这样一个的理论难题,即最高人民法院是否具有制定法律规则的权力。《最高人民法院关于案例指导工作的规定》并没有明确规定指导性案例的效力问题,而是将指导性案例的效力通过上级法院对下级法院的行政监督权予以强化,即"应当参照指导性案例而未参照,又不说明理由的,当事人有权利提出上诉、申

---

① 参见贺东航、孔繁斌:《公共政策执行的中国经验》,载《中国社会科学》2011年第5期。
② 同上。
③ 刘作翔:《我国为什么要实行案例指导制度》,载《法律适用》2006年第8期。

诉。如果被二审或再审发回重审、改判的，主审法官有可能被追究错案责任"①。因此，我们从中国司法权运作的场域和上下级法院之间的关系可以推导出"对不参照执行构成错案者，应按照违法裁判追究责任"这一隐形规则。② 实际上，在当下中国这种以行政逻辑为主导的"量化司法"的指引下，法院和法官为了节约司法信息搜寻和法律论证成本，防止错案发生，也会主动地运用这些指导性案例，从而反过来进一步强化了这种控制机制行政化的色彩。

（四）指导性案例生成之行政化逻辑的困境

由于受行政化逻辑的支配，最高人民法院在遴选指导性案例时往往会从限制法院和法官自由裁量权的角度出发，突出自己的公共政策执行功能，致使其发布的指导性案例具有较强的行政色彩，而忽视了法院自身的技术治理优势。这也在一定程度上背离了最高人民法院案例指导制度的设计初衷，而且最高人民法院"多元化的遴选机制没有摆脱行政化的内部操作运作传统，可能无法体现案例中蕴含的普遍法律问题，也可能在事实认定层面损害指导性案例的正当性"③。具体来讲：

第一，当下中国指导性案例的生成逻辑忽视了具体司法实践中对同案同判采取"弱主张"的合法性。上文已经提到，中国设计案例指导制度的一个重要目的就是解决同案不同判的问题。从本质上讲，同案同判是要"统一法律适用标准"。从《最高人民法院关于案例指导工作的规定》第7条关于各级人民法院审判类似案例时应当参照最高人民法院发布的指导性案例的规定可以看出，中国案例指导制度对于同案同判采取的是一种"强主张"，即同案同判是不可放弃的司法要求。但是，这套行政化逻辑支配的案例指导制度在事实上忽视了具体法律实践中出现的对同案同判采取的"弱主张"，即

---

① 吴英姿：《谨防案例指导制度可能的"瓶颈"》，载《法学》2011年第9期。
② 同上。
③ 牟绿叶：《论指导性案例的效力》，载《当代法学》2014年第1期。

同案同判在一定条件下是可以放弃的。具体来讲,同案同判的"弱主张"有以下三个方面的要求:(1)同案同判尽管是一种非常重要的司法要求,但是它在一定条件下是可以放弃的;(2)放弃的条件是,其他司法要求的重要性超过了同案同判的重要性;(3)这种有条件的放弃因满足更为重要的其他要求而被证明具有正当性。事实上,这种同案同判的要求是一项与法律有关的道德义务和要求。① 同时,同案同判这种"弱主张"的运用在很大程度上取决于法院和法官根据具体的社会情势发挥其自由裁量权的程度。但是,当下中国指导性案例的生成因行政化逻辑的支配而在事实上限制甚至剥夺了法院和法官的自由裁量权,从而使同案同判的这种道德义务和要求变成了一项法律义务。

第二,当下中国指导性案例的生成由于受行政化逻辑的支配而缺乏竞争机制。从实践来看,中国指导性案例的生成具有强烈的自上而下性,并且指导性案例主要由最高人民法院去发现和提炼。这在一定程度上使指导性案例的生成缺失了正式制度之外的空间,也不利于指导性案例与其他案例之间的"竞争",从而没有反映最高人民法院在法律技术运用方面所具有的优势。学者们认为,尽管当下中国的案例指导制度不同于西方的判例制度,但是它们的一个共同之处是对先前案(判)例的遵循。② 遵循的前提就是这些案(判)例具有充分的说理性。这种说理性往往是在能够成为指导性案例的备选案例与一般性的普通案例之间进行"竞争"并"胜"于一般性的普通案例过程中逐步生成的。换言之,法院和法官对先前案(判)例的遵循并不是因为创制先前案(判)例的法院和法官的级别,而是因为这个案(判)例具有充分的说理性。但是,当下中国最高人民法院利用行政管理权和自身层级的优势,垄断了指导性案例的遴选权。最高人民法院往往不是这些案例判

---

① 参见陈景辉:《同案同判:法律义务还是道德要求》,载《中国法学》2013年第3期。
② 刘作翔认为,西方判例制度的一个核心理论就是遵循先例。这个理念肯定是要得到采用的,前提是依法。他认为:"'依法'是一个层层递进的关系。首先是依规则,有明确的规则,即有法律没案件,但出现案件后既依法又依案例,就是依规则。没有规则就依法律原则。如果没有法律原则,就以法律的精神作为依法的解释,这个法律的精神不是法理学上的法律理念,而是在实体法和程序法中可以提炼出和抽象出的法律的精神。"参见刘作翔:《案例指导制度的定位及相关问题》,载《苏州大学学报》(哲学社会科学版)2011年第4期。

决的直接作出者,在生成指导性案例时很容易脱离具体的司法语境。其实,地方各级法院承担着绝大多数法律纠纷解决的职责,它们在法律纠纷解决和法律技术运用方面应当具有充分的话语权,但是无权发布指导性案例。

第三,当下中国指导性案例的生成逻辑使法院和法官承担了过多的非司法性负担。如前文所述,当下中国指导性案例的生成受到了党和政府"高位推动"的影响,往往将公共议题、政策等因素作为遴选因素。其结果是,将指导性案例及其相关信息的传播效果简单地等同于案例或典型案例及其相关信息的传播效果,使法院和法官在具体的司法判决过程中承担了过多的非司法性负担。尽管司法机关也应当以恰当方式回应或参与公共议题和政策,①但是这种回应或参与绝不是一一映射式的回应或参与,即党和政府关注什么问题,司法机关就应当跟着关注什么问题,并将党和政府的主张直接"比附"为法律主张,而是在宪法和法律精神的指导下进行的一种"转译"过程。根据周光权的研究,最高人民法院发布的某些刑事指导性案例因过分考虑法律之外的因素而违反了法不溯及既往原则,有的甚至可能违反了罪刑法定原则。②

第四,当下中国指导性案例的生成逻辑可能进一步削弱法官的独立性。在中国指导性案例的生成过程中,控制机制的行政化是最高人民法院发布的指导性案例能够在实践中获得认可的一个重要原因。吴英姿指出,这种控制机制的行政化背后隐含的是一套用行政纠错手段来控制法官"参照执行"的激励机制。在这套机制的作用下,一些法官将"参照执行"理解为放弃自由裁量权,进行"对号入座式的机械适用",从而侵蚀了法官的自主性。③

---

① 参见黄京平:《刑事指导性案例中的公共议题刍议》,载《国家检察官学院学报》2012年第1期。
② 参见周光权:《刑事案例指导制度:难题与前景》,载《中外法学》2013年第3期。
③ 参见吴英姿:《谨防案例指导制度可能的"瓶颈"》,载《法学》2011年第9期。

第七章

法院司法文化的塑造功能

近些年来,随着针对司法机关的社会主义法治理念教育的全面深入开展和《中共中央关于深化文化体制改革推动社会主义文化大发展大繁荣若干重大问题的决定》的发布,文化建设愈来愈成为法院建设的一项重要任务。2010年,最高人民法院发布了《最高人民法院关于进一步加强人民法院文化建设的意见》,要求各级法院大力弘扬公正、廉洁、为民的司法核心价值观;加强司法职业修养,树立良好职业形象;努力营造崇尚学习、积极进取、特色鲜明的文化氛围。2015年,最高人民法院又发布了《最高人民法院关于新形势下加强人民法院文化建设的指导意见》,要求各级法院全面深入推进法院文化建设,实现法院文化对内功能与对外功能协调发展,为人民法院发展改革和全面推进依法治国提供强大的价值引导力、文化凝聚力和精神推动力。在这些规范性文件的指引下,各级法院以前所未有的热情积极地开展司法文化的塑造实践。然而,学术界对于司法文化的研究主要是从静态和历史的角度进行的,而对当下中国法院司法文化的塑造方式以及背后的支撑逻辑和基本立场殊少研究。这种理论与实践的脱节,既使法院司法文化建设缺少必要的理论支撑,又使学术界对于法院司法文化的塑造过程缺少真实的了解,从而难以揭示当下中国法院在塑造司法文化过程中存在的知识论上的障碍。因此,本章试图从中国具体的司法文化建设实践出发,概括法院塑造司法文化的基本方式,揭示这些基本方式背后的支撑逻辑和基本立场,总结法院对于司法文化塑造秉持的基本立场,并在此基础上对中国法院司法文化的塑造功能进行必要的反思。

一、司法文化塑造的基本方式

在具体实践中,各级法院按照相关部署,采取多种形式,积极加强司法文化的塑造,并系统推进法官文化、诉讼文化和司法环境文化三位一体建设。① 具体来讲,法院主要采取以几种塑造方式:

(一) 榜样和典型

从理论上讲,司法文化塑造的目的在于,操控负载司法文化内容的物质载体,赋予司法文化内容以特定的形式,从而实现主流意识形态的渗透。② 因此,司法文化的塑造在很大程度上是借助于意识形态的渗透手段实现的。在此过程中,法院不但通过各种渠道向法官、当事人和社会公众灌输系统化的符号价值,还会确立一套使这些符号价值得到形象体现的象征系统。榜样和典型是符号价值的最重要的象征。戴长征认为,这种形式比采取文本(说教)的形式更有效。一方面,榜样和典型更容易隐藏某种真实的意图。另一方面,榜样和典型的可感知性增加了其可模仿性。其实,每个榜样和典型都有意识指向,具有简化、浓缩、易解、形象和可模仿等种种好处。③

在司法文化塑造的过程中,法院非常注重榜样和典型的作用。从2003年起,最高人民法院联合中央电视台组织"中国法官十杰"评选活动。2017年,最高人民法院联合中央电视台和新浪、网易等全国主流媒体共同举办推选活动,评选"我最喜爱的好法官"。这些评选活动的标准主要涉及政治素质过硬、法治信仰坚定、办案实绩突出、司法作风优良、社会公众认可等方面。各地也竞相模仿,纷纷评选法院系统先进人物。从本质上讲,这些评选

---

① 参见"人民法院文化建设研究"课题组:《法院文化建设的司法取向及其实现》,载《中国法学》2014年第6期。
② 参见元晋秋:《从文化到意识形态:文化的意识形态化》,载《学术论坛》2012年第9期。
③ 参见戴长征:《意识形态话语结构:当代中国基层政治运作的符号空间》,载《中国人民大学学报》2010年第4期。

活动是通过人物评选和传媒的广泛宣传,树立一个个道德高尚、人格卓越的先进模范人物,以这些榜样和典型的感人事迹感动普通民众,感染其他法官,从而塑造当下中国的司法文化。①

(二) 法院文艺

"文艺是从属于政治的,但又反转来给予伟大的影响于政治。"②这是毛泽东关于文艺和政治的辩证关系的基本观点。在这一精神的指引下,中国政府一直高度关注文艺活动对现代国家建制的影响。相应地,为了塑造司法文化,各级法院开展了多种形式的文艺活动。

合唱活动是法院开展司法文化建设的最重要手段之一。每逢重大的政治活动,法院都会组织合唱活动。在具体的活动中,参加者演唱的都是革命歌曲和弘扬时代主旋律的歌曲。这种合唱安排的曲目选择绝不仅仅只是一种娱乐方式,而是借助这些歌曲的旋律所具有的深沉的穿透力,使参加者追忆过往岁月,怀念激情年代,从而既使参加者的意识与情怀浸染于历史的情境,又在历史与现实的切换与交融中焕发一种向前的力量。③ 参加者的每次体验,都是在接受一次文化的洗礼。法院试图通过这种方式,将当下的现实与历史的情境结合起来,增强司法人员的政治意识,强化司法人员的责任使命。

司法文化塑造既包括司法人员文化的塑造,也包括社会公众对于司法文化的外部感知。影视作品是加强社会公众感知司法文化的重要途径。1998 年,最高人民法院影视中心成立。2004 年,该中心取得国家广电总局颁发的"广播电视节目制作经营许可证"。该中心主要负责组织法治题材的影视剧、专题片的选题策划及拍摄工作,主要代表作品有电影《南平红荔》和电视剧《清官能断家务事》《执行局长》等。最高人民法院试图通过这些作品宣传法律知识,塑造法官形象,增强民众的法治观念。

---

① 参见苏力:《中国法官的形象塑造——关于"陈燕萍工作法"的思考》,载《清华法学》2010 年第 3 期。
② 《毛泽东选集》(第三卷),人民出版社 1991 年版,第 866 页。
③ 参见管仕廷:《论唱"红歌"的精神意蕴》,载《中外企业家》2012 年第 1 期。

书画作品也是司法文化塑造的一种文艺形式。在中国古代社会,琴棋书画既是文人骚客修身所需要掌握的技能,也是个人文化修养的重要表征。书画体现的是个人对于美的审视立场及其接纳的美的实质性内容。在这种审美过程中,书画作者将自己对待客观事物的方式和态度也融入其中。通过这些书画作品,外人可以审视作者的内在心境。沿袭这种历史惯性,法院也试图通过鼓励司法人员练习书画,以达到砥砺思想、提升文化涵养的目的。例如,各级法院组织书画大赛,并将优秀作品放在法院显眼的地方进行展示。为了扩大影响,《人民法院报》还拿出了一定版面,专门刊发法院工作人员的书画作品。

(三) 文化展览

文化展览是集中展示文化的一种重要途径,除了能够展示器物文化以外,还可以通过图片、字词讲解等方式将制度文化和精神文化展现出来。在司法文化的塑造过程中,文化展览方式也备受各级法院青睐。在具体操作过程中,法院会划出一定的区域专门用作司法文化的展厅。为了体现中国司法文化博大厚重、兼容并蓄的特点,各地法院的展厅设计大致可分为古代司法文化、革命根据地时期司法文化、当下司法文化、当地司法文化和外国司法文化等几个板块。从表现形式来看,除了各个时期和国家的相关法律图片外,展厅展示的还包括历任国家领导人有关法律的重要论述、中外法律故事、先进法律人物事迹、法律谚语和名人名言等。随着科学技术的发展,一些法院开始加大数字化的司法文化展厅建设,利用影像资料和多媒体设备,增加司法文化的可感知度。

(四) 司法礼仪培训

"在古代执法司法活动中的全部特殊符号装饰及形似表演、行礼如仪的成分,即广义的司法礼仪。"[①]它是司法文化的外化、直观和感觉形象,不但作

---

① 范忠信:《公堂文化、公正观念与传统中国司法礼仪》,载《中国法律评论》2017年第1期。

用于法官个人,而且承载着民众对公平、公正、公开等司法正义的追求,因此对于公众有着无以取代的感知、影响和接纳效果。① 从 1999 年最高人民法院印发《人民法院五年改革纲要》以来,法院系统一直在加大司法礼仪方面的规训。2000 年,法院系统全面更换制服,淡化司法人员制服的军事化性质与色彩。2010 年,最高人民法院发布《人民法院文明用语基本规范》,对司法人员在接待来访、立案、诉讼调解、执行等具体工作环境下的用语规范提出了具体要求。2012 年,最高人民法院发布《中华人民共和国法官宣誓规定(试行)》,要求初次担任或重新担任法官职务的人员,应当以公开宣告誓词的方式作出郑重承诺,从而增强司法的仪式性。2015 年发布的《最高人民法院关于新形势下加强人民法院文化建设的指导意见》进一步强调司法礼仪的重要性,规定各级法院要结合各地实际制定司法礼仪规程和文明用语规范,开展司法礼仪培训和日常检查,强化文明司法的日常养成。

二、司法文化塑造的基本逻辑

近些年来,中国法院如火如荼地进行司法文化的塑造,充分反映了中国作为一个后发展国家加强法治建设,累积法律经验、法律智慧与法律知识,以及营造良好法律文化氛围的急迫心理。受这种急迫心理的影响,法院在进行司法文化的塑造时,坚持的是一套建构主义、唯意志主义和科学主义的基本逻辑。

(一) 建构主义的逻辑

从理论上讲,文化发展主要是沿着进化主义和建构主义两种基本逻辑展开的。进化主义认为,人类文化的发展是一个由低级到高级、由简单到复杂的历时性过程。在这个过程中,各个阶段沿着前后相继、不可跨越的顺序逐渐演化。美国人类学家怀特认为,人类文化的进化在根本上取决于人类

---

① 参见邓志伟:《符号学视角下的司法礼仪透视——法院文化的表达与实践》,载《河北法学》2014 年第 4 期。

所能利用、积累、创造能量的总量的多少，能量是文化进步和发展的原动力和首要的、主动的力量。① 事实上，在文化的发展过程中，人的理性能力是相当有限的。任何人都不可能通晓一切，在很大程度上甚至不可避免地处于无知状态。② 建构主义则强调那种立基于每个人都倾向于理性行为和人生而具有智识与善的假设，极端颂扬人的理性能力，确信人能够掌握所有的知识即达到全知的状态。它视理性为知识的独立来源，以悟性代替感官知觉，相信理性本身就具有可以发现世界普遍规律的固有力量。③ 建构主义认为，"人类社会、语言和法律都是由人为了自己而创造的，而既然所有的制度和组织都是由人创造的，那么当然人也就可以按照某种人类生活的理性设计来重新建构或彻底改变这些制度"④。据此，文化作为人类社会的一种独特现象，当然也是能够由人按照自己的意图进行塑造或设计的。

自新文化运动以来，传统文化就被认为是掣肘中国社会发展进程的重要因素。在中国共产党看来，如果坚持进化主义的文化发展逻辑，由当时中国社会既有的社会文化生发出现代文化，无论是在内部条件还是外部环境上都是不可能实现的。特别是马克思主义文化在中国的引入，进一步确立了中国文化发展的建构主义逻辑。按照这一逻辑，中国共产党应当自觉承担起"文化先锋队"的角色和使命，并通过共产党人的"先知先觉"完成孙中山先生所说的"后知后觉"和"不知不觉"的导引任务。也正是通过这种建构主义逻辑，中国人民在中国共产党的领导下，完成了新民主主义革命和社会主义革命的基本任务。

受制于历史发展的惯性，这种建构主义逻辑也被带到了社会主义现代化建设过程中。它主张依靠国家和政府的力量和权威以推进社会主义建设和法治建设，强调通过人为的理性建构以实现法律制度的变迁与进步。相

---

① 参见〔美〕L.A.怀特：《文化的科学——人类与文明的研究》，沈原等译，山东人民出版社1988年版，第354页。
② 参见〔英〕弗里德利希·冯·哈耶克：《自由秩序原理》，邓正来译，生活·读书·新知三联书店1997年版，第28页。
③ 参见卢毅：《建构论唯理主义与进化论理性主义——一个解读"科玄论战"的新视角》，载《求索》2001年第3期。
④ 姚建宗：《法治的生态环境》，山东人民出版社2003年版，第19页。

应地,建构主义逻辑也成为中国法院塑造司法文化的基本逻辑。

首先,国家和政府的力量和权威在司法文化的塑造过程中起着主导性作用。近些年来,国家和政府对于文化建设的部署和要求直接构成了法院司法文化发展和建设的主要动力。同时,国家和政府的力量和权威左右着司法文化的发展方向。因此,各级法院在司法文化建设过程中,都极为强调司法文化是社会主义整体文化的重要组成部分,并按照中共中央关于文化建设的新精神新要求加强司法文化建设。

其次,司法文化的基本样态主要是由人为理性建构出来的。中国司法文化的塑造是一个目标先定的活动。最高人民法院会根据党和国家的文化发展方向,事先确定一个司法文化发展的目标和方向,然后通过行政手段让下级法院贯彻执行。就具体的司法文化样态来看,它强调的是社会主义的先进文化,主要包括传统的司法廉政文化、亲民便民文化、社会主义核心价值观等内容。这些司法文化样态主要是最高人民法院根据社会主义文化发展方向事先确定下来的,并且已经排除了司法文化在自身不断进化过程中可能出现的非理性因素。

再次,司法文化的塑造是对某种司法的或者非司法的社会需求的一种被动回应。中国司法文化的塑造具有强烈的目标指向性和社会服务性。例如,《最高人民法院关于新形势下加强人民法院文化建设的指导意见》强调:"当前,'四个全面'战略布局特别是全面依法治国深入推进,人民法院处在发展和改革的关键时期,执法办案、司法改革任务繁重艰巨,法院队伍建设面临许多新情况新问题,司法领域意识形态斗争形势复杂,更加需要法院文化的思想引领、精神激励和文化滋养。"

最后,考评激励机制是司法文化塑造的实施动力。从法院的角度来看,将司法文化的塑造纳入相对客观具体的绩效指标体系,能够起到有效监督和控制司法人员的目的,从而确保司法人员积极投身于司法文化的塑造。

(二) 唯意志主义的逻辑

当下中国司法文化塑造深受唯意志主义逻辑的支配,它强调通过强势的公权力的积极运行,大规模的政治动员、社会动员,以及具体法律制度的社会实践操作,尽可能地缩短司法文化形成和发展的时间。这是一种用主观意志和主观愿望来型构和推进法治实践的思维路线与行动路线。① 这种逻辑所坚持的是,意志对于理智或理性来说处于优先或优越的地位。它强调用"意志""激情""欲望""愿望""自然倾向"这些概念去解释经验与自然的各种问题,极端相信观念是改变社会的现实力量。② 从历史角度来看,这种唯意志主义在革命和国难当头时期,发挥了积极正面的作用。"它可以产生'毫不利己,专门利人;一不怕苦,二不怕死'这个中国式的'共产主义'精神,轻者可以使一个人不计较自己的才能与功劳,任由上级将本身安排在任何岗位上,甘心做一个螺丝钉,重者甚至可以为'集体'付出了自己的生命——在这种时期,上下是同甘共苦的,大家都共同面对一个压迫自己的环境,因此抹掉'自我'反而会觉得小我在大我之中完成。"③

具体来讲,唯意志主义的逻辑主要体现在以下几个方面:

第一,唯意志主义极其强调意志和人的主观能动性对于司法文化塑造的重要性,但忽视司法文化生成的内在规律和需要的支撑条件。在法院看来,当下司法不公、司法公信力下降的一个重要原因是司法文化的缺乏,而解决司法不公问题的主要方式就是加强司法文化塑造的力度提出了一些司法文化建设的基本目标。但是,这种做法在本质上忽视了司法文化建设是一个长期的、积累性的过程。

第二,唯意志主义强调司法文化的"祛魅性"。中国共产党人坚持的是无神论和反神秘主义,这也是唯意志主义的一个核心思想,即将人从神的束缚下彻底解放出来,获得独立和自由。④ 法院在司法文化塑造过程中,始终流露出绝对把控司法文化发展方向的意图,并主观地去除了司法文化中只能意会、描述而很难准确地加以言传的一面,从而让司法文化沿着领导者的

---

① 参见姚建宗、侯学宾:《中国"法治大跃进"批判》,载《法律科学》(西北政法大学学报)2016年第4期。
② 参见高瑞泉:《天命的没落——中国近代唯意志论思潮研究》,上海人民出版社1991年版,第203页。
③ 〔美〕孙隆基:《中国文化的深层结构》,广西师范大学出版社2004年版,第299—300页。
④ 参见杨玉昌:《唯意志主义和马克思主义的古希腊哲学观——兼析与中国传统思想的关系》,载《中山大学学报》(社会科学版)2001年第5期。

主观意图发展。

第三,唯意志主义过分强调意志的重要性,但能够重视的只是司法文化建设物质性的一面,而难以企及精神性的一面。尽管各级法院在司法文化建设中也非常强调司法文化精神层面的内容,但是精神层面的东西并不容易为人的主观意图所掌控。理想和现实的差距使得法院在司法文化精神层面的建设过程中,采取一种"口号式的方式",并不或较少能够拿出具体的操作和实施方案。

(三)科学主义的逻辑

在科学主义看来,人类社会就是一个类似自然界的机械装置,人们能够通过认知掌握人类社会运作方式的基本规律,并且所有的理论与认识都以研究和发现"规律"为目的。因此,科学主义的逻辑容易遮蔽和压制人文精神的作用和发展,并且总是倾向于通过所发现的"社会规律"重建社会。[1] 当下,中国司法文化的塑造被深深地打上了科学主义逻辑的烙印。

首先,当下司法文化的塑造遮蔽和压制了人文精神在司法文化中的作用和地位。科学主义与人文主义存在一定的区别:前者热衷于通过逻辑、数学的方法对规律进行探寻,讲求的是结论的可证伪性;后者强调的是传统、经验、习俗的作用,讲求的是结论的被接受性。不可否认的是,人文主义可能夹杂着一些非理性的因素。当下中国司法文化的塑造是一种在科学精神指导下进行的理性活动,人文精神是难以通过科学方式养成的。

其次,当下中国倾向于通过规则推进的方式重建司法文化,并不惜动用国家行政权力来保障其实施。科学主义的一个重要特点是相信人的理性能够设计一套制度体系和方案以推动事物的发展。法院在塑造司法文化时也采取这种推进的方式:最高人民法院发布一个司法文化建设的整体的纲领性文件,各级法院结合实际情况制定具体的制度和实施方案,并通过压力传导机制层层传递,从而确保司法文化建设目标的实现。

最后,量化指标和数目字管理在司法文化建设过程中愈来愈得到重视。

---

[1] 参见魏建国:《"科学主义"对大陆法系影响的考察与反思》,载《北方法学》2010年第5期。

人们愈来愈倾向于将法院文化建设分为组织工作、建设状况和建设效果三个维度。相应地,法院文化建设评估体系也分为相对独立的建设性评估、结构性评估和功能性评估三个一级指标体系。评估结果将被纳入法院整体绩效管理体系,作为领导干部年度考核、领导班子评先评优以及领导干部选拔任用的重要依据。①

三、司法文化塑造的基本立场

中华人民共和国成立以来,始终强调司法活动的政治性,司法机关和司法人员坚持用唯物主义思想武装自己的头脑,坚持走群众路线,形成了重器物文化轻精神文化、重政法文化轻权利文化、重大众文化轻职业文化、重文化片断轻文化沉淀的司法文化塑造的基本立场。

(一) 重器物文化轻精神文化

器物文化是人们在长期生产和生活中与器物发生联系,从而形成的一种文化形式。人们可以透过这些器物,发现当时的基本生活样态和价值观念。就法律文化而言,法律器物文化是其重要组成部分。按照徐晓光的研究,中原王朝法律器物文化大体可以分为以下几类:一是承载器物文化,如古代作为法律载体的甲骨、金鼎、石碑。二是服饰器物文化,古代司法官的服装、饰物及功能。三是官廷器物文化,各级衙门的布局和结构,如职能部门、监狱的处所,仪仗的摆设等。四是审判与刑罚器物文化,古代与诉讼、审判、刑罚有关的物件,如肺石、登闻鼓及笞、杖等。五是观念器物文化,在人们头脑中就法的某些特征和功能定型化、理念化了的"法律器物",如獬豸、雷公等。②

中华人民共和国成立以后,中国共产党将司法建设作为巩固新生政权

---

① 参见包蕾、王保林:《法院文化建设评估的原则、内容与方法》,载《人民法院报》2013年9月27日第7版。
② 参见徐晓光:《制度、思想、器物——地方少数民族法律文化刍议》,载《贵州师范大学学报》(社会科学版)2007年第3期。

的重要组成部分,废弃了旧的封建的司法器物文化,高度重视塑造新的中国特色的司法器物文化。各级法院在器物文化建设过程中,用军事化的、高度政治化的因素来取代封建的、愚昧的因素。从服饰器物文化来看,司法人员的制服一般是大檐帽,上装肩部饰有肩章;从法院建筑文化来看,建筑物都有外墙和门卫设置,在大门口悬挂国徽,在建筑物顶上或正门院内树立旗杆并悬挂国旗,以标示法院与古代衙门之区别。从审判与刑罚器物文化来看,中国废除了肺石、登闻鼓及笞、杖等的使用。自1999年司法改革以来,法院进一步加大了司法器物文化的建设。例如,司法人员的制服由军装样式改为西服或西服领样式,并要求法官在开庭时穿着法官袍;法院大门口往往摆放一对石狮;法官在开庭时要使用法槌;等等。

经过七十多年的发展,法院在司法器物文化方面取得了巨大进步。然而,法院对司法精神文化建设和发展的重视程度仍不够,司法精神文化的发展程度也较低。其实,司法精神文化是以尊重人性、捍卫自由理想、倡导平等对话的人文精神,以及在坚持社会分工条件下以职业理想、职业态度、职业技能、职业伦理和职业责任为主要内容的职业精神为主要内容的。这种人文精神和职业精神是难以通过唯意志主义的理性设计进行建构的,需要一个漫长的周期才能逐步发展起来。从这种意义上讲,司法的精神文化必须坚持走进化主义的发展道路。在当下中国这种压力传导型体制以及"法治大跃进"思想与实践行动的驱动下,法院往往更热衷于器物文化的建设,因为这种建设能够起到立竿见影的效果。

(二)重政法文化轻权利文化

长期以来,中国深受苏联法律思想的影响,将法定义为"以立法形式规定的表现统治阶级意志的行为规则和为国家政权认可的风俗习惯和公共生活规则的总和,国家为保护、巩固和发展对于统治阶级有利的和惬意的社会关系和社会秩序,以强制力量保证它的实施"[①]。在这一思想的指引下,中国

---

① 转引自张文显、于宁:《当代中国法哲学研究范式的转换——从阶级斗争范式到权利本位范式》,载《中国法学》2001年第1期。

逐步形成了一种以国家主义为核心的政法文化。直至当下,中国的司法文化仍然带有浓厚的政法文化的色彩。具体来讲,这种政法文化主要体现在以下几个方面:

第一,当下法院塑造的司法文化是一种以国家中心主义为核心的法律文化。在法院看来,司法活动是司法人员代表国家,将国家意志贯彻于具体案件和纠纷解决场域的活动。相应地,司法文化应当充分体现国家意志,是一种以国家为核心的文化形态。司法文化建设的一个主要宗旨是增强司法人员忠诚于国家的意识。例如,《最高人民法院关于进一步加强人民法院文化建设的意见》规定:"法官应当以公开宣告誓词的方式,郑重承诺对党和国家的忠诚、对人民的热爱、对法律的尊崇和对职责的坚守。"《最高人民法院关于新形势下加强人民法院文化建设的指导意见》规定:"大力弘扬以爱国主义为核心的民族精神和以改革开放为核心的时代精神,结合重大节日和重大主题活动,组织庄重严肃的典礼仪式和有教育意义的法院文化活动。规范和普及奏唱国歌和升国旗活动,增强干警国家意识和爱国情感。把法院文化活动与党史国情教育、革命传统教育、形势政策教育紧密结合起来,引导干警坚定理想信念。"

第二,当下法院塑造的司法文化是一种管控型文化。从本质上讲,政法文化强调的是以政治统帅法律,通过行政管理的方式支配司法活动。因此,政法文化强调司法机关对党政机关和上级机关负有绝对执行义务。从这个意义上讲,政法文化具有强烈的管控色彩。受此影响,法院塑造的司法文化也具有较强的管控色彩:一方面,强调通过文化熏陶的方式增强法院和司法人员对党负责的意识;另一方面,试图通过价值观输入的方式增强对司法人员的思想控制,并以此达到对司法人员的行为控制的目的。

第三,当下法院塑造的司法文化是一种威慑文化。政法文化的一个重要特点是,通过增强司法活动的威慑性,以达到教育普通民众的目的。一直以来,法院在文化建设实践中都极为强调司法活动的威慑性。例如,法院之所以在大门口摆一对石狮,是因为石狮代表法律的威严,能对人起到一定的威慑作用。又如,法院至今仍将司法人员叫作"干警",是因为这样称呼能够突出司法的军事化和暴力色彩。

第四,当下法院特别注重塑造传统"清官文化"。从最高人民法院组织的"中国法官十杰"评选活动来看,当选的法官都是道德上的楷模。他们具有中国传统文化中的"清官"特质,即两袖清风,刚正不阿,对于社会、国家、民族有强烈的责任感和担当意识。

季金华认为,司法权威与权利文化是互动关系。司法权威植根于特定的文化土壤,权利文化的内核决定了司法权威的价值取向,并给司法权威成长提供了观念性动力。权利意识确立了司法调整的权威性地位,权利意识的制度化推动了司法程序理性化。[①] 但是,这种司法文化塑造忽视了权利文化在现代司法文化中的重要性。具体来讲,这种忽视主要体现以下几个方面:

首先,当下司法文化塑造有着较为严重的忽视个人价值、尊严和自由的色彩。法院主要是从国家中心主义出发,认为司法的功能主要在于维护社会秩序,而对个人权利的确认与保护的基本理念重视不够。

其次,当下司法文化塑造更为强调的还是一种道德本位和义务本位的思想,强调的是司法人员和普通民众从道德角度对自我行为进行规范和约束,忽视了人性因素对于制度文化建设和日常行为的影响。因此,当下司法文化具有较强的压制色彩,缺乏必要的激励因素。

最后,当下司法文化塑造没有重视司法的中立性和程序性等权利文化的价值需求。无论是法院的器物文化、制度文化还是精神文化,都极为强调司法的政治属性和权力主导性,而对司法的中立性和程序性重视不够。

(三) 重大众文化轻职业文化

在陕甘宁边区革命根据地时期,作为宏观权力而存在的司法权受到乡村微观权力的制约与影响。为了解决这一问题,中国共产党不得不将通过司法实现思想教化目的的实践置入社会关系结构中,形成了一种自下而上的司法群众路线。经过长期的实践和发展,这种司法群众路线逐步衍生出一种司法的大众文化,即依靠群众查清事实真相,在司法过程中实现人民群

---

① 参见季金华:《论司法权威的权利文化基础》,载《河北法学》2008年第11期。

众的各项诉讼权益,让司法接近群众,解决群众的实际问题。在司法实践中,这种大众文化具有舒国滢所说的"司法的广场化"特点,强调司法活动是"一种人人直接照面的、没有身份和空间间隔、能够自由表达意见和情绪"的活动。①

近些年来,法院在司法文化的塑造过程中一再强调大众化的司法文化。例如,"马锡五式"审判文化是各级法院司法文化塑造的一个重要目标和方向,强调"携案卷下乡,深入群众,调查研究,巡回审理,就地办案"以及"审判和调解相结合"的审判作风。对于刑事犯罪的集中打击,中国通常以大规模的运动方式展开,一般被冠以"严打斗争""××战役"之类的名称。② 在树立法官榜样和典型的活动中,法院通常一再强调,优秀的法官往往是能够将裁判的结果和实施惩罚的轻重诉诸人们直观、感性的正义观念或道德感情的人。他们更愿意使用浅白平直的日常生活语言(自然语言,甚或带有"地方口音"和感情色彩的口头语言),而尽量避免使用与自我产生隔膜的高度专业化或逻辑性较强的法律语言。③ 但是,这种司法文化塑造活动忽视了以职业理想、职业态度、职业技能、职业伦理和职业责任为主要内容的法律职业精神和法律职业文化的发展。

(四) 重文化片断轻文化沉淀

姚建宗认为,司法文化是司法观念和司法意识素朴的常态样式,或者说是司法观念和司法意识的常识状态。它的发展是在缓慢、渐进和不知不觉中完成的,体现了一种谨慎而保守的思想与行动立场。作为司法传统的司法文化绝对不是对既有相似物的简单模仿,而是对司法中所隐含的历史文化、价值观念和时代精神的有机结合所形成的精神有机体的延续与传承。④

---

① 参见舒国滢:《从司法的广场化到司法的剧场化——个符号学的视角》,载《政法论坛》1999年第3期。
② 参见姚建宗:《法治的生态环境》,山东人民出版社2003年版,第250页。
③ 参见舒国滢:《从司法的广场化到司法的剧场化——个符号学的视角》,载《政法论坛》1999年第3期。
④ 参见姚建宗:《司法文化的皮囊与神髓》,载《中国社会科学报》2012年7月4日第7版。

第七章　法院司法文化的塑造功能

因此,司法文化塑造的核心在于司法文化的沉淀。通过这种文化沉淀,某一特定时刻的人们对于法律的信仰状况以及相应的对于法律实践与法律生活的态度,能够穿越时空延续下来,从而成为当下人们的一种生活方式和生活态度。这也就意味着,在司法文化的塑造过程中,我们应当对于法律文化采取一种整体性的、生活性的理解方式,而绝非对文化现象作一种片断式、割裂性的理解。然而,遗憾的是,当下中国法院在司法文化塑造过程中往往采取的是片断式的理解,忽视了司法文化的整体性和延续性。

首先,简单地将有关司法的图片、故事、谚语和名言警句等同于司法文化。这种片断式的方式使这些有关司法的图片、故事、谚语和名言警句脱离了具体的历史与文化语境,也就使人们难以领悟这些内容背后所隐含的历史文化、价值观念和时代精神,以及它们对后世的开放意义。

其次,当下法院为了体现中国司法文化博大精深、兼容并蓄的特点,往往将性质不同甚至相互冲突和矛盾的文化样态集中在一起,致使一些司法文化不伦不类。例如,有的法院在选择名言警句时,选择了一些反对法治的人有关法律的论述。

最后,过分强调个别司法经验,忽视了整个司法行业共同经验的历史积累与沉淀。尽管司法文化确实是从个别司法经验开始的,但是它是在个别司法经验的不断积累叠加,达致整个司法行业共同经验的历史沉淀之后所凝聚成的法律实践操作的真理。[①]

[①] 参见姚建宗:《司法文化的皮囊与神髓》,载《中国社会科学报》2012年7月4日第7版。

余论一

党管政法的组织基础与实施机制①

党的领导机制嵌入国家政权体制,是中国政治体制的一个基本特征。这种单向度的二元体制能够确保党的权威得到有效渗透,充分反映了中国共产党执政的政治智慧。② 以党管政法为主要表现形式的政法体制就是这种党的领导机制嵌入国家政权体制的重要组成部分。它有效地确保了中国法治建设沿着中国特色社会主义方向发展。法学界也对党管政法这一机制进行了一定的研究,并取得了一批学术层次和理论水平较高的学术成果。这些研究主要围绕党的领导与司法建设的关系、政法传统的历史沿革与当下意义、政法治理方式、政法委员会的组织结构与未来走向等问题展开。③从整体上讲,这些研究主要采取的还是一种静态研究的进路,其研究重心在于揭示党对政法工作进行领导的一般性机制,并在此基础上展现党的政法机构的具体职能。但是,这种研究进路缺乏对党管政法这一机制进行充分

---

① 原载《吉林大学社会科学学报》2019年第5期,有修改。
② See Ling Li, "Rule of Law" in a Party-State: A Conceptual Interpretive Framework of the Constitutional Reality of China, *Asian Journal of Law and Society*, 2015, 2(1).
③ 这方面的研究成果主要有:苏力:《中国司法中的政党》,载苏力主编:《法律和社会科学》(第一卷),法律出版社2006年版;刘忠:《"党管政法"思想的组织史生成(1949—1958)》,载《法学家》2013年第2期;侯猛:《"党与政法"关系的展开——以政法委员会为研究中心》,载《法学家》2013年第2期;侯猛:《司法改革背景下的政法治理方式——基层政法委员会制度个案研究》,载《华东政法学院学报》2003年第5期;侯猛:《当代中国政法体制的形成及意义》,载《法学研究》2016年第6期;周尚君:《党管政法:党与政法关系的演进》,载《法学研究》2017年第1期;刘涛:《当代中国政法委员会研究——以X县政法委员会为参照》,吉林大学2012年博士学位论文;刘全娥:《陕甘宁边区司法改革与"政法传统"的形成》,吉林大学2012年博士学位论文;等等。

的组织社会学的研究。组织社会学主要研究行动者在既定的组织结构中的动态依赖关系以及组织结构与行动者之间的关联性。由于欠缺这种组织社会学的研究维度,既有研究无法全面展现党的组织目标、组织决策、组织环境、行动者的相互依赖关系等对政法工作产生的影响,也无法完整展示中国共产党为了实现组织目的、科学进行组织决策和净化组织环境而采取的具体组织机制。下文将从组织社会学的角度出发,对党管政法这一机制的历史展开进行分析,并在此基础上从组织目的、组织决策和组织环境角度分析党管政法这一机制的组织基础。最后,笔者将对党管政法的实施机制进行研究,总结作为行动者的党的机关在党管政法这一组织结构中采取的具体措施和手段。

一、党管政法组织机构的历史展开

从历史渊源上讲,党管政法这一思想和体制起源于陕甘宁边区政府的法律实践。它是中国共产党在长期革命和建设过程中通过不断锻造和积累而形成的一项基本治理经验。[①] 为了有效地实现党管政法这一目标,中国共产党根据时势发展的需要,不断调整党管政法的组织机构,重构政权合法性的生成机制。

(一) 从宪法起草机构到政务院政治法律委员会

陕甘宁边区政府的法律实践是新中国政法传统形成的源头。在陕甘宁边区政府成立和发展过程中,中国共产党始终十分重视法律工作,并按照"五一施政纲领"的要求进行政权、经济和文化建设。按照这一纲领的要求,中国共产党领导的边区行政机关与边区民意机关实行"三三制"的组织原则。其中,共产党员在这些机关中只占1/3,其余2/3由党外人士充任。这种组织安排虽然能够极大地调动党外人士参加抗日战争,但是与中国共产党的组织目标存在很大差距。特别是1942年6月至1943年年底,在李木庵

---

① 参见周尚君:《党管政法:党与政法关系的演进》,载《法学研究》2017年第1期。

的主持下,中国共产党进行了一次司法改革。这次改革试图改变过分强调法律阶级属性的做法,强调司法工作的中立性和非政治性,并通过法院的审判独立以实现这一目标;强调法律程序在司法过程中的重要性,加强司法管理过程的规范化;强调司法工作的职业化和专业化,提高司法人员的专业化水平和程度。① 这些做法直接削弱了党在政法工作中的地位,从而影响了中国共产党向基层社会的权威渗透,背离了中国共产党动员广大人民群众的组织目标。

为了提升中国共产党在政法工作中的地位,加强边区政府的政权建设,实现边区政权的人民性,边区政府开始酝酿修改"五一施政纲领",并建立和完善中国共产党对政权建设的领导机制。1945年,边区政府成立了以谢觉哉为负责人的宪法研究会,成员包括何思敬、李木庵、李鼎铭、齐燕铭等。宪法研究会的主要职责是研究宪法上的一些基本问题,然后起草宪法草案。就宪法研究会研究的基本问题而言,主要涉及国家的性质、国家权力机关的组织形式、政权机构的组织形式、地方自治的权限范围、选举制度和人民权利等重大问题。② 在对这些问题的讨论过程中,宪法研究会一再强调边区政权的人民性,强调党的组织目标是团结和带领人民群众实现新民主主义革命的任务。因此,宪法委员会实际上成了党领导政法工作组织机制的雏形。

边区政府在推进边区宪法草案制定工作的同时,积极加强具体部门法律制度的研究和起草工作。为了更好地推动这些工作的展开,1946年6月,中共中央书记处批准成立了法律研究委员会,谢觉哉任主任委员,林伯渠等11人任委员。③ 法律研究委员会从中国共产党的根本宗旨出发,研究如何将中国共产党的组织目标植入民法、刑法、诉讼法、县乡自治法等法律以及财务、行政、合作社、公司、税务等条例之中。中国共产党通过这种"给人民以看得见的物质福利"的方式,充分地激发了广大人民群众的革命热情,实现了调动人民群众参与新民主主义革命的目标。④ 1948年,中共中央发布《关

---

① 参见侯欣一:《陕甘宁边区高等法院司法制度改革研究》,载《法学研究》2004年第5期。
② 参见《谢觉哉日记》(下),人民出版社1984年版,第866—869页。
③ 参见《谢觉哉传》编写组:《谢觉哉传》,人民出版社1984年版,第170页。
④ 参见《毛泽东文集》(第二卷),人民出版社出版1993年版,第467页。

于中央法律委员会任务与组织的决定》,明确规定了中央法律委员会的工作任务和工作机制。① 中国共产党在取得全国政权后,在政务院设置了政治法律委员会、财政经济委员会、文化教育委员会、人民监察委员会等机构。至此,政务院政治法律委员会取代了法律研究委员会,承担起"指导内务部、公安部、司法部、法制委员会、民族事务委员会的工作,并受主席毛泽东和总理周恩来的委托,指导与联系最高人民法院、最高人民检察署和人民监察委员会"等职责。②

(二)从政务院政治法律委员会到中共中央法律委员会

从法律研究委员会到政务院政治法律委员会的发展过程,实质上是党组织将管理和协调法律的工作移交政府部门的过程。从组织社会学的角度讲,一个组织若要达到既定目标,就必须有其内在的结构。当组织规模愈来愈大时,组织内部就容易发生分化。这种分化极有可能阻碍组织目标的实现。③ 中华人民共和国成立以后,政务院的事务愈来愈多,设置的部门也愈来愈多,部门的职能分工愈来愈细。部门与部门之间的合作与沟通也随之成为问题,这不利于巩固新生政权。1951 年,彭真明确指出,在当时的情形下,各部门之间的精细化分工是不现实的,也是不应当提倡的,各部门应当围绕工作重心进行通力合作。④ 从具体实践来看,政治法律委员会的指导和协调功能没有真正发挥出来。⑤ 为了解决这一问题,中共中央决定加强党在政府系统中的作用,在政务院设立党组,在最高人民法院和最高人民检察署设立联合党组。党组能够利用自身的组织优势、政治优势和思想形态工具,对部门与部门之间的合作与沟通进行指导和协调。

1953 年 3 月 10 日,中共中央印发了《中共中央关于加强中央人民政府

---

① 参见中央档案馆编:《中共中央文件选集》(第十七册),中共中央党校出版社 1992 年版,第 563 页。
② 参见《董必武年谱》编纂组编:《董必武年谱》,中央文献出版社 2007 年版,第 348 页。
③ 参见周雪光:《组织社会学十讲》,社会科学文献出版社 2003 年版,第 13 页。
④ 参见彭真:《论新中国的政法工作》,中央文献出版社 1992 年版,第 26 页。
⑤ 参见周尚君:《党管政法:党与政法关系的演进》,载《法学研究》2017 年第 1 期。

系统各部门向中央请示报告制度及加强中央对于政府工作领导的决定（草案）》。该决定草案明确提出建立向中央请示报告制度，并指出既有的中央人民政府党组干事会已无存在的必要，应即撤销。政务院各委的党组，暂时仍应存在，直接受中央领导。为了有效地贯彻中央的各项政策、决议和指示，党的内部形成了"计划口""政法口""财经口""文教口""外交口"等，并将这些"口"与政府的各个工作部门对应起来。① 1956年，中央政治局成立了中共中央法律委员会。中共中央法律委员会的主要任务是"办理中央交办的工作，研究法律工作的方针政策和各部门的分工制约等问题，不受理具体案件"②。中共中央法律委员会的成立使党管政法工作有了进一步的抓手。至此，中国共产党在政府系统外部正式建立起一套管理政法工作的机制，党管政法的管理模式也正式确立。

（三）从中央政法小组到中央政法委员会

中共中央法律委员会主要负责处理具体的日常法律事务，对于发挥政法机关的专政属性强调不够。其实，中华人民共和国成立后不久，人们对于政法机关是不是或者能不能成为无产阶级专政的工具的认识就产生了分歧。到20世纪50年代中期，这一分歧变得更加尖锐。③ 其中，否定政法机关无产阶级专政职能的观念受到了彭真的猛烈批评。彭真认为，中国共产党是无产阶级的先锋队，代表无产阶级的利益，因此政法机关应当在坚持党的领导的前提下发挥专政职能。中央政法小组隶属于政治局和书记处，它的成立有助于发挥党的组织优势，强化党对政法工作的领导作用，从而进一步发挥政法机关的无产阶级专政职能。

然而，随着"左"倾思想的兴起，党的各级组织受到严重冲击并陷于瘫痪状态，政法机关也遭到了破坏。这动摇了党的无产阶级专政基础。有的同志对党领导政法机关的做法提出了质疑或否定。彭真对这一看法提出了批

---

① 参见中共中央文献研究室编：《建国以来重要文献选编》（第四册），中央文献出版社1993年版，第69页。
② 《彭真传》编写组编：《彭真年谱》（第三卷），中央文献出版社2012年版，第140页。
③ 参见刘松山：《彭真论党的领导与政法机关独立行使职权》，载《法学论坛》2013年第4期。

评与反对，指出无产阶级专政当然需要坚持党的领导。任何质疑和否定党领导政法机关的思想倾向都是错误的，都是另搞一套，都是有个人打算。①彭真的观点得到了中共中央的认可。1958年6月10日，中共中央成立中央政法小组，彭真任组长，成员包括董必武、乌兰夫、罗瑞卿等人。然而，随着政治局势的恶化和"文化大革命"的爆发，中央政法小组被撤销。直到1978年，中共中央才恢复中央政法小组，由纪登奎任组长，其职责主要是协助中央处理最高人民法院、最高人民检察院、公安部和民政部四个部门的一些政策方针问题。但是，从组织社会学上讲，这种小组是贯穿于党政正式组织序列中一种常规的亚正式制度，它在强化中国共产党作为执政党对经济社会生活进行全面渗透的同时，由于国家权力向执政党的领袖过度集中，国家制度建设滞后而过于依赖政治动员的威力，会导致本应常态培育的国家秩序被不断升级的政治运动取代。②为了防止这一问题的出现，中共中央于1980年撤销了中央政法小组，成立了中央政法委员会。这种委员会的建制，在推动重大决策有效落实，实现党的绝对领导权的同时，又能防止出现个人权力的过分集中。

二、党管政法的组织社会学基础

经过近半个世纪的艰难探索，中国共产党终于确立了以中央政法委员会为组织机构的党管政法的基本模式。这种组织机构的建制包含党对政法工作的领导和集体决策两个最基本的要素。这种模式的确立具有强大的组织社会学基础。③本部分试图从组织社会学的角度分析党管政法这一机制的意义。

---

① 参见彭真：《论新中国的政法工作》，中央文献出版社1992年版，第124页。
② 参见赖静萍：《当代中国领导小组类型的扩展与现代国家成长》，载《中共党史研究》2014年第10期。
③ 参见杨伟民：《组织社会学的产生和发展》，载《社会学研究》1989年第1期；〔美〕W. R. 斯科特：《对组织社会学50年来发展的反思》，李国武摘译，载《国外社会科学》2006年第1期。

(一) 组织目标与党管政法

与西方政党不同,中国共产党是以马克思列宁主义为指导思想而建立起来的、经由暴力革命和武装斗争而夺取政权的无产阶级政党。[①] 作为一个政治组织,其主要的组织目标是将广大人民群众动员起来,带领广大人民群众实现自身的根本利益。然而,广大人民群众无法从自在的阶级上升为自为的阶级,无法认识到自身的真正利益之所在。因此,中国共产党的首要任务是揭示人类社会发展的规律,帮助无产阶级充分认识到自身的根本利益。[②] 这种"规律—使命式"代表理论要求中国共产党对社会生活进行全方位的介入,并通过"身体在场"的方式让广大人民群众从道德和理性两个方面切实感受到中国共产党具有的优势。

政法领域是中国共产党组织目标实现的一个重要场域。在陕甘宁边区的法律实践中,中国共产党曾经在1942年6月至1943年年底这段时间内放松了对政法工作的领导,并试图用西方的以司法独立为核心理念的司法理念来构建边区的司法制度。[③] 但是,这种放松党对政法工作的领导的做法与民众对中国共产党纯真质朴的直观感受不符,甚至引起了民众对中国共产党的组织目标的质疑。例如,按照过去苏区的法律规定,地主资产阶级与工农分子犯同样罪行的,对工农分子酌量减轻处罚。但是,在经过司法改革,放松党对政法工作的领导以后,法院对地主阶级和工农分子量以同等罪刑。这引起了民众的不满。[④] 雷经天在对李木庵领导的边区高等法院的工作进行批评时指出,这种司法方式没有为工农群众考虑,违反了中国共产党的基本路线。[⑤] 为了实现其组织目标,中国共产党是从政权建设的角度看待法律

[①] 参见景跃进:《代表理论与中国政治——一个比较视野下的考察》,载《社会科学研究》2007年第3期。

[②] 同上。

[③] 参见郑智航:《人民司法群众路线生成史研究(1937—1949)——以思想权力运作为核心的考察》,载《法学评论》2017年第1期。

[④] 参见杨永华、段秋关:《统一战线中的法律问题——边区法制史料的新发现》,载《中国法学》1989年第5期。

[⑤] 参见雷经天:《关于改造边区司法工作的意见》(1943年12月30日),陕西省档案馆档案,卷号15-149。

工作的,并愈来愈强调中国共产党在司法实践中的思想引领作用。

通过党管政法的方式,中国共产党能够有效地将党的组织目标置入国家事务中,从而充分发挥党的"先锋队"作用。法律是一套具有强烈价值取向的规范体系,掌握了法律的发展方向,也就能掌握社会秩序和国家政体的发展方向。在新民主主义革命时期,中国共产党的一项重要任务就是要推翻以帝国主义、封建主义和官僚资本主义为主的资产阶级旧法统,建立一套体现无产阶级利益的规范体系。中国共产党作为人民群众中的"先知先觉者",掌握了保护无产阶级利益的法律制度的基本规律。党管政法就是强调中国共产党要充分运用其所掌握的法律制度的基本规律,引导政法工作朝着中国共产党预先设定的目标方向发展。只有置入这种预定的目标,广大人民群众才能真正地感知中国共产党的组织目标,从而实现中国共产党对广大人民群众进行革命动员的目的。

1949 年以后,特别是改革开放以来,人民群众的社会主体地位得到了巨大的提升,经济、政治、社会和法律等得到快速发展。然而,革命带来的政治红利也随之逐渐消失。① 同时,组织外部环境的变化引起了组织目标的变迁。中国共产党除了继续坚持全心全意为人民的组织目标外,也需要强调从社会幸福的角度构建政权组织的合法性。这在客观上推动了中国共产党从"目标合理性"的执政正当性向"社会幸福合法性"的执政正当性的转变。② 为了实现社会幸福,让全体人民过上幸福美好的生活,中共中央在 1988 年撤销中央政法委员会近两年后,于 1990 年恢复了这一组织机构,并强化了对政法各部门依法行使职权进行监督和支持的职能。

(二) 组织决策与党管政法

设立政府或党的机构管理政法工作的初衷,是解决具体政法部门因知识有限而引发的组织决策困难的问题。在早期的政法工作中,政法部门的

---

① 参见王长江:《中国共产党:从革命党向执政党的转变》,载《中国治理评论》2012 年第 1 期。
② See Leslie Holmes, *The End of Communist Power: Anti-Corruption Campaigns and Legitimation Crisis*, Oxford University Press, 1993, p.15.

工作人员法律基础较差,知识水平有限,认知能力也不够。因此,政法工作必须坚持通力合作、机动用人的原则。① 中央政法委员会的任务就是帮助行政首长解决政法部门的具体问题,从而指导具体的政法部门作出决策。特别是从政务院政治法律委员会发展到中共中央法律委员会以后,中国共产党通过这一组织机构,一方面能够收集有关政法工作的更多信息,提升党在政法工作方面决策的科学性;另一方面可以将党的意志和党对政法工作的基本规律的认识嵌入国家机构中,从而增强政法机关决策的科学性。

随着社会的发展,政法机关工作人员的整体水平得到了提升。但是,作为国家机构而存在的政法机关往往由于信息不对称,难以准确把握中国共产党在政法工作方面的相关精神,从而难以在具体的组织决策中贯彻中国共产党的相关精神。同时,不同的组织往往具有不同的利益诉求和决策行为的出发点,它们对信息的收集和处理会受其利益诉求和决策行为的出发点的影响。同时,这种对信息的收集和处理的态度,很难确保组织在决策过程中的公允性。就法院和检察院而言,虽然它们都是国家司法机关,但是它们的出发点和工作职责是存在差异的,而且这种差异往往会影响它们对中国共产党有关政法工作精神的认识和把握。为了防止此类组织决策行为的发生,中国共产党试图通过党管政法这一机制,对法院、检察院等政法机关进行协调和统合。另外,确立党管政法机制有助于将党的权威渗透到政法机关的决策活动中,从而将党的意识形态和整体精神嵌入具体的政法活动中。赖静萍认为,各级组织在面对层出不穷的新情况时,都具有重视上级权威、集中于"一"的强大惯性。党的归口管理机构能够为对应的行政机构和政法机关提供决策方案,填补政治体制中的诸多缝隙。②

从组织决策的形式来看,通过中央政法委员会,实现党管政法的目的,有助于发挥中国共产党的集体决策的优势。于显洋认为,集体决策需要参与决策的人充分表达意见。参与决策的人越多,就越能够从不同角度观察问题,讨论的问题也就越全面;决策群体的知识结构和专业背景越合理,就

---

① 参见董必武:《董必武政治法律文集》,法律出版社 1986 年版,第 240 页。
② 参见赖静萍:《当代中国领导小组类型的扩展与现代国家成长》,载《中共党史研究》2014 年第 10 期。

越会增加集体决策的科学性。① 中央政法委员会采取的就是一种集体决策的方式,实行民主集中制,书记主持工作,各委员集体研究作出部署、决定、规定和要求,并贯彻落实到本部门、本系统的工作中。在具体的政法工作中,中央政法委员会往往会联合公安机关、法院和检察院等部门集体研究,提出重大决策部署和改革措施的意见和建议。

(三) 合作困境与党管政法

党管政法的另一个组织社会学基础是,这种机制能够在一定程度上缓解政法工作中各个政法机关因分属不同的体系而出现的合作困境的问题。贺东航、孔繁斌认为,合作困境主要是指各个机构之间"在职能、资源、信息、利益等方面因为不能满足多元组织主体充分整合、及时交流、高效利用的一种状态"②。之所以会出现这种合作困境,其原因主要有以下几个方面:第一,压力型体制不利于压力在政法机关之间进行横向传导。随着科层制的发展与完善,中国的权力系统逐步呈现出压力型体制的特征。③ 在这种体制下,各级组织机构更多被视为上级组织机构的延伸。④ 这种体制通过压力纵向传导的方式,保障上级的指令在下级得到有效服从和执行。然而,这种体制无法保证上级的压力在下级各横向组织机构中进行有效传导,从而可能出现各横向组织机构之间的不合作问题。政法系统各机关也处于这种压力型体制之下,下级政法机关对于上级政法机关的决策执行情况要远远好于和与之平行的其他机关的合作情况。以省以下两院经费省级统管制度改革为例,该制度遇到的一个难题是财政部门如何配合法院、检察院的制度改革。在实践中,法院、检察院下发的有些文件在财政部门是难以得到执行的。财政部门更倾向于执行其上级财政部门的相关文件。第二,制度漏洞或灰色地带在一定程度上导致了政法机关之间的不合作。制度漏洞是制度制定者在制定制度过程中没有预见到某种情况或虽预见到但仍然保留下来

---

① 参见于显洋:《组织社会学》,中国人民大学出版社 2001 年版,第 261 页。
② 贺东航、孔繁斌:《公共政策执行的中国经验》,载《中国社会科学》2011 年第 5 期。
③ 参见荣敬本:《"压力型体制"研究的回顾》,载《经济社会体制比较》2013 年第 6 期。
④ 参见马伊里:《合作困境的组织社会学分析》,上海人民出版社 2008 年版,第 7 页。

的制度缺陷。制度灰色地带是指"一种现有政策、法规对资源跨部门流动持不主张但又不明确反对的模糊态度的情况"①。在现有体制下,横向组织机构之间不会因采取了某些资源共享的措施而获得更多的激励。相反,这种共享行为可能因产生的某些不可控后果而被追究责任。② 为了避免这种后果的发生,横向组织机构往往会采取"多一事不如少一事"的"鸵鸟政策",甚至会相互推诿责任。第三,地方政府呈现逐利化倾向。随着在经济活动中积极性和主动性的增强,一些地方政府愈来愈呈现明显的逐利化倾向,逐渐从"代理型政权经营者"走向"谋利型政权经营者"。③ 在这种逐利化倾向的驱使下,一些地方政府还存在"搭便车"的心理,它们不愿意甚至避免承担更多的政法方面的责任。④

面对政法工作中出现的合作困境问题,中国共产党强化了党管政法这一原则,并不断强化政法委员会的监督、统筹、协调、督查和检查等职能。2018年3月,中共中央印发了《深化党和国家机构改革方案》,进一步重申党对政法工作的领导,强化了政法委员会通过发挥组织协调作用,缓解各部门在政法工作中出现的合作困境问题。2019年1月,中共中央发布《中国共产党政法工作条例》。该工作条例除了在总体上强调构建起以党中央为中枢,各级党委总揽全局、协调各方,党委政法委归口管理、组织协调的领导方式以外,还强调中央政法委员会要协调、推动和督促各地区各有关部门开展社会治安综合治理工作,协调应对和妥善处置重大突发事件等。⑤

在实践中,中国共产党通过党管政法这一机制解决了大量横向相关部门不合作的问题。这里以国家推行的集体林权制度改革为例。集体林权法律制度包含承包经营物权、经营权、收益权、处置权和决策权等权利,这些权利对应的法律制度包括家庭承包经营制度、分类经营制度、采伐管理制度、

---

① 马伊里:《合作困境的组织社会学分析》,上海人民出版社2008年版,第11—12页。
② 同上。
③ 参见宣晓伟:《建国以来"中央集权制"的制度变迁——"现代化转型视角下的中央与地方关系研究"之二十五》,载《中国发展观察》2016年第8期;杨善华、苏红:《从"代理型政权经营者"到"谋利型政权经营者"——向市场经济转型背景下的乡镇政权》,载《社会学研究》2002年第1期。
④ 参见闵楠:《地方政府合作治理跨域治安问题的困境及对策——以苏鲁豫皖边界地区警务合作为例》,载《江苏省第八届学术大会学会专场论文哲学社会类论文汇编》,2014年。
⑤ 参见《中国共产党政法工作条例》第12条。

林权流转制度、农民合作经营制度和村民自治制度等。同时,这些制度涉及多个不同的利益部门,这些部门往往会因对自身利益的考量而出现合作困境问题。为了解决这一问题,中国共产党充分发挥其拥有的政治势能优势,并从"趋势""权势""声势""概化信念""借势做事"五个层次出发,借助党管政法这一"高位推动"机制,缓解了集体林权法律制度多属性带来的困境。① 又如,在当下中国进行的司法体制改革中,无论是中央还是地方都高度重视党的领导核心作用,充分发挥各级党组织在解决地方和部门合作困境中的作用。特别是省级政法委员会,牵头制定了本省司法体制改革实施方案,协调各相关部门,确保员额管理、绩效考核、人员待遇落实、机构编制改革等问题的解决,在一定程度上克服了地方和部门利益掣肘。

三、党管政法实施的组织机制

在中国现实语境下,党管政法这一机制具有强烈的组织社会学基础。它有助于中国共产党作为执政党的组织目标的实现,有助于各级政法部门进行具体的组织决策,有助于解决政法部门以"孤岛现象"为主要表现形式的合作困境问题等。为了充分实现党管政法这一机制的制度功能,中国共产党采用了党管干部、归口管理和意识形态机制等一系列的组织机制。

(一) 党管干部

党管干部是党管政法机制生成的先决条件,可以追溯到1922年中共二大通过的《中国共产党章程》。该章程规定:"每一个机关或两个机关联合有二组织以上即由地方执行委员会指定若干人为该机关各组之干部";"干部人员由地方执行委员会随时任免之"。② 从本质上讲,党管干部体现的是中央通过治官权实现治民权的基本逻辑,它内生于政治集权与行政分权的治

---

① 参见贺东航、孔繁斌:《公共政策执行的中国经验》,载《中国社会科学》2011年第5期。
② 参见中央档案馆:《中共中央文件选集》(第1册),中共中央党校出版社1989年版,第94、95页。

理结构之中。具体来说,中国共产党主要执掌包括选拔、任免、考核地方官员等权力在内的治官权。中央政府按照属地管理原则,把对企业和民众的行政管理权下放给地方政府,形成"中央治官,地方治民"的结构。① 在此过程中,中国共产党能够通过垂直管理机制直接将其思想和理念嵌入基层政权体系和基层社会治理格局之中。从外在表现形式来看,党管干部机制主要体现为中国共产党在推荐和管理重要干部方面享有领导权,各级党委对党员干部享有监督管理权,在对干部灌输党的思想、传播党的政治理念方面享有教育培训权等。② 在政法领域,党管干部机制主要体现在以下几个方面:

第一,政法部门不同级别的干部在党委管理干部的职务名称表中处在不同位置。以党管法院为例,中央负责管理省高院院长,省高院其他干部由省委及组织部管理。地、市中院院长由省委管理,中院其他干部由地、市党委及组织部管理。基层法院院长由地、市委管理,基层法院其他干部由县、区委及组织部管理。刘忠认为,这种管理体制是一种每一级法院内都是嵌套的、双层的组织管理体制。③ 这种党管干部的形式有助于实现司法权的中央事权性质,克服地方保护主义。

第二,强化政法委员会协管干部职能。1991年11月,中共中央组织部下发《关于干部双重管理工作若干问题的通知》,规定党对政法部门的干部进行双重管理,并区分了主管部门与协管部门双方的职责权限和任免程序。1999年,中央组织部、中央政法委联合发文,进一步明确了地方政法部门领导干部的双重管理办法。④ 在实践中,政法委员会通过直接协管、共同协管和协助管理三种主要方式对协管政法部门的协管干部进行组织管理。其中,直接协管主要针对的是政法各部门二级领导班子(除公安和法官职务)

---

① 参见曹正汉:《中国上下分治的治理体制及其稳定机制》,载《社会学研究》2011年第1期;曹正汉、冯国强:《地方分权层级与产权保护程度——一项"产权的社会视角"的考察》,载《社会学研究》2016年第5期。
② 参见乔石豪:《抗战时期党管干部原则的探索及其特点》,载《学习论坛》2016年第9期。
③ 参见刘忠:《条条与块块关系下的法院院长产生》,载《环球法律评论》2012年第1期。
④ 参见中央组织部、中央政法委下发的《关于适当调整地方政法部门领导干部双重管理办法有关问题的通知》(组通字〔1999〕41号)。

的正职领导,其任职与任免由用人单位推荐、提名、组织考试,并根据缺额情况提出调配方案,然后由基层政法委员会与所在单位政工部门共同考察,最后提交基层政法委员会研究任免。对于法院的法官,政法委员会实行的是共同协管,其任免主要由用人单位根据法官的任职条件提名、组织考试并提出任免建议后,由基层政法委员会提交人大人事任免工作委员会进一步考察考试后,由人大研究任免。对于政法部门副处级以上的领导干部,其推荐、提名主要由基层组织部门或其上一级组织部门提出调配方案,并征求政法委员会领导的意见。

第三,向法院、检察院系统派驻纪检组。1982年,中共十二大通过《中国共产党章程》,增加了向中央一级党和国家机关派驻党的纪律检查组或纪律检查员的制度。在这一精神的指引下,法院、检察院都设立了纪检组。它名义上是中央纪委或省纪委驻法院、检察院的纪检组,实质上,其人员编制、工资、机构均由法院、检察院自己解决或设置。2018年,中共中央办公厅印发《关于深化中央纪委国家监委派驻机构改革的意见》,要求派驻机构实行统一名称、统一管理,并将其称为"派驻纪检监察组"。派驻纪检监察组共同设置内设机构,履行纪检、监察两项职能,实现监督全覆盖。派驻机构对派出机关负责,受派出机关直接领导。

(二) 归口管理

归口管理是确保党进行一元化领导的重要机制,能够有效地防止国家机关的权力运作脱离党中央的领导。党通过归口管理机制加强对政法工作的领导以实现组织目标的做法,可以追溯到1950年。当年,毛泽东针对政法工作脱离党的领导这一问题作出严厉批评。[①] 为了强化党的领导,中共中央除建立了请示汇报制度外,还建立了分级分类管理干部制度。作为配套措施,中共中央建立了对政府部门的归口管理机制。中共中央把政府工作按照性质划分为工交口、财贸口、文教口、政法口等,由同级党委的常委(后来

---

① 中共中央文献研究室编:《毛泽东年谱(一九四九——一九七六)》第一卷,中央文献出版社2013年版,第190页。

是分管书记)进行分口管理,以加强对政府行政工作的领导。①

在归口管理模式中,"口"的主要职责是落实上级的决策和目标,是这些决策和目标涉及的领域或行业的集中综合。然而,在中国的政治管理体制中,这些集中综合往往会涉及错综复杂的"条条""块块""条块"关系。政策在纵向的"条条"传递过程中的失真,"块块"因分属不同的体系而出现的合作困境等问题,往往会影响决策和目标的实现。为了解决这一组织难题,中共中央借助于"口"这一载体对各该领域或行业进行全面控制,并在各"口"之间划定明晰的权力界限。"口"具体负责"口"内的人事管理、大政方针和具体政策。②党通过这些"口",将压力传导到各个具体的执行部门。因此,党抓住了相应的"口",也就抓住了具体的执行部门。

政法口是中共中央高度重视的一个"口",涉及法院、检察院、公安、监狱等诸多核心的重要部门。为了有效协调各部门的具体事务,中共中央将政法委员会作为政法系统归口管理的总协调机关。③在协调过程中,政法委员会利用"分口划片""归口管理"这些工作方式,其目的是"通过组织化的部门协作,矫正部门分工导致的工作整合效用问题"④。例如,党委一般会对重大的刑事案件高度重视,会将相关部门或机构统筹起来通盘考虑,从而确保法律效果与社会效果的统一。为了实现这一目标,党委会利用政法委员会进行总协调。政法委员会发挥党所具有的组织优势和动员能力,将相关职能部门或工作方向相近的部门召集起来,形成一个相对封闭的空间,即"口"。在这个"口"里,党和其他政法部门建立起一种临时性的"党政同构"的形态。⑤

---

① 参见张阳:《大口党委的制度功能分析:以上海为例》,载《理论界》2012年第9期。
② 参见雷尚清:《应急管理中的党政结构》,载《南京社会科学》2017年第7期。
③ 参见侯猛:《"党与政法"关系的展开——以政法委员会为研究中心》,载《法学家》2013年第2期。
④ 刘忠:《政法委的构成与运作》,载《环球法律评论》2017年第3期。
⑤ 参见侯猛:《"党与政法"关系的展开——以政法委员会为研究中心》,载《法学家》2013年第2期。

(三) 意识形态机制

意识形态机制对于政治组织的维系和发展具有重要意义。意识形态通过发挥其作为舆论、思想上层建筑、教育手段和精神文明手段的作用,增强政治组织凝聚社会价值共识的能力,奠定政治组织合法性的基础。[①] 郁建兴、陈建海认为,意识形态既能够展示一种国家权力的有意识实践活动,具有特有的政治利益性和政治功用性,又能够为意识形态本身及其政治合法性提供必要的心理基础。[②] 实际上,不断更新意识形态机制,重构政权合法性的基础,是中国共产党具有的一个巨大优势。中国共产党从建党开始,就把思想意识管理视为团体建设的基础支撑,并在不同历史时期根据革命或建设需要调整意识形态机制,逐步形成了"改造主观世界与改造客观世界相统一"的实践路径。

政法工作也是意识形态斗争的重点领域。如前文所述,政法工作既直接关涉党的组织目标的实现这一核心问题,又关涉党组织凝聚力的问题。加强党对政法工作的领导,除了需要强化对政法机关外在行动的引领外,还需要从意识形态上对政法机关进行统领。在意识形态这一机制下,中国共产党将自己的组织目标和政治意图有效传输给司法机关,司法机关必须服从政府的要求,政府也需要借助法律技术实现社会治理的目标。通过这种双向进化互动的过程,中国共产党实现了党管政法的目的。具体来讲,中国共产党主要通过以下几种意识形态机制实现党管政法的目的:

第一,政法培训。这是党内教育的重要方式,也是党通过意识形态机制向政法部门渗透的一项有力措施。它通过结合党员和政法工作人员思想实际和文化水平进行启发式教育,增强政法工作人员接纳和运用马克思列宁主义立场、观点与方法的能力,而不是一味地灌输理论知识。[③] 为了有效地安排这项工作,政法部门每年会安排一定的资金用于培训。在课程设计方

[①] 参见邢贲思:《意识形态论》,载《中国社会科学》1992年第1期。
[②] 参见郁建兴、陈建海:《意识形态理论的当代新发展》,载《哲学研究》2007年第10期。
[③] 参见吴起民:《返本与开新:延安时期毛泽东重建党内意识形态的实践及其启示》,载《学术论坛》2018年第6期。

面,一般可以分为党性教育、干部修养、会议精神学习、业务前沿等主要板块。这些课程往往能够将中国共产党的党建工作和业务工作结合起来,让参与培训的人员感受到时代赋予政法工作的新使命,提高政法工作人员的政治觉悟和政治站位。

第二,会议。中国共产党非常重视会议在意识形态工作中的作用,并赋予围绕会议材料的起草、宣读等一整套政治流程极其重要的象征意义,在参会人员、参会地点、人员位置等具体的细节上实现了一种组织。① 这种极富仪式感的活动能够起到组织动员的作用,从而助推组织决策的实现。就政法领域而言,全国政法工作会议(后称"中央政法工作会议")是一年一度非常重要的会议。该会议既会总结过去一年的政法工作,也会传达新的一年中央在政法领域的施政重点和优先方向。法院、检察院会通过召开电视电话会议等方式,保证各级干警第一时间领会会议精神。除此之外,法官、检察院党组还要参加同级党委、政法委的相关会议。② 通过这种层层传导、逐级传达的意识形态机制,中国共产党将自己的意志嵌入政法部门,向政法工作人员灌输意识形态所蕴含的价值规范和精神信仰。

第三,政法文化建设。文化对意识形态的建构和促使意识形态发生作用具有重要意义,通过文化符号的解读和生产将意识形态所负载的精神内容融入进去,从而塑造一定的文化样态。这种文化样态一旦形成,就具有一种精神性支配的力量。③ 政法文化是中国特有的一种法律文化形态。中国共产党主导的意识形态能够借助政法文化这一载体表现出来,并将政法机关建构成一种展现符合党的核心价值要求的象征系统,从而成为党管政法的一种重要的组织机制。在实践中,政法机关主要通过榜样塑造、司法文艺、文化展览和司法礼仪等方式加强政法文化建设。通过政法文化建设,党完成了对政法工作人员进行党史国情教育、革命传统教育和形势政策教育的任务,从而坚定了政法人员的理想信念,保障了政法工作的正确方向。

---

① 参见张学博:《文件治国的历史观察:1982—2017》,载《理论界》2017年第9期。
② 参见王琳:《人民法院党组功能考察》,载《领导科学论坛》2015年第3期。
③ 参见元晋秋:《从文化到意识形态:文化的意识形态化》,载《学术论坛》2012年第9期。

四、结　语

党管政法是中国共产党在长期的政权建设和司法建设中逐步形成的一种治理经验。它通过充分发挥中国共产党所具有的政治势能,协调和整合各部门的利益,从而解决法律实施过程中的碎片化问题。党管政法体制有助于整合司法组织内部的组织结构,协调不同组织之间的冲突与矛盾,实现中国共产党作为一个政党组织的基本目标,符合组织社会学的基本原理。在建构中国特色社会主义司法理论时,需要高度重视党管政法这一组织机制。在完善中国特色社会主义司法制度时,需要充分发挥党管政法这一组织机制的优势。因此,中国在下一步的政治体制改革和司法体制改革中,应当进一步完善党的领导与司法的关系。在司法运作过程中,既要充分发挥中国共产党"附带政治方向和政治立场的政治势能"[①],提高法律执行和司法裁判的效率,又要强调法律活动的技术性和专业化特色,并从司法客观规律出发,科学地行使司法工作方面的领导权。

---

① 贺东航、孔繁斌:《中国公共政策执行中的政治势能——基于近 20 年农村林改政策的分析》,载《中国社会科学》2019 年第 4 期。

余论二

调解兴衰与当代中国法院政治功能的变迁①

近些年来,对调解制度的研究愈来愈成为法学界研究的一个热点问题。很多学者们认为,调解制度是中国一种重要的本土资源,民众对司法调解有着巨大认同。这在客观上促进了调解制度在中国的复兴。② 这种具有文化决定论意义的解释的确具有一定的说服力,但是它忽视了中国调解制度自改革开放以来的兴衰历程,特别是1991年《民事诉讼法》对"调解"内容的修改,以及由庭审制度改革带动的整个司法改革对调解态度的变化。因此,这种分析也就在事实上无法洞见调解制度发展的真正内在推动力。其实,对于当代中国调解制度发展的分析,必须放在中国政治体制、政治架构以及政治意识形态中进行。同时,通过这样一种结构主义的分析,我们也能够把握法院政治功能的变迁。基于此,本部分将主要问题设定为中国法院所承担的政治功能的变迁如何影响调解制度的发展。为了便于分析此问题,笔者主要选取了1980—2010年《最高人民法院工作报告》为研究对象。

---

① 原载《法学论坛》2012年第4期,有修改。
② 李昌道认为,中国民事审判工作"调解为主"的特点有其成因,除了由于法规规定、领导话语等因素外,首先受中国传统文化的熏陶;农村仍占我国大部分,乡村结构仍是社会结构的主要形态。当纠纷发生时,纠纷双方首先考虑的是和谐关系恢复,其心目中的法律主要与惩治刑事犯罪相联系。民事法律在他们的心中只是一种情理,对司法调解有巨大认同。参见李昌道:《司法调解与和谐社会》,载《复旦学报》(社会科学版)2007年第2期。

一、《最高人民法院工作报告》中调解话语的整体性描述

1980—2010 年，共有五任院长作过《最高人民法院工作报告》，他们依次是江华、郑天翔、任建新、肖扬和王胜俊。在这 31 年里，只有 1982 年的工作报告没有提到调解问题。从历年工作报告提到"调解"二字的频次来看，1991 年和 2004 年均出现了一定的变化，这两次变化也构成了划分调解发展不同阶段的主要依据。有学者将调解的发展划分为四个阶段，[①]其中后三个阶段的划分恰好与《最高人民法院工作报告》提到"调解"的频次变动相吻合。下面笔者将分三个阶段大致描述《最高人民法院工作报告》中的调解话语。

表 B-1　1981—2010 年《最高人民法院工作报告》中"调解"一词出现频次表

年份	1981	1982	1983	1984	1985	1986	1987	1988	1989	1990	1991
频次	3	0	9	3	5	6	3	2	8	13	2
年份	1992	1993	1994	1995	1996	1997	1998	1999	2000	2001	2002
频次	1	2	1	1	1	2	1	2	2	1	1
年份	2003	2004	2005	2006	2007	2008	2009	2010			
频次	2	7	12	6	6	7	14	13			

（一）着重调解阶段（1982—1990 年）

随着拨乱反正和依法审判林彪、江青反革命集团案的结束，党和国家的工作重心发生了转移，社会主义民主得到了恢复和发展，社会主义法制逐步

[①] 周法指出，我国诉讼调解的发展经历了四个阶段：调解为主阶段（1949—1981 年），着重调解阶段（1982—1990 年），自愿调解阶段（1992—2003 年），调判结合、调解优先阶段（2004 年以来）。参见周法：《诉讼调解 60 年》，载《人民法院报》2009 年 9 月 27 日第 2 版。张卫平认为，我国法院调解制度经历了否定之否定的过程，呈"U"型发展。参见张卫平：《诉讼调解：时下势态的分析与思考》，载《法学》2007 年第 5 期。

健全。① 《民事诉讼法(试行)》在这种大背景下应运而生。

1982年《民事诉讼法(试行)》第6条规定:"人民法院审理民事案件,应当着重进行调解;调解无效的,应当及时判决。"为了使这一规定更具操作性,该法在第十章第四节对调解作了较为详细的规定。《民事诉讼法(试行)》的规定在1983年《最高人民法院工作报告》中得到了体现。该工作报告强调,各地人民法院在贯彻执行《民事诉讼法(试行)》中,加强了对人民调解委员会的业务指导。同时,许多人民法院在审理经济纠纷案件的过程中,贯彻着重调解的原则,在查明事实、分清是非、明确责任的基础上,对能够调解的,尽量进行调解;实在调解无效的,才予以判决。1984年《最高人民法院工作报告》从加强调解组织建设的角度说明了如何贯彻着重调解的原则。1985年《最高人民法院工作报告》从社会治理的角度说明了人民法院要及时正确调解处理人民内部纠纷,加强对人民调解委员会的业务指导,努力把纠纷解决在萌芽状态中,减少或消除不安定因素。同时,该工作报告还指出,人民法院处理民事纠纷,发扬了人民司法工作的优良传统,坚持走群众路线和着重调解的原则。1986年《最高人民法院工作报告》指出,大量的经济纠纷是由行政部门、经济管理部门和有关各方面调解解决的。人民法院审理经济纠纷案件也实行着重进行调解的原则。同时,该工作报告还提出,调解要做到是非分明,责任清楚,必须坚持合法、自愿,并有效地执行。1987年《最高人民法院工作报告》总结了调解存在的问题,即人民法院或人民法庭对有些纠纷的调解工作指导不力,致使有些调解结案的是非没有分清,责任没有分明,违背了合法、自愿的原则。1988年《最高人民法院工作报告》从防止矛盾激化的角度强调了调解的重要性,指出:"从法院来说,我们强调要把防止矛盾激化摆在重要的日程上来,要主动与其他组织密切配合,进行深入细致的调查研究,把工作做到前头,及时教育、疏导、调解,该判决的就及时判决,并且把执法和宣传法制密切结合。""该判决的就及时判决"这一原则首次出现在最高人民法院的工作报告之中。同年召开的全国第十四次审判工作会议正式启动了民事审判方式改革。在这次会议上,作为审判方式改

---

① 参见1983年《最高人民法院工作报告》。

革的中心工作主要包括强调当事人的举证责任、调整调解与判决的相互关系等事项。① 这也意味着,最高人民法院对于调解制度本身的认识已经发生了一定的改变。但是,这种改变并没有产生十分显著的效果。因此,"调解"二字在《最高人民法院工作报告》中出现的频次并没有立即降下来,而是持续到1991年《民事诉讼法》出台,全国人大以立法的形式将"该调则调,当判则判"这一原则确定下来。随后,"调解"二字在《最高人民法院工作报告》中出现的频次持续走低。例如,1989年《最高人民法院工作报告》仅强调改革开放的新形势对调解工作提出了新要求,人民法院应当加强对人民调解委员会的业务指导,健全人民调解委员会,加强民间调处群众纠纷的工作。1990年《最高人民法院工作报告》指出:"为了适应社会主义有计划商品经济的发展,民事、经济纠纷案件大幅度上升的需要,各级人民法院加强和改进了调解工作。有的法院积极进行了由法院主持的庭前调解工作的试验。只要当事人双方自愿接受调解,争议的事实清楚,是非、责任分明,就可以依法由法院直接进行调解。"

通过对着重调解阶段历年《最高人民法院工作报告》中有关"调解"话语的表述进行梳理不难发现,这一阶段的调解话语具有以下几个方面的特点:

首先,强调坚持走群众路线。所谓"群众路线",是指坚持"从群众中来,到群众中去"。毛泽东在《镇压反革命必须实行党的群众路线》一文中对群众路线作了精辟的论述:"全国各地已经实行的有效的工作路线,是党委领导,全党动员,群众动员,吸收各民主党派及各界人士参加,统一计划,统一行动……广泛地进行宣传教育工作(各种代表会、干部会、座谈会、群众会,在会上举行苦主控诉……做到家喻户晓,人人明白),打破关门主义和神秘主义,坚决地反对草率从事的倾向。"② 这种群众路线主要体现为,人民调解委员会和民间力量也是进行案件调解的主体;同时,各级法院都成立了调解中心,将调解贯穿于诉前、庭审、庭中、庭后各个阶段。

其次,强调人民法院或人民法庭在调解工作中的指导作用。在中国的

---

① 参见张卫平:《诉讼调解:时下势态的分析与思考》,载《法学》2007年第5期。
② 《毛泽东文集》(第六卷),人民出版社1999年版,第162页。

政治架构中,人民法院始终是作为国家权力的象征而存在的。人民法院对调解工作进行指导,也就意味着国家权力始终试图控制此项非正式制度的发展。

最后,"着重调解"在本质上体现了处理人民内部矛盾的基本方法。① 最高人民法院认为,社会纠纷,特别是民事纠纷,是人民内部矛盾的一种具体形态。"一般说来,人民内部的矛盾,是在人民利益根本一致的基础上的矛盾。"②因此,在处理方式上,"绝不允许采取命令主义态度和强制手段","必须采取民主的说服教育的方法"。③ 调解方式具有民主和教育两个方面的因素。最高人民法院原副院长唐德华在回顾和评价1982年《民事诉讼法(试行)》第6条时明确指出,"在民事诉讼中坚持这项原则,是由民事案件的性质所决定的,即当事人的争议是人民内部的是非问题"④。

(二) 自愿调解阶段(1992—2003年)

1991年《民事诉讼法》明确了诉讼调解与判决的相互关系。该法第9条规定:"人民法院审理民事案件,应当根据自愿和合法的原则进行调解;调解不成,应当及时判决。"就法条的行文来看,相较于1982年《民事诉讼法(试行)》,此处去掉了"着重"二字。这也就在事实上弱化了调解在纠纷解决中的地位。从1992年起,诉讼调解进入自愿调解阶段。1992年《最高人民法院工作报告》只在一处提到了"调解"二字,强调"人民法庭是基层人民法院的派出机构,承担着审理80%以上的民事案件和35%以上的经济纠纷案件的任务,还要指导人民调解委员会的工作",但是没有提到上一年度的调解结案率。1993年《最高人民法院工作报告》对调解的论述也着墨不多,指出许多法院借鉴深圳市中级人民法院的经验,成立了"经济纠纷调解中心",结

---

① 参见吕明:《法律意识形态的变迁——以我国民事诉讼中的"调解"为样本》,载《法律科学》(西北政法学院学报)2007年第5期。
② 毛泽东:《关于正确处理人民内部矛盾的问题》。这是毛泽东1957年2月27日在最高国务会议第十一次(扩大)会议上的讲话。不久,毛泽东对讲话记录作了修改和补充,于6月19日在《人民日报》上公开发表。
③ 同上。
④ 唐德华:《民事诉讼法立法与适用》,中国法制出版社2002年版,第87页。

案快、执行快、效果好。1994年《最高人民法院工作报告》主要强调的是人民法院对调解的指导，而没有对调解的具体方法、成效作详细的论述。1995年《最高人民法院工作报告》更是只从个案的角度分析了调解的作用，而没有谈到调解本身的内容。1996年和1997年《最高人民法院工作报告》都只是从加强人民法庭工作和对人民调解委员会的指导角度对调解进行了论述。1998年《最高人民法院工作报告》指出："五年来，人民法院坚持'打防结合，预防为主'的方针，结合审判工作，充分发挥基层人民法庭的作用，指导人民调解委员会调处各种纠纷，促进安全文明小区、村镇和安全文明单位建设。"1999年《最高人民法院工作报告》并没有对调解制度采取整体性描述策略，而是侧重于从国有企业下岗职工基本生活保障和再就业工作这一个案的角度说明加强法庭调解这一问题。2000年《最高人民法院的工作报告》采取了和1999年《最高人民法院工作报告》一样的描述策略，即强调对矛盾容易激化的债务、房地产、拆迁、劳动争议、土地山林等案件，充分运用调解手段平息纠纷，促进团结。2001年和2002年《最高人民法院工作报告》都主要是从双方当事人自愿作调解、和解的案件数的角度描述调解制度。到了2003年，《最高人民法院工作报告》一方面从双方当事人自愿作调解、和解的案件数的角度描述调解制度，另一方面又强调要加强对人民调解工作的指导。"加强对人民调解工作的指导"这一内容也是继1998年以后再次被提起。从这一信息中可以发现，最高人民法院对于调解的态度发生了一定的转变。

这一阶段，《最高人民法院工作报告》中的调解话语主要具有以下几个方面的特点：

第一，从整体性描述策略向个案描述策略转变。例如，1993年《最高人民法院工作报告》主要是从许多法院借鉴深圳市中级人民法院的经验，成立"经济纠纷调解中心"的角度分析调解制度，1999年、2000年《最高人民法院工作报告》则是从调解适用的具体领域的角度描述调解制度，而对调解的原则、路线殊少涉及。

第二，《最高人民法院工作报告》中提到的调解主要是人民法院内部的调解，而对民间调解没有涉及。单从字面上讲，这一阶段的九份《最高人民法院工作报告》中没有一份提到"民间调解"。

第三，强调自愿调解。这也就在事实上区分了着重调解阶段的调解话语。出现这一变化,主要是因为 1991 年《民事诉讼法》中有关调解的规定,即将"人民法院审理民事案件,应当根据自愿和合法的原则进行调解;调解不成的,应当及时判决"规定为调解的基本原则。

(三) 调解优先阶段(2004 年至今)

2002 年,中共中央办公厅、国务院办公厅转发《最高人民法院、司法部关于进一步加强新时期人民调解工作的意见》,《最高人民法院关于审理涉及人民调解协议的民事案件的若干规定》的司法解释颁布后,人民调解协议的效力得到了法律的肯定,人民调解工作进入一个新的历史发展时期。[①] 2004 年《最高人民法院工作报告》从"司法为民"的角度描述了纠纷解决的具体方式,即"要求基层人民法院充分发挥贴近群众的优势,设立巡回法庭,采取就地立案、就地开庭等方式,及时解决普通民事纠纷",并涉及诉讼调解的职能、人民调解组织及人员培训等方面的内容。2005 年《最高人民法院工作报告》提到了调解的基本原则,即"能调则调,当判则判,调判结合,案结事了",并涉及诉讼调解结案数量、调解结案率、人民调解工作与诉讼调解工作的衔接以及人民调解员培训等问题。2006 年《最高人民法院工作报告》进一步重申了"能调则调,当判则判,调判结合,案结事了"这一原则,并将其与人民司法的优良传统结合起来。2007 年《最高人民法院工作报告》提出确立司法调解工作新目标,并指出最高人民法院改革和完善人民法庭工作机制,人民法庭的立案管理、巡回办案、诉讼调解和适用简易程序等工作均已形成制度性规定。2008 年《最高人民法院工作报告》将"能调则调,当判则判,调判结合,案结事了"确定为审判原则,主张"把诉讼调解贯穿于案件审理全过程",并要求"加强对人民调解委员会的指导、支持、维护、促进人民调解和行政调解,建立和完善纠纷解决机制"。2009 年《最高人民法院工作报告》进一步扩大了调解的适用范围,一方面,强调"把调解贯穿于立案、审判、执行的全过程";另一方面,强调"全面推进民商事案件调解工作,探索建立轻微刑事案

[①] 参见张福森:《解决新时期人民内部矛盾的一种好方式——坚持和完善我国人民调解制度》,载《求是》2004 年第 21 期。

余论二 调解兴衰与当代中国法院政治功能的变迁

件调解制度,加大刑事附带民事案件调解力度,充分发挥行政案件协调机制的作用。创新调解方式,加强审判工作与人民调解、行政调解、仲裁等方式的衔接,合力化解矛盾纠纷"。2010年《最高人民法院工作报告》提出要"构建符合国情的调判结合工作机制",强调坚持"调解优先、调判结合"的工作原则,并将调解的范围进一步扩大到信访工作。该工作报告还强调,人民法院要"与村委会、居委会、工会、共青团、妇联、侨联等组织密切配合,形成化解社会矛盾的合力。推动建立人民调解、行政调解、行业调解、司法调解等相结合的大调解格局,形成诉讼与非诉讼相衔接的矛盾纠纷解决机制"。

调解优先阶段的调解话语具有以下几个方面的特点:

第一,调解适用的范围逐步扩展。在自愿调解阶段,《最高人民法院工作报告》主要是从个案的角度对调解进行描述,并且涉及的调解主要是民商事法律领域的调解;而在调解优先阶段,《最高人民法院工作报告》不仅涉及民商事法律领域的调解,还涉及行政法、刑事法领域的调解。

第二,《最高人民法院工作报告》中调解的合法性论证方式避开了着重调解阶段以及着重调解阶段以前的那种"政治正确"的论证方式,而是从传统文化、人与自然和环境的关系、纠纷解决方式的国际发展趋势等角度论证调解的合法性。①

第三,调解相较于诉讼而言,处于优先地位。在自愿调解阶段,是否选择调解作为结案方式取决于当事人的意愿;而在调解优先阶段,适用调解的主动权掌握在法官或法院手里,并且单从这一阶段历年工作报告的文本来看,也没有出现"自愿"的字样。

---

① 这一阶段,调解主要通过以下话语获得支撑:第一,对儒家文化的重续和"东方经验"的发扬;第二,将"和谐"理解为一个生态主义的概念,强调人与自然、人与环境的关系,而"调解"从某种意义上就是这种观念在法律领域的再现;第三,强调调解的多元化,显示"调解"对"地方性知识"的尊重;第四,突出了"调解是人类社会的共同财富"的意识。参见吕明:《法律意识形态的变迁——以我国民事诉讼中的"调解"为样本》,载《法律科学》(西北政法学院学报)2007年第5期。

二、着重调解阶段法院的政治功能

(一) 1949—1979 年司法制度的政治功能

中国共产党在1949年执掌政权后,面临的主要任务是现代化、国家政权建设和社会经济建设。在这个过程中,国家愈来愈倾向于采取组织化的方式使其政治力量渗入社会基层。为了克服旧中国散漫无政府的状态,中国共产党在取得政权以后,继续以党组织为核心,以各种群众组织或政治团体为媒介,将农民和市民组织起来。① 在这一时期,司法首要的政治功能就是进行政治动员。"政治动员"主要用于描述政治权威对公众行为的某种诱导或操纵。政治动员与政治参与都是典型的政治行为,其中政治动员的行动路线是自上而下的,而政治参与的行为方式则是自下而上的。②

从当时中国司法制度的基本路线来看,尽管1949年后情况发生了翻天覆地的变化,但是司法制度还是大致沿袭了陕甘宁边区司法制度的基本路线,即贯彻了中国共产党坚持"从群众中来,到群众中去"的群众路线,强调人民自己出面解决自己的纠纷,政府基本不介入。这样,败诉方就可能不将不满发泄到政府的头上,从而改变国民党"官僚主义"作风给边区民众留下的那种不佳的政府形象。这也在事实上起到了动员和团结一切力量共同抗战之作用。③

1949年后,中国社会的主要政治任务是动员广大人民群众积极投身于社会主义现代化建设事业,并促使群众从内心认同党的政策。为了达到这一目标,国家进行管理责任的下放就具有重要的意义。因为只有把管理责任下放到最低层次,才能使群众把党的政策看作自己的事业。这也就在事实上使群众真正意识到自己具有当家做主的权利,从而在根本上区别于官

---

① 参见季卫东:《调解制度的法律发展机制——从中国法制化的矛盾入手》,易平译,载《比较法研究》1999年第3、4期。
② 参见张凤阳等:《政治哲学关键词》,江苏人民出版社2006年版,第296页。
③ 参见侯欣一:《陕甘宁边区人民调解制度研究》,载《中国法学》2007年第4期。

僚行政管理。① 这样一种现实的政治任务要求司法机关必须正确区分人民内部矛盾和敌我矛盾,并针对不同的矛盾采取不同的处理方式,从而发挥其所具有的政治动员功能。② 具体而言,对于人民内部矛盾,主要采取"团结—批评—团结"的民主方式。因此,司法机关一方面要把许多社会控制的责任转到以群众为基础的社区组织;另一方面要通过具体的司法实践加强群众的学习和个人责任,从而为朝向社区目标的集体努力创造社会环境。通过同伴的榜样和团体求和的倾向,政府要求公民服从的压力得到了加强。自然而然地,司法机关的司法活动不可能以当事人的个人权利为本位,而是在贯彻中国共产党推行的遵从政治共同体的需要被看作每个公民的合法义务这一社会伦理。③ "'文化大革命'当中,造反派'踢开党委闹革命'、'砸烂公检法',司法机关是重灾户。司法机关被打砸抢,档案被抢走或撕毁,很多司法干警被揪斗,司法队伍被解散,检察机关不再存在,法院成为各地公安机关军管会下属的'审判组',大批法院干部被下放或调离审判岗位。"④司法机关完全沦为阶级斗争的"刀把子"。

(二) 着重调解阶段法院的政治功能

经过"文化大革命"十年浩劫,中国共产党充分认识到阶级矛盾不再是社会的主要矛盾。社会的发展也由以政治建设为中心转向以经济建设为中心。以经济建设为中心事实上也就意味着利益需要在不同群体之间进行分

---

① 参见〔美〕詹姆斯·R.汤森、布兰特利·沃马克:《中国政治》,顾速、董方译,江苏人民出版社2003年版,第215页。

② "敌我之间的矛盾是对抗性的矛盾。人民内部的矛盾,在劳动人民之间说来,是非对抗性的;在被剥削阶级和剥削阶级之间说来,除了对抗性的一面以外,还有非对抗性的一面。"毛泽东:《关于正确处理人民内部矛盾的问题》,1957年6月19日《人民日报》。

③ 参见〔美〕詹姆斯·R.汤森、布兰特利·沃马克:《中国政治》,顾速、董方译,江苏人民出版社2003年版,第236—237页。1951年9月5日出版的《人民日报》发表的《加强与巩固人民革命的法治》一文指出:"(司法)它不仅教育人民减少犯罪,减少纠纷;而且教育人民积极地参加新社会的建设。人民法院向来把关于司法的宣传教育工作,看作审判制度的一个重要的组成部分。进行法纪宣传教育的结果,将大大地提高广大人民群众的觉悟,使人民群众能够预防犯罪和纠纷的发生,因此也就使司法工作从被动引向主动,从消极引向积极。"参见《人民日报》社论:《加强与巩固人民革命的法制》,载《人民日报》1951年9月5日第1版。

④ 张文显:《人民法院司法改革的基本理论与实践进程》,载《法制与社会发展》2009年第3期。

化,强调从单一社会向多元社会发展。在这一过程中,"家庭联产承包责任制的实行和城市中私营经济的出现,也动摇了多年来发挥作用的'单位组织形式'"①。单位组织形式的逐步消解,也就意味着单位组织所固有的那种对人的行为进行约束的功能消退,社会成员间的陌生化程度也愈来愈高,政党所具有的社会动员能力和社会号召力也随之减弱。② 中国共产党之所以动摇单位组织形式,主要是基于充分调动民众积极性和提高社会经济效率的考虑,并不想弱化对地方的管制,特别是不想弱化对地方政治方面的管制。这也是中国经济领域的改革先于政治体制改变的原因。但是,经济发展带来个人独立性的增强,并最终促使民众产生一定的脱离政治依附性的"离心力"。随着家庭联产承包责任制的实行和撤社建乡,原来的准行政组织——生产队被取消。但是,新建村民委员会自治地位的确立及其在握资源的缺乏,使得许多不发达农村处于无组织状态。③ 在这种情况下,依靠政治运动对社会成员进行动员与管理难以奏效。如何通过政治动员的方式将民众聚集起来,以克服经济发展带来的民众脱离政治依附性的"离心力"这一负面效应,就成了当时的一项重要的政治任务。

着重调解阶段的人民法院至少承担着以下几个方面的使命:第一,处理社会纠纷的法律使命。第二,"送法下乡",普及法律知识,平衡基层社会固有的社会秩序与新的具有现代气息的规范和秩序的冲突与矛盾,以达到统一法律体系的使命。第三,积极进行政治动员,以消解经济发展带来的民众脱离政治依附性的"离心力"。然而,随着"实践是检验真理的唯一标准"深入人心,各种意识形态的政治动员方式已经难以奏效。人民法院依靠简单的"政治正确"或法条主义的审判方式已难以发挥政治动员的功能。按照政治学的解释,在政治学上,"一个成熟的政治共同体,总是有着明确稳定的政体和作为政体延伸的权力文化网络,政治动员议题构建中的'形式'主要依

---

① 季卫东:《调解制度的法律发展机制——从中国法制化的矛盾入手》,易平译,载《比较法研究》1999 年第 3、4 期。
② "上有政策,下有对策"就是政党的社会动员能力和社会号召能力减弱的鲜明写照。
③ 参见孙立平:《转型与断裂——改革以来中国社会结构的变迁》,清华大学出版社 2004 年版,第 14 页。

赖共同体的权力文化网络。政治精英在动员议题构建时,往往利用权力文化网络中的资源,将动员议题象征化、仪式化、符号化,以隐喻方式对动员进行表达"①。因此,中国共产党和人民法院试图从中国传统的权力文化网络中寻找动员的形式。人民调解制度就是其中的一种重要动员形式。"着重调解"充分尊重中国基层社会——礼俗社会的基本特质,避免了国家正式法律与基层固有的社会秩序之间的正面交锋,从而增强了国家动员能力和聚合力。《宪法》《刑法》等法律的颁布与实施增强了民众的平等、权利意识。但是,由于中国基层社会长期受礼治传统的影响,往往更为强调集体利益至上、长幼秩序、义务观念等。倘若法院强行实施这套具有实证主义色彩的正式法律制度,必然会让基层民众难以接受,引起"秋菊的困惑",从而可能激起民众的反感。与此同时,这套正式法律制度推动了经济的发展,并在客观上促使民众产生一定的脱离政治依附性的"离心力"。因此,强调"着重调解",体现了中国法律发展的大方向是法律秩序的现代化;同时,也向民众昭示,改革开放、加强经济建设并不是要走西方资本主义个人与个人、个人与社会分化以及个人与国家对抗的道路,而是要在此过程中增进个人与个人、个人与社会、个人与国家的团结。在加强社会团结方面,群众路线最具吸引力,也最具动员能力,因为"借助于'从群众中来,到群众中去'的司法群众路线,公论还可以成为把当事人的交涉结果或者合意内容转写到制度性框架之中,同时让法律和政策不断向社会的关系网络中渗透灌输装置"②。

三、自愿调解阶段法院的政治功能

(一) 从政治动员到政治强化

通过国家正式法律制度与非正式的民间制度的相互沟理、理解以及在

---

① 张凤阳等:《政治哲学关键词》,江苏人民出版社 2006 年版,第 300 页。
② 季卫东:《中国司法的思维方式及其文化特征》,载葛洪义主编:《法律方法与法律思维》(第 3 辑),中国政法大学出版社 2005 年版,第 71 页。

此基础上的妥协和合作,是中国法律实现从传统到现代这一制度变迁的重要路径,也必然是一个渐进式的过程。① 这种妥协和合作最直接的体现就是调解制度。着重调解阶段的调解极为强调人民法院或人民法庭在调解工作中的指导作用,实质上意味着国家在调解中具有主动性。20 世纪 80 年代,最高人民法院要求各级法院坚持"审理一案、教育一片""扩大办案效果"等方针。从这种意义上讲,人民法院或人民法庭本身就承担着普法的重任。在调解过程中,人民法院或人民法庭通过"动之以情""晓之以理"的群众路线将基层民众动员起来,使他们认同中国法律现代化的基本路向。因此,着重调解本身就是中国法治化进程中采取的一种迂回策略,从而实现中国法律和社会秩序"静悄悄地革命"。

改革开放、经济体制改革以及社会转型导致社会利益格局的重组、利益关系的变化以及利益分配方式的改变,也在一定程度上加剧了社会各个阶层之间的矛盾。20 世纪 80 年代末期,整个社会竟然形成了一种"端起碗来吃肉,放下筷子骂娘"的复杂社会心态。同时,这种社会心态形成了结构性的张力。1988—1991 年,民众的社会心态处于顿挫期,价值观和社会心态的转变不但没有停顿下来,反而陷入新的迷惘和困惑。有人就认为,个体经济和私营经济是孕育资产阶级自由化的土壤,而"三资企业"是和平演变的桥头堡。② 换言之,一些人对于国家改革开放的政策和法制产生了怀疑。在这样的背景下,邓小平提出,在坚持四项基本原则的前提下,必须坚持搞经济建设,搞改革开放,搞市场经济。这不但稳定了人心,更重要的是引发了随后而起的以市场经济为导向的体制改革热潮。1992 年 10 月,党的十四大明确提出要在中国建立社会主义市场经济体制。1993 年《宪法修正案》将《宪法》第 15 条修改为:"国家实行社会主义市场经济。"一个与市场经济相适应的新的价值体系和社会心态开始孕育而生。③ 在此过程中,"私权平等""意

---

① 参见苏力:《法治及其本土资源》,中国政法大学出版社 1996 年版,第 66 页。
② 参见周晓虹:《改革开放以来中国社会心态的变迁——有关中国经验的另一种解读》,载邓正来主编:《中国社会科学辑刊》(2009 年 6 月夏季卷),复旦大学出版社 2009 年版,第 5 页。
③ 同上书,第 6 页。

识自治""过错责任"等基本理念愈来愈需要得到人们的认可。这种具有明确目标导向的法律现代化要求法院不能仅仅发挥要求民众参与到法治化进程中来的政治动员作用,更需要通过其业务活动强化中国法治化的决心与方向。

(二) 作为政治强化手段而存在的法院审判

在纠纷解决领域,以调解这种迂回策略处理社会现代化、法律现代化与基层社会既有的或旧有的一些治理观念和意识之间的冲突与矛盾主要存在以下缺陷与不足:第一,通过调解实现的"送法下乡"是一个渐进的过程,它在提高民众现代法律意识方面的作用发挥缓慢。邓小平在《在全体人民中树立法制观念》的讲话中说:"我们国家缺少执法和守法的传统,从党的十一届三中全会以后就开始抓法制,没有法制不行。法制观念与人们的文化素质有关。现代这么多青年人犯罪,无法无天,没有顾忌,一个原因是文化素质太低。所以,加强法制重要的是要进行教育,根本问题是教育人。"[①]第二,基层社会既有的或旧有的秩序或规则大多是一种"地方性知识",而经济发展需要一套产权明晰、交换有序、普遍有效的规范体系。随着经济的发展,调解的边际效用愈来愈低,最终诱发制度变迁。第三,调解动员民众认同法律现代化基本路向的能力是有限的。特别是在社会心态处于顿挫期时,社会上出现了资产阶级自由化和"左"的思想两股潮流。调解这种迂回策略具有一定的模糊性,它所具有的政治动员功能难以发挥。除此之外,在这个顿挫期内,法院所要承担的主要政治任务不是动员民众参与中国特色社会主义建设和法律现代化的进程,而是要进一步强化中国特色社会主义建设和法律现代化这一基本方向。

日本学者棚濑孝雄认为,法院审判是一种"规范性的解决"。在审判过程中,作为规制每一个具体判决内容的决定基准,存在着建立在经验和逻辑

---

① 《邓小平文选》(第三卷),人民出版社1993年版,第163页。

之上并有着严谨精致结构的规范体系。① 就法律规范本身而言,奥斯汀认为,这是"主权者对其臣民所发布的一般性命令"②。马克思和恩格斯在奥斯汀这一命题的基础上对资产阶级的法律进行了批判,他们认为,资产阶级的法不过是被奉为法律的资产阶级意志,而这种意志的内容是由资产阶级的物质生活条件决定的。③ 列宁遵循马克思和恩格斯对于法律的基本理解,他说:"法律是什么呢?法律是统治阶级的意志的表现。"④中国社会主流思想继承了马列主义关于法律的基本理解,并指出:"法是由国家制定、认可并保证实施的,反映由特定物质生活条件所决定的统治阶级意志,以权利和义务为内容,以确认、保护和发展统治阶级所期望的社会关系和社会秩序为目的的行为规范体系。"⑤中国特色社会主义现代化建设和法律现代化都是统治阶级意志涵摄的重要内容之一。因此,强调法院审判在纠纷解决中的作用,也就意味着坚决贯彻中国特色社会主义现代化建设和法律现代化的基本方向。从这种意义上讲,在自愿调解阶段,法院审判实际上承担着强化中国特色社会主义现代化建设和法律现代化的政治功能。

四、调解优先阶段法院的政治功能

经济发展、政治发展、社会发展以及法律发展促进了社会心态的成熟。随着改革开放和经济建设的深入,社会上出现了贫富差异,因追求经济利益最大化而引发的矛盾与冲突也愈来愈多,有人愈来愈怀疑中国共产党"脱贫致富"的承诺。这些都在客观上推动了中国共产党执政正当性基础的转变,

---

① 参见〔日〕棚濑孝雄:《纠纷的解决与审判制度》,王亚新译,中国政法大学出版社2004年版,第8页。
② 〔英〕约瑟夫·拉兹:《法律体系的概念》,吴玉章译,中国法制出版社2003年版,第7页。
③ 该观点的原话是:"你们的观念本身是资产阶级的生产关系和所有制关系的产物,正像你们的法不过是被奉为法律的你们这个阶级的意志一样,而这种意志的内容是由你们这个阶级的物质生活条件来决定的。"《马克思恩格斯选集》(第一卷),人民出版社2012年版,第417页。
④ 《列宁全集》(第十七卷),人民出版社1990年版,第145页。
⑤ 张文显:《法哲学范畴研究》(修订版),中国政法大学出版社2001年版,第32页。

即由"目标合理性"向"社会幸福合法性"转变①。"社会幸福合法性"实际上强调的是政权与民众间的约定或妥协。因此,在调解优先阶段,法院政治功能的重心再次转向了动员,即动员民众以牺牲或放弃部分个人权利为代价,交换国家公权力对他们所作的诸如社会稳定、个人受益、公正待遇等社会幸福方面的承诺。

（一）调解的再次复兴

在 2002 年最高人民法院、司法部联合发布《最高人民法院、司法部关于进一步加强新时期人民调解工作的意见》以后,人民法院对于调解的认识逐步升温（见表 B-2）。特别是"随着国家关于'构建和谐社会'目标的提出,法院调解制度在促进纠纷的'柔性解决'及实现社会稳定方面的独特功能在新的基础上得到了新的认同"②,目前基本形成了一种大调解的格局。

表 B-2　2002—2008 年最高人民法院有关调解的重要文件

发布时间	发布者	文件名称
2002 年 1 月	最高人民法院、司法部	《最高人民法院、司法部关于进一步加强新时期人民调解工作的意见》
2002 年 9 月	最高人民法院	《最高人民法院关于审理涉及人民调解协议的民事案件的若干规定》
2002 年 9 月	司法部	《人民调解工作若干规定》
2002 年 12 月	肖扬	《大力推进人民法院各项工作 为全面建设小康社会提供有力司法保障——在第十八次全国法院工作会议上的报告》
2003 年 8 月	肖扬	《全面落实司法为民的思想和要求 扎扎实实为人民群众办实事》

---

① See Leslie Holmes, *The End of Communist Power: Anti-Corruption Campaigns and Legitimation Crisis*, Oxford University Press, 1993, p.15.
② 赵钢、王杏飞:《我国法院调解制度的新发展——对〈关于人民法院民事调解工作若干问题的规定〉的初步解读》,载《法学评论》2005 年第 6 期。

(续表)

发布时间	发布者	文件名称
2003年12月	肖扬	《为全面建设小康社会提供更加有力的司法保障》
2004年6月	肖扬	《树立科学的发展观 开创人民法院基层建设新局面》
2004年9月	最高人民法院	《最高人民法院关于人民法院民事调解工作若干问题的规定》
2005年8月	最高人民法院、最高人民检察院	《最高人民法院、最高人民检察院关于切实保障司法人员依法履行职务的紧急通知》
2005年10月	最高人民法院	《人民法院第二个五年改革纲要(2004—2008)》
2006年6月	最高人民法院	《最高人民法院关于认真学习贯彻〈中共中央关于进一步加强人民法院、人民检察院工作的决定〉的通知》
2006年8月	最高人民法院	《最高人民法院关于人民法院为建设社会主义新农村提供司法保障的意见》
2006年10月	最高人民法院	《最高人民法院关于深入开展社会主义法治理念教育的通知》
2007年3月	最高人民法院	《最高人民法院关于进一步发挥诉讼调解在构建社会主义和谐社会中积极作用的若干意见》
2008年3月	最高人民法院	《最高人民法院关于充分发挥行政审判职能作用为保障和改善民生提供有力司法保障的通知》

在这一阶段,调解之所以再次复兴,除了因为司法调解自身具有重要价值[①]之外,还因为人民法院在这一阶段所承担的政治功能发生变化。在着重调解阶段和自愿调解阶段,中国共产党执政的正当性都建立在带领中国人民脱贫致富、走上现代化道路这一基本承诺的基础上。但是,经济发展的不平衡带来了事实上的不平等,并带来了包括法律在内的资源分配与再分配

[①] 司法调解对于促进构建社会主义和谐社会主要具有以下几个方面的价值:第一,司法调解有利于在更大范围、更广大的领域内维护社会稳定。第二,司法调解更有利于促进人民内部团结,维护家庭、社区和邻里关系的安定,有效地防止"民转刑"案件的发生。第三,司法调解更能体现当事人平等主体的地位,发挥平等协商、平等对话的功能,创造和谐的气氛。第四,司法调解更能体现法官居中的作用,体现公平、公正的职能作用,体现司法公开、透明的特点。第五,司法调解更有利于提高司法效率、节约司法资源。第六,司法调解有着悠久的历史,更适合于中国国情。参见肖扬:《充分发挥司法调解在构建社会主义和谐社会中的积极作用》,载《求是》2006年第19期。

的不平等,从而最终影响到了社会稳定。因此,一部分民众对中国共产党执政的正当性基础产生怀疑,社会心理再次出现一个顿挫期。在这种情况下,通过政治强化的方式促使民众坚持社会主义现代化和法律现代化难以奏效。这就在客观上要求中国共产党从"目标合理性"角度论证自身执政合法性,转向其他的论证方式。"构建社会主义和谐社会"正是在这种背景下提出来的,所要解决的根本问题也在于此。它不仅强调每个人享有一定的权利,而且强调个人权利实现的结果;不仅强调个人的形式平等,也注重个人的实质平等;不仅强调抽象意义上法治目标的实现,也强调在具体个案意义上体现法治精神。因此,诸如"社会稳定""个人受益""公正待遇"等社会幸福指数愈来愈得到关注,并成为中国共产党在新时期执政合法性的基础。相应地,"执政党要求法院积极运用各种纠纷解决方法来实现司法的政治和社会职能,因此有了近年来强调的'社会主义法治理念'和'三个至上'"①。

(二) 从政治强化到政治动员

前已叙及,审判是一种规范性地解决争议的方式,有助于强化中国特色社会主义现代化建设和法律现代化这一目标。然而,目标与手段、理想与现实之间的背离使民众对这一目标产生了怀疑。在这样的背景下,人民法院再对这一政治目标进行强化只会适得其反,并可能加剧目标与手段、理想与现实之间的背离。此时,中国的法治化进程面临这样一个艰难的抉择:一方面,无论是从社会主义现代化建设取得巨大成就的经验来看,还是从全球法律发展的角度来看,实现中国法律的现代转型都毋庸置疑。另一方面,法律的这种现代转型的确带来了诸多的问题,并与民众的预期存在一定的差距,民众在心理上也对法律现代化这一目标产生了怀疑。这种怀疑集中体现在近些年来诸如殴打审判人员、检察人员以及妨碍司法人员依法履行职务一

---

① 苏力:《关于能动司法与大调解》,载《中国法学》2010年第1期。

类事件的陡增。① 同时,法律现代化消解着"熟人社会",一定程度上导致了人与人之间感情的淡漠。在这种情况下,要想实现社会现代化和法律现代化,就必须重新恢复民众对于社会现代化和法律现代化的信心,而信心重建有赖于民众对于社会现代化和法律现代化这一整体目标的认同。然而,在纠纷解决过程中,通过审判的方式强化社会现代化和法律现代化这一整体目标是难以获得民众认同的。因此,中国共产党和人民法院再次向中国传统文化资源寻求支援,借助调解的方式动员民众认同社会现代化和法律现代化这一整体目标。

---

① 一方面,这类事件的陡增是因为司法腐败;另一方面,经济发展带来了包括法律在内的资源分配与再分配的不平等,从而使民众对法律现代化产生了怀疑。现实中,有这样的案例:当事人依仗自己雄厚的经济实力故意对他人实施侵害,而后进行赔偿。例如,"照十万块钱的给我打""打坏了我赔"等说法绝不鲜见。参见李拥军、郑智航:《从斗争到合作:权利实现的理念更新与方式转换》,载《社会科学》2008年第10期。

后　　记

看着书稿马上就要"杀青",我理应感到兴奋,毕竟自己对当代中国法院功能这一主题的思考已经有十多个年头了,并且心中的确有一些自己的想法。然而,当我坐在电脑旁看着这堆文字时,一点愉悦感也没有,反而陡增了一些彷徨和迷惘,因为呈现在我面前的东西与我内心思考的东西相去甚远。最初,我在思考这一主题时,曾经试图将中国法院的功能放在历史学、社会学和法学三者融合的视界中,并运用黄宗智教授所提倡的"历史社会法学"的研究方法和思路展开研究。这种方法和思路既能够继承法律实用主义、法律现实主义、法社会学和历史法学的理论传统,又能够发扬中国古代的厚重法律理论传统以及现代的社会主义革命传统。因此,它既能够克服形式主义法学过分偏重理论的概念这一缺陷,又能够克服法律实用主义、法律现实主义和法社会学缺乏长时段历史演变的视野之不足,从而真正打通历史学、社会学和法学。这种宏大的理论抱负需要深厚的理论功底和学识涵养。但是,我还不具备这种自由穿梭于历史学、社会学和法学的能力。这正是造成我的实际表达与内心想法存在巨大差距的根本原因所在。

正是因为存在这种差距,我曾经数次萌生放弃出版本书的念头。这种念头的直接体现就是,自2017年和北京大学出版社签订出版合同以来,我一拖再拖,迟迟未能交出定稿。好在有出版社编辑孙维玲老师一再耐心地鼓励、督促、支持和宽容,使我继续鼓起勇气,决定还是将其出版,权当我参加工作十年的一个小礼物。十年光阴,倏忽而过。这本书印刻了我过去十年思考足迹,是对我过去十年思考的一种总结,也算是对我过去十年没有虚度光阴的一个交代,尽管它仍有太多的不足和不尽如人意之处。

回到本书的具体内容,其中绝大多数章节都已陆续以论文的形式在相关期刊上发表过。在此,我要向《法学研究》《法律科学》《法制与社会发展》《法商研究》《法学评论》《法学》《吉林大学社会科学学报》《当代法学》《法学论坛》《甘肃社会科学》和《山西师大学报》(社会科学版)等杂志社提供的发表机会以及相关编辑老师提出的宝贵修改意见表示深深的谢意。正是这些杂志社和编辑老师提供的机会,让我和像我一样的高校"青椒"们避免遭遇"不发表就出局"的困境。不过,细心的读者可能发现有些章节涉及的文章的成文时间和见刊时间与本书的目录编排顺序不相符合。其实,本书的大致体系和框架之构建先于各个章节相关文章的成文时间和见刊时间。特别是本书的研究思路和对中国法院主要功能的基本定位早在十多年前就已经初步成形,我在当时就暗下决心对这些基本功能逐步展开研究。后来,由于受到资料和问题本身难易程度的制约,我在具体研究过程中对研究顺序进行了一定的调整。

本书的成形和我的其他写作一样,获得了诸多师友和同事的点拨和指导。这些师友和同事的关心和支持甚至已成为我日常学习的一部分。为了防止挂一漏万,在此我就不一一列举姓名了。但是,各位师友和同事的关心和指导已成为我的一笔宝贵财富,我会永远铭记于心。最后,我要感谢我指导的博士生和硕士生,他们帮助我做了大量的书稿校对工作。

郑智航

2020 年 9 月 10 日